AF833191

Claire Evans

DIE PIONIERINNEN DES INTERNETS

Übersetzt aus dem Englischen
von Christina Hackenberg
und Sigrid Schmid.

REDLINE | VERLAG

Der Bestseller
Broad Band
nun auf Deutsch

CLAIRE L. EVANS

DIE PIONIERINNEN DES INTERNETS

Die unbekannte Geschichte der Frauen des digitalen Zeitalters

Bibliografische Information der Deutschen Nationalbibliothek:
Die Deutsche Nationalbibliothek verzeichnet diese Publikation in der Deutschen Nationalbibliografie; detaillierte bibliografische Daten sind im Internet über http://d-nb.de abrufbar.

Für Fragen und Anregungen:
info@redline-verlag.de

1. Auflage 2023

© 2023 by Redline Verlag, ein Imprint der Münchner Verlagsgruppe GmbH,
Türkenstraße 89
D-80799 München
Tel.: 089 651285-0
Fax: 089 652096

© der Originalausgabe by Claire L. Evans
Die englische Originalausgabe erschien 2018 bei Portfolio, einem Imprint der Penguin Publishing Group, einer Einheit von Penguin Random House LLC unter dem Titel *Broad Band*.

Alle Rechte, insbesondere das Recht der Vervielfältigung und Verbreitung sowie der Übersetzung, vorbehalten. Kein Teil des Werkes darf in irgendeiner Form (durch Fotokopie, Mikrofilm oder ein anderes Verfahren) ohne schriftliche Genehmigung des Verlages reproduziert oder unter Verwendung elektronischer Systeme gespeichert, verarbeitet, vervielfältigt oder verbreitet werden. Wir behalten uns die Nutzung unserer Inhalte für Text und Data Mining im Sinne von § 44b UrhG ausdrücklich vor.

Übersetzung: Christina Hackenberg, Sigrid Schmid
Redaktion: Werner Wahls
Umschlaggestaltung: Marc Fischer
Umschlagabbildung: HappySloth/ Shutterstock
Abbildungen Innenteil: S. 30: Grace Murray Hopper Collection, Archives Center, National Museum of American History, Smithsonian Institution; S. 45: U.S. Army Photo, courtesy of the University of Pennsylvania Archives; S. 114: Courtesy of SRI International; S. 138: Courtesy of Stacy Horn; S.147: Jim Estrin/The New York Times/Redux; S. 160: Courtesy of the University of Southampton; S. 183 and 185: Courtesy of Jaime Levy
Satz: ZeroSoft, Timisoara
Druck: GGP Media GmbH
Printed in Germany

ISBN Print 978-3-86881-938-0
ISBN E-Book (PDF) 978-3-96267-518-9
ISBN E-Book (EPUB, Mobi) 978-3-96267--517-2

Wir produzieren nachhaltig
www.m-vg.de

Weitere Informationen zum Verlag finden Sie unter

www.redline-verlag.de

Beachten Sie auch unsere weiteren Verlage unter www.m-vg.de

INHALT

Für die User

EINFÜHRUNG

DER DELL

Als ich jünger war, hatte ich einen Dell.

Es war eine beige Kiste, die mit einem 28,8k-Modem an das Internet angeschlossen war und bei jeder Verbindung kreischte. Die Tasten waren so groß wie ein Stück Würfelzucker und leicht konkav. Diese Installation thronte auf dem kurzen Ende meines L-förmigen Schreibtisches im Allerheiligsten meines Zimmers. Im Laufe der Jahre bildeten die Aufkleber, die ich auf das weiße Laminat von meinem Schreibtisch klebte, geologische Schichten. Hätte man sie Stück für Stück abgelöst, wären frühere Versionen des Mädchens zu Tage gekommen, welches sie aufgeklebt hat. Ein bisschen so, wie man bei manchen Bonbons verschiedene Geschmackserlebnisse hat, wenn sie Schicht für Schicht im Mund zergehen. Das Zimmer eines Teenager-Mädchens ist zugleich Cockpit, Altar und Mutterleib: Es enthält seine heiligsten Dinge und bewahrt diese auf, während die junge Frau heranwächst, bis sie schließlich eines Tages in die Welt hinausgeworfen wird.

Auch der Dell durchlief Veränderungen. Auf allen Microsoft-Betriebssystemen lief er, von MS-DOS bis Windows 95. Die DOS-Ära war wunderbar: Spiele auf Disketten, Kommandozeilenbefehle. Im Laufe der Zeit wurden die Schichten von Glitzernagellack und Post-it-Zetteln auf der matten Kunststoffeinfassung meines Monitors immer dicker. Quer über den Rahmen des Dell schrieb ich einmal mit Permanentmarker *GET A LIFE* – gleichzeitig voller Wut und Hingabe.

Als das Internet in mein Leben kam, war es, als würde mein Monitor zu einem gläsernen Tor, das mir den Zugang zu einem unendlich weiten Weg eröffnete. Wenn das Modem stotterte, überschüttete ich es mit Komplimenten: *Du bist so ein gutes Modem und ich bin sicher, du schaffst alles*. Das war mein eigenes, zwanghaftes Mantra. Ich war damals der Meinung, dass Informationen, genau wie Menschen, bei Reisen um die Welt Unterstützung brauchen. In meinen frühen Jahren im Internet habe ich gelernt, HTML zu schreiben und rudimentäre Homepages zu Ehren meiner Lieblingsbands zu gestalten. Ich schickte leidenschaftliche E-Mails an verflossene Sommercamp-Freunde. Ich fand dort Antworten auf die Fragen, die ich nicht zu stellen wagte. Ich hatte Brieffreunde, die ich mich nie getraut hätte, persönlich zu treffen. Kleinen Communities im Netz habe ich persönliche Dinge anvertraut, Communities, die es längst nicht mehr gibt. Kurz gesagt, ich wurde zu der, die ich heute bin, und genoss die Freiheiten, die mir der Computer gewährte. Er befreite mich einerseits von Dingen wie Einsamkeit, Schüchternheit und Unwissen, gab mir andererseits aber auch die Freiheit, Dinge zu tun – zu lernen, zu experimentieren, zu entdecken und zu spielen.

Ich habe den Dell aufgegeben, als ich mit meinem Sony VAIO zur Uni ging. Es war eines dieser schrecklichen Laptop-Modelle, die wahrscheinlich bald in Technikmuseen landen, mit einem abnehmbaren Sockel, der mehr dazu diente, meine Oberschenkel zu wärmen. Wie die meiste Unterhaltungselektronik in den Vereinigten Staaten landete der Dell wahrscheinlich auf der Müllhalde, oder wurde per Containerschiff nach China, Malaysia, Indien oder Kenia geschickt, wo er zerfleddert wurde wie ein Grillhähnchen, die Kabel durchtrennt, die Eingeweide von wertvollen Metallen und Erzen befreit. Heute denke ich darüber nach, wie der nagellackglitzernde Monitor wohl auf die unterbezahlten Arbeiter gewirkt haben muss, die in einer giftigen Halde voll von unprofessionell entsorgtem Elektroschrott arbeiteten, und die meinen Dell dann irgendwann zu Plastikstaub zermahlen haben. Auch wenn Computer alt und unbrauchbar werden, verschwinden sie nie ganz – sie werden nur zum Problem eines anderen. Als Massenware sind sie Teil unseres kulturellen Gedächtnisses; Avatare von Kindheitserinnerungen, wie mein Dell, oder auch Avatare von Informatik als Gesamtphänomen, wie Macintoshs, von denen ich nie einen hatte. Zweifellos betrachten wir deshalb die Technikgeschichte oft als eine Serie von immer intelligenteren Maschinen: vom chinesischen Abakus bis hin zu raumgroßen Apparaturen, die von wendigen Arbeitern bedient werden. Von kühlschrankgroßen Kisten mit Kathodenstrahl-Bildschirmen zu immer kleineren Inkarnationen aus Silizium und Plastik, bis schließlich zum allseits vertrauten Smartphone, das in jede Hosentasche passt. Und irgendwo entlang dieser Entwicklung ist es verlockend, die Kiste zu loben, auf eine zu zeigen und zu sagen: »Die Leute, die das gemacht haben, haben die Welt verändert.« Die vorliegende Geschichte handelt jedoch nicht von diesen Menschen.

Dieses Buch handelt von Frauen.

Es ist auch ein Buch darüber, wie Computer verwendet wurden und werden, in der Realität und potenziell. Das soll nicht heißen, dass Männer kreieren und Frauen benutzen – weit gefehlt –, nur die Technikgeschichte, die uns normalerweise erzählt wird, handelt von Männern und Maschinen. Dabei werden Frauen und die Zeichen, die sie setzen, normalerweise ignoriert. Die ursprüngliche Informationstechnologie war das geistige Werk von Frauen: Frauen erhoben die rudimentäre Bedienung von Rechenmaschinen zu einer Kunst namens Programmieren. Sie gaben der Kiste eine Sprache. Sie sorgten durch ihr unermüdliches Engagement dafür, dass gigantische Großrechner in den Dienst der Gemeinschaft gestellt wurden. Sie zeigten, wie die Produkte der Industrie allen Menschen dienen können, wenn nur der Wille dazu vorhanden ist. Als das Internet noch eine unübersichtliche Ansammlung von Hosts war, bauten sie Protokolle, um den Datenfluss zu lenken und ihn wachsen zu lassen. Bevor das World Wide Web in unser Leben kam, haben Akademikerinnen und Informatikerinnen Systeme entwickelt, um riesige Schätze digitaler Informationen in zugängliches Wissen umzuwandeln; wir haben diese technisch möglichen, riesigen Datenbanken zugunsten der rohen Einfachheit aufgegeben. Frauen haben in der Dot-Com-Ära Imperien aufgebaut, und sie gehörten zu den Ersten, die virtuelle Communities gründeten und wachsen ließen. Die Lektionen, die sie dabei gelernt haben, würden uns heute gute Dienste leisten, wenn wir nur zuhören würden.

Nichts davon lässt sich klar quantifizieren, das macht es schwierig, die Beiträge dieser Frauen zur Informatik genau aufzulisten und noch schwerer, sie gebührend zu würdigen und daran zu erinnern. Obwohl dieses Buch der minutiösen historischen Recherche anderer Autoren, die immer wieder zitiert werden, viel verdankt, habe ich mich auch auf die persönlichen Berichte der Frauen und auf die fragmentarischen Quellen gestützt, die für die Technikgeschichte charakteristisch sind: Screenshots, Chatprotokolle, Abandonware, veraltete Handbücher und längst verwitterte Webseiten. Ich habe mein Bestes getan zu erforschen, welche Software-Artefakte übriggeblieben sind, indem ich Unix-Befehle und die sozialen Konventionen der Onlinekultur der alten Welt mit Akribie und Sorgfalt bearbeitet habe. Mögen die Server lange genug surren, um weiterhin virtuellen Tourismus zu ermöglichen, denn diese Informationsquellen werden mit der Zeit immer zerbrechlicher. Eine Ironie: auch wenn sich der Computerspeicher vervielfacht, bleibt unsere Fähigkeit, persönliche Erinnerungen festzuhalten, eine Willensfrage, begrenzt durch unseren Schädel. Sie wird nur durch unsere Fähigkeit erweitert, Geschichten zu erzählen.

Auf diesen Seiten werden technisch begabte Frauen, einige der klügsten Programmiererinnen und Ingenieurinnen in der Geschichte dieses Mediums vorgestellt, Akademikerinnen und Hacker, und auch Kulturschaffende, Pixelschieber und Spieledesigner und die selbsternannte »größte Bitch in Silicon Alley«. So breitgefächert ihre Erfahrungen auch sind, eines haben sie alle gemeinsam. Ihnen allen liegt vor allem der Benutzer am Herzen. Sie sind nie so sehr von der Kiste betört, dass sie vergessen, wofür sie da ist: um das menschliche Leben zu bereichern. Wenn Sie in der Geschichte der Technik nach Frauen suchen, schauen Sie zuerst dort, wo Technik das Leben besser macht, einfacher und vernetzter. Suchen Sie an den Stellen, an denen die Form der Funktion nachgeordnet wird. Ein Computer ist eine Maschine, die die Welt zu Zahlen verdichtet und verarbeitet. Dies für so viele Menschen wie möglich nachvollziehbar zu machen, unabhängig von ihren technischen Fähigkeiten, ist kein typisch weibliches Anliegen. Nichts davon. Allerdings schienen es alle Frauen, mit denen ich gesprochen habe, implizit zu verstehen und bewerten es als absolut fundamental, als unverzichtbar und richtig.

Mit einer Kiste zu leben, welche die Welt mit sich selbst verbindet, erweitert und verändert das Leben, ja, es hat sogar etwas Magisches. Aber die Kiste bleibt dabei trotzdem immer nur ein Objekt. Wenn sie nicht zerlegt und recycelt wird, wird sie die Erde für Jahrtausende vergiften. Das ist auf Dauer nur vertretbar, wenn wir überzeugt sind, dass sich lohnt, was *vor* der Müllhalde damit geschieht. Ja, wenn wir glauben, dass es sogar etwas Spirituelles hat. Computer werden gebaut, um eingeschaltet zu werden, Kabel sind zum Einstecken da, Links zum Anklicken. Ohne das menschliche Mitwirken kann zwar Strom fließen, aber das Signal geht ins Leere. Wir allein erwecken das Ding zum Leben. Wir geben ihm Bedeutung, und erst in dieser Bedeutung liegt sein Wert. Geschichtsbücher feiern die Hersteller von Maschinen, aber es sind die Benutzer – und diejenigen, die etwas für die Benutzer entwerfen –, welche die Welt wirklich verändern.

Frauen stehen am Anfang jeder wichtigen Technologiewelle. Wir sind keine Randerscheinungen. Wir sind mittendrin und machen uns doch oft für alle unsichtbar. Einige der erstaunlichsten Beiträge auf diesen Seiten erblühten im wild wuchernden Mittelstreifen der Datenautobahn. Bevor ein neues wissenschaftliches Gebiet seine Autoritäten entwickelte und lange bevor es damit Geld zu verdienen gab, experimentierten Frauen mit neuen Technologien und entwickelten sie weit über das hinaus, wofür sie ursprünglich gedacht waren. Immer wieder erledigten Frauen Jobs, die anfangs keiner für wichtig hielt, bis sie dann doch wichtig wurden. Auch das Programmieren von Computern wurde zunächst jungen Frauen übertragen, die angeheuert wurden, um Kabel einzustecken und sonst nichts – bis die Kabel zu Mustern und die Muster zu Sprache wurden. Plötzlich war Programmieren eine Fertigkeit, die es wert war, gemeistert zu werden.

Ein paar Anmerkungen, bevor wir loslegen. Ich gehe in diesem Buch davon aus, dass das Verhältnis zwischen biologischem Geschlecht und sexueller Selbstwahrnehmung ähnlich ist wie das Verhältnis zwischen Körper und Seele. »Frau« bedeutet für jeden etwas anderes. Es gibt unendlich viele Möglichkeiten und Bedeutungen, diesen Begriff zu belegen, und jede Lockerung der Kategorien ist befreiend für die individuelle Lebensgestaltung. Allerdings teilen Frauen oft ähnliche Erfahrungen. Gerade in Bereichen, in denen Frauen in der Minderheit sind, tut es gut, nach Gemeinsamkeiten zu suchen, die unsere Solidarität stärken können. Und noch etwas: Die Geschichte des Computers ist ein einziger Buchstabensalat. Wir werden Begriffen wie ENIAC, UNIVAC, ARPANET, PLATO und dem WWW begegnen. Es mag schwierig sein, diese Akronyme zu lesen, ohne das Gefühl zu bekommen, dass einen die Vergangenheit anschreit. Bitte verzweifeln Sie nicht. Das ist Teil des Vergnügens.

So, und jetzt weiter im Text. Mein Dell ist weg, sein Speicher gelöscht. Was davon übrig bleibt, sind keine Kratzer auf einer Festplatte, sondern Spuren an einer Person, dem Benutzer, der Symbole herumschiebt. Meine Erinnerungen an den Dell sind wie Erinnerungen an Familie und Freunde. Es sind Erinnerungen an gemeinsame Zeiten, an erlebte Reisen. Erinnerungen an Grenzen und deren Überwindung. Das ist das Wunderbare an der Technik: Sie ist nie ganz losgelöst von uns. So wie ein Hammer die Wirkung der Hand oder eine Linse das Sehvermögen stärkt oder verstärkt, so verstärkt der Computer eine Person. Durch die Berührung der Computertasten schafft es sogar ein Teenager-Mädchen, Kontakt mit der ganzen Welt aufzunehmen. Ich bin der Computer und der Computer ist ein Teil von mir.

Ich werde nicht die Letzte sein, für die sich das so anfühlt. Und ich war sicher nicht die Erste.

TEIL EINS

DIE KILOGIRLS

KAPITEL EINS
COMPUTER GESUCHT

Wir schreiben das Jahr 1892 in New York City. Im Januar wurde ein Einwanderungszentrum namens Ellis Island eröffnet. Im März versuchte ein Sportlehrer in Springfield, Massachusetts, bei eisigen Temperaturen eine Gruppe hibbeliger Jugendlicher in einer YMCA-Halle irgendwie bei Laune zu halten und erfand dabei das »Korb-Ballspiel«, heute bekannt als Basketball. Jetzt ist der Winter vorbei, es ist Anfang Mai, also fast schon Sommer, bald beginnt das 20. Jahrhundert. Es gibt noch keinen Bildschirm, keine Maus, kein Byte, kein Pixel und es sind noch 100 Jahre bis zu meinem Dell, aber in den Kleinanzeigen der *New York Times* findet sich eine seltsame Anzeige.

COMPUTER GESUCHT,[1] heißt es da.

In dieser Anzeige taucht das Wort »Computer« zum ersten Mal in gedruckter Form auf. Sie wurde nicht von einem indiskreten Zeitreisenden aufgegeben, der im Goldenen Zeitalter gefangen ist und sich nach dem vertrauten Glanz seines MacBooks sehnt. Diese Anzeige wurde vom U.S. Naval Observatory in Washington, D.C. für ein mathematisches Astronomieprojekt aufgegeben, das zu diesem Zeitpunkt bereits seit mehreren Jahrzehnten lief: die Berechnung der Position von Sonne, Sternen, Mond und Planeten am Nachthimmel mit Bleistift und Papier. Die Leiter des Observatoriums wollten in jenem Frühjahr keinen Computer kaufen. Sie wollten einen einstellen.

Nahezu 200 Jahre lang war Computer ein Beruf – genauer gesagt eine Person, die für ihren Lebensunterhalt Berechnungen durchführt. Hätte man an jenem Maitag im Jahr 1892 die *Times* durchgeblättert und sich auf diese Stelle beworben, dann hätte man wohl bald darauf einen Mathetest gemacht. Der Job im Naval Observatory war relativ angenehm: Wer in der Nähe wohnte, arbeitete in einem gemütlichen Büro in Cambridge, weit entfernt vom Observatorium selbst, das auf einer Klippe über dem Potomac lag. Man arbeitete fünf Stunden am Tag und beobachtete den Himmel an schmalen, langen Tischen vor einem lodernden Feuer, wobei oft Pausen gemacht wurden, um über die wissenschaftlichen Ideen des Tages zu sprechen. Die anderen arbeiteten zu Hause anhand detaillierter mathematischer Pläne, die sie mit der Post erhielten. Computing, also die Erstellung von Rechentabellen, war, wie ein Historiker feststellte, gewissermaßen die ursprüngliche Heimarbeitsindustrie.[2]

Jeden Tag arbeiteten diese »Computer« – ähnlich wie die heutigen Computer – an komplizierten, umfangreichen mathematischen Problemen. Sie taten das nicht allein. Unser neuer Mitarbeiter wäre Teil einer Rechenabteilung geworden, jeder leistete seinen Beitrag, einige korrigierten gegen ein Extra-Entgelt die Arbeit der anderen. Nur mit Stift und Papier kartierte das Team des Naval Observatory den Himmel, so wie andere Rechenzentren in der westlichen Welt die Ballistik, die Hochseeschifffahrt oder die reine Mathematik voranbrachten. Der Einzelne bekam kaum persönliche Anerkennung, aber egal, um welches Problem es sich handelte, jeder war maßgeblich an dessen Lösung beteiligt gewesen.

Rechenbüros waren Denkfabriken. Der britische Mathematiker Charles Babbage (1791–1871), dessen Ziel, mit Dampfkraft zu rechnen, im 19. Jahrhundert zu ersten wichtigen Entwicklungen in der mechanischen Datenverarbeitung führte, nannte das, was die menschlichen Rechenbüros seiner Zeit taten, »geistige Arbeit«.[3] Er betrachtete dies als eine Arbeit, die man mit dem Gehirn verrichtet, so wie das Einschlagen eines Nagels eine Arbeit ist, die man mit den Händen verrichtet. Die menschlichen Computer waren in gewisser Weise diejenigen, die die Routinearbeit der organisierten Wissenschaft ausführten. Bevor sie ersetzt wurden, berechneten sie ballistische Flugbahnen für die amerikanische Armee, knackten Nazi-Codes in Bletchley

Park, stellten astronomische Daten in Harvard zusammen und unterstützten numerische Studien zur Kernspaltung im Rahmen des Manhattan-Projekts. Bei aller Vielfalt der Aufgaben hatten die menschlichen Computer jedoch eines gemeinsam: Sie waren Frauen.

Meistens jedenfalls. Das Naval Observatory stellte zwar nur einen einzigen weiblichen Computer für sein Nautical Almanac Office ein, sie war allerdings bei Weitem die berühmteste von ihnen: die Astronomin Maria Mitchell (1818–1889), eine Quäkerin von der Insel Nantucket, die noch vor ihrem 30. Lebensjahr vom dänischen König eine Medaille für die Entdeckung eines neuen Kometen am Nachthimmel erhalten hatte. Er wurde unter dem Namen »Fräulein Mitchells Komet« bekannt. In der Sternwarte berechnete Mitchell die Ephemeriden der Venus, denn sie war, wie ihr Vorgesetzter ihr sagte, der einzige Computer, der schön genug war, um sich mit dem schönsten aller Planeten zu beschäftigen.

Ihre Anwesenheit als Frau in einer Gruppe von männlichen Computern war für die damalige Zeit ungewöhnlich, aber das sollte sich noch ändern. Mitchell entdeckte ihren Kometen nur ein Jahr vor der Konferenz von Seneca Falls über die Rechte der Frauen im Jahr 1848. Die Konferenz wurde hauptsächlich von Quäker-Aktivisten organisiert, ihre Kirche war die einzige Konfession, die es Frauen erlaubte, in ihren Gemeinden zu predigen, und Marias Vater, ein Hobbyastronom, setzte sich vehement für die Anerkennung von Marias Leistungen ein. Noch vor Ende des 19. Jahrhunderts wurde das Computing dann tatsächlich weitgehend in die Hände von Frauen gelegt. Diese weiblichen Kopfarbeiterinnen, die schwierige Rechenprobleme so wie heutige Maschinen in numerische Einzelschritte zerlegten, leiteten das Zeitalter der wissenschaftlichen Forschung im großen Stil ein.

Als dann Rechenmaschinen aufkamen, die sich parallel und weitgehend unabhängig von ihren menschlichen Gegenstücken entwickelten, maßen Mathematiker deren Leistung in »Girl-Years«[4] und eine Einheit Maschinenarbeit wurde als äquivalent zu einem »Kilogirl« beschrieben. So sehr wurde bis zur Mitte des 20. Jahrhunderts das Rechnen als Frauensache angesehen. Dies ist die Geschichte der Kilogirls. Sie beginnt, so wie die schönsten Muster, mit einem Webstuhl.

Die Spinnenarbeit

Der Webstuhl ist eine einfache Technologie, aber in der Kette und im Schuss des Fadens liegt das Gewebe jeder technologisch fortschrittlichen Gesellschaft begründet. Textilien sind von zentraler Bedeutung für das Menschsein und wie bei Software ist Bedeutung in sie hineingewoben. Wie die britische Kulturtheoretikerin Sadie Plant schreibt, dokumentiert jedes Tuch seine Entstehung beim Webprozess. Es ist eine vernetzte Matrix aus Fähigkeiten, Zeit, Materialien und Personen. »Das sichtbare Muster« eines jeden Tuchs »ist nicht zu trennen von dem Prozess, in dem es produziert wurde. Programm und Muster gehen ineinander über«,[5] schreibt sie. Historisch gesehen betrifft dieser Prozess natürlich Frauen. Bereits fünf Jahrhunderte vor dem Christentum haben Frauen im alten Ägypten, in China und Südosteuropa Kleidung, Zelte, Statussymbole und sogar Geld gewebt, sei es am Webstuhl, am Spinnrad oder in Nähkreisen.

Wie viele herkömmliche Muster oder Traditionen, wurde auch dieses in der Industriellen Revolution durchbrochen, als der französische Weber Joseph-Marie Jacquard (1752–1834) eine neue Art der Stoffherstellung erfand – nicht von Hand, sondern nach Zahlen. Anders als ein traditioneller Webstuhl, der nur durch den Einfallsreichtum des Webers zum Leben erweckt wird, schuf Jacquards Erfindung bemerkenswert komplexe Textilien aus Mustern, die in eine Reihe Papierkarten gestanzt waren. Diese waren reproduzierbar, konsistent und frei von menschlichen Fehlern. Die daraus entstehenden Damaste, Brokate und gesteppten Matelassés waren in ganz Europa sehr begehrt. Die Wirkung von Jacquards Webstuhl ging jedoch weit über die industrielle Textilproduktion hinaus: Seine Lochkarten, die zum ersten Mal in der Geschichte Muster und Herstellung voneinander trennten, fanden schließlich ihren Weg in die ersten Computer. Auf Papier kodierte Muster, welche Computerwissenschaftler später als »Programme« bezeichneten, konnten Zahlen ebenso leicht sinngebend miteinander verweben wie Fäden.

Der Jacquard-Webstuhl machte Textilarbeiter und Textilarbeiterinnen arbeitslos. Einige ließen ihre Wut an den Webrahmen der neuen Maschinen aus und machten Ned Ludd zu ihrem Volkshelden, ein legendärer Weber, der Ende des 18. Jahrhunderts angeblich ein Paar Strumpfwebrahmen zerschlagen hat. Heutzutage verwenden wir den Begriff *Luddit* im abwertenden Sinne für jemanden mit einer unvernünftigen Abneigung gegen Technologie. Aber die Anliegen der Maschinenstürmer waren zu jener Zeit nicht unpopulär. Selbst Lord Byron (1788–1824) sympathisierte mit ihnen. In seiner ersten Rede vor dem House of Lords im Jahr 1812 verteidigte er die organisierten Maschinenstürmer. Dabei verglich er die Produkte des mechanischen Webens auf einem Jacquard-Webstuhl mit »Spinnenarbeit«. Insgeheim war er besorgt, dass man ihn wegen seiner Sympathie für die Ludditen für einen »halben Maschinenstürmer«[6] halten könnte. Das war er natürlich nicht – und auch mit seiner Spinnenarbeit lag er völlig falsch.

Während Byron seine Argumente vortrug, produzierten Jacquard-Webstühle Textilien in einer noch nie dagewesenen Qualität und Menge. Der Mathematiker Charles Babbage besaß ein Porträt von Joseph-Marie Jacquard, das mithilfe von 24 000 Lochkarten aus Tausenden von Seidenfäden gewebt worden war – eine so feine Arbeit, dass seine Gäste das Porträt regelmäßig für einen Stich hielten. Und obwohl es natürlich ein sehr schönes Stück war, waren es besonders die Lochkartenprogramme des Webstuhls, die Babbages Fantasie beflügelten. »Es ist bekannt«, verkündete Babbage, »dass Webstühle alle möglichen, von Menschen ersonnenen Muster weben können, und es ist gängige Praxis, dass begabte Künstler von Fabrikanten für den Entwurf von Mustern eingestellt werden.«[7] Solange diese Idee in ein Muster umgesetzt werden konnte, war es unendlich oft reproduzierbar, in jeder beliebigen Menge, mit jedem Material, in jedem Grad von Detail, in jeder Farbkombination, ohne dass es im Lauf der Zeit zu einer Verschlechterung des Produktes kam. Babbage verstand die Bedeutung des Lochkartenprogrammes, weil mathematische Formeln auf die gleiche Weise funktionieren: Egal, wie oft man sie ausführt, sie ändern sich nie.

Der Jacquard-Webstuhl hatte es ihm derart angetan, dass er den größten Teil seines Lebens damit verbrachte, Rechenmaschinen zu entwickeln, die mit Lochkarten arbeiten. Um die Funktionsweise dieser Maschinen zu beschreiben, übernahm er sogar die Sprache der Textilfabriken und schrieb von einem »Speicher«, in dem die Zahlen gesammelt wurden, und einer »Mühle«[8], in der sie verarbeitet werden konnten, was dem Speicher und dem Prozessor eines modernen Computers entspricht. Die Zahlen bewegten sich durch Babbages Maschinen und führten zu einem Ergebnis, genau so, wie aus den Fäden am Ende ein Stoff wurde.

Babbages Maschinen – die Difference Engine, eine handbetriebene mechanische Maschine zur Berechnung von Polynomfunktionen und die komplexere Analytical Engine – waren ihrer Zeit so weit voraus, dass sie gemeinhin als historische Anachronismen betrachtet werden. Seine mechanischen Entwürfe erforderten ein Maß an technischer Präzision, das nie zuvor angestrebt worden war. Doch die britische Regierung war bereit, das Projekt zu unterstützen, weil mathematische Tabellen von nationalem Interesse waren. Die Regierung finanzierte den Bau der Differenzmaschine im Jahr 1823 zunächst mit einem Zuschuss von 1700 Pfund. Fast 20 Jahre später, nach Investitionen in zehnfacher Höhe der ursprünglichen Summe, bezeichnete der Premierminister das Ganze als ein »sehr kostspieliges Spielzeug« und »was die Wissenschaft betrifft, sicherlich nutzlos«[9] und brach das Projekt ab. Es gab nichts weiter vorzuweisen als einige Teilmodelle und knapp 40 Quadratmeter verwirrender, schematischer Zeichnungen.

Die Maschinen machten Babbage berühmt – und vielleicht auch berüchtigt –, aber nur sehr wenige seiner Zeitgenossen verstanden, was sie bewerkstelligen sollten, geschweige denn wie. Eine dieser Personen war Ada Lovelace, die Tochter von Lord Byron. In ihrem kurzen Leben (1815–1852) war eine Sache ihr ganz besonderes Anliegen: dass sich die von ihrem Vater so verachtete Spinnenarbeit verbreiten sollte, unaufhaltsam, bis ins nächste Jahrhundert und darüber hinaus.

Strahlen aus allen Ecken des Universums

Ada war von besonderer Alchemie: Sie war das Kind einer leidenschaftlichen, einjährigen Ehe zwischen Byron und einer intelligenten, mathematisch begabten Aristokratin namens Anne Isabella Milbanke, kurz Annabella. Eine frühere Liebhaberin sagte über Byron, er sei »mad, bad and dangerous to know«,[10] seine Leidenschaften waren in jeder Hinsicht höchst romantisch. Annabella hingegen war so vernünftig und wohlerzogen, dass Byron sie scherzhaft »Prinzessin der Parallelogramme« nannte. Als das Paar sich trennte, kursierten Gerüchte, wonach der ausgesprochen flatterhafte und kapriziöse Byron ein mehr als brüderliches Verhältnis zu seiner Halbschwester Augusta hatte.

Nach dem Skandal um diese Trennung wollte Annabella um keinen Preis, dass Ada etwas von der Unstetigkeit ihres Vaters erbte oder unter seinem schlechten Ruf leiden musste. Um ihre Tochter auf dem rechten Weg zu halten, sorgte sie dafür, dass Ada ab ihrem vierten Lebensjahr intensiv in Mathematik unterrichtet wurde. Mathematik – das Gegenteil von Poesie. Zumindest dachte sie das.

Kurz nach Adas Geburt setzte sich Byron nach Italien ab. Er lernte seine Tochter nie kennen, obwohl er sich oft nach ihr erkundigte. »Ist das Mädchen fantasievoll?«, schrieb er an Augusta, wohl wissend, dass Annabella, die ihre Tochter bewusst zurückgezogen aufzog, nichts direkt preisgeben würde. Byron starb 1824, als Ada gerade mal neun Jahre alt war, auf recht unromantische Weise an einer Grippe in Griechenland. Als er starb, soll er seinem Kammerdiener zugerufen haben: »Oh, mein armes, liebes Kind! Meine liebe Ada! Mein Gott, wenn ich sie nur sehen könnte! Gib ihr meinen Segen!«[11]

Sein Leichnam wurde per Schiff nach England überführt und in den Straßen Londons versammelten sich große Menschenmengen, um den Trauerzug mit 47 Kutschen zu sehen. Als Ada schließlich den Namen ihres Vaters erfuhr, weinte sie um ihn, obwohl sie und ihre Mutter sein Andenken nicht besonders in Ehren zu halten schienen – Byrons Porträt in ihrem Haus wurde hinter schweren Vorhängen verborgen, bis Ada 20 war. Aber sein sprunghafter Geist war in ihr lebendig. »Ich glaube nicht, dass mein Vater ein solcher *Dichter* war (oder jemals hätte sein können), wie ich eine Analytikerin (und Metaphysikerin) *sein werde*«, schrieb sie später an Charles Babbage, »denn beides gehört für mich untrennbar zusammen«.[12]

Adas scharfer, analytischer Verstand wurde von einer wilden Fantasie beflügelt. Da sie zur damaligen Zeit als Frau keine Universität besuchen konnte, erhielt sie Privatunterricht. Als frühreifes und sehr einsames Kind entwarf sie Flugmaschinen und marschierte Geige spielend um den Billardtisch. Sie war auch häufig krank, neigte zu damals sogenannten hysterischen Anfällen und überlebte nur knapp eine schwere dreijährige Masernerkrankung. Während dieser Zeit, als Ada ans Bett gefesselt war, nutzte Annabella den Zustand ihrer Tochter aus, um sie noch intensiver mit Lernstoff einzudecken. Aber Ada war unbezähmbar, lebhaft und charismatisch. Mitunter überflügelte sie ihre Lehrer – einen davon verführte sie sogar – und nebenher bildete sie sich mit Büchern weiter und korrespondierte mit einigen der berühmtesten Köpfe des 19. Jahrhunderts.

Ada King-Noel, Countess of Lovelace

Schon als Teenager schloss sie eine enge Freundschaft mit der bekannten Wissenschaftlerin Mary Somerville (1780–1872), die ihre Fragen beantwortete und ihre Studien förderte. Der Mathematiker und Logiker Augustus De Morgan (1806–1871) schickte ihr per Post Rechenaufgaben und war erstaunt über ihre Fähigkeiten, die in ihren Antworten zum Ausdruck kamen. Wäre sie ein Mann gewesen, staunte er, dann hätte ihre »Begabung, vorhandene Möglichkeiten und tatsächliche Schwierigkeiten auf der Grundlage der Betrachtung der ersten Prinzipien [Aristoteles] zu erfassen«, sie zu einer »kreativen mathematischen Forscherin, vielleicht von erstrangiger Bedeutung«[13] gemacht. Sie schreckte nicht vor Schwierigkeiten zurück und hatte eine besondere Art des Lernens: Sie hinterfragte die Grundprinzipien der Mathematik, um ihre fundamentale Bedeutung zu ergründen und sie vollständig zu verstehen.

Ada begegnete Charles Babbage zum ersten Mal, als sie mit ihrer Mutter seine Differenzmaschine in London besichtigte, die erste seiner gleichermaßen sehr teuren und dabei sehr unvollendeten mathematischen Maschinen. Sie war 17, Babbage 42. Er hatte die Maschine – zumindest einen Teil davon – in einem Salon ausgestellt, in dem er samstagabends Soireen veranstaltete, die die bekanntesten Namen der Gesellschaft anzogen, u. a. Charles Darwin, Michael Faraday, Charles Dickens oder den Herzog von Wellington. Das war nicht lange nach Adas formellem gesellschaftlichem Debüt, bei dem sie, in Satin und Tüll gewandet, ihrer Mutter Kommentare über die verschiedenen Herzöge zuflüsterte, denen sie vorgestellt wurde: Wellington gefiel ihr, und der Herzog von Orleans auch, aber Talleyrand? Er war ein »alter Affe«.[14]

Ada nahm zwar eifrig am gesellschaftlichen Leben teil, aber es bedeutete ihr nicht viel. Sie war jedoch sofort von Babbages Maschine fasziniert, einem gewaltigen Block aus miteinander verbundenen Messingzahnrädern und allerlei anderen Rädchen. »Während andere Besucher die Funktionsweise dieses schönen Instruments mit einem Ausdruck und, wie ich zu sagen wage, mit einem Gefühl betrachteten, das einige Wilde gezeigt haben sollen, als sie zum ersten Mal einen Spiegel sahen oder ein Gewehr hörten«, schrieb ein Zuschauer, »verstand Miss Byron, ungeachtet ihres jugendlichen Alters, die Funktionsweise und erkannte die große Schönheit dieser Erfindung.«[15]

Nicht lange darauf wurde Ada nach ihrer Heirat mit einem vernünftigen Aristokraten, der zehn Jahre älter war als sie selbst, zu Ada Augusta King-Noel und wiederum drei Jahre später, nach der Erhebung ihres Mannes in den Adelsstand, zur Countess of Lovelace. Im Alter von 24 Jahren war sie Mutter von drei Kindern – darunter ein Sohn, der nach ihrem Vater benannt war –, verwaltete die Häuser ihrer Familie in Surrey und London und studierte weiterhin jeden Tag Mathematik.

Nach wie vor war sie von der Differenzmaschine fasziniert. Sie bat Babbage flehentlich, sie an seinen Maschinen arbeiten zu lassen. »Ich hoffe, Sie denken an mich«, schrieb sie ihm 1840, »ich meine damit meine mathematischen Interessen. Sie wissen, dass dies der größte Gefallen ist, den mir irgendjemand tun kann.«[16]

Als Gräfin hatte Ada allerdings gesellschaftliche Verpflichtungen, die sie von ihren wahren Leidenschaften ablenkten. Sie wollte Karriere machen, suchte eine Berufung, um Mathematik auf eine nützliche Art und Weise anzuwenden und um ein geistiges Erbe zu hinterlassen, so wie die Gedichte ihres Vaters sein Andenken gefestigt hatten. Ihre Briefe an Babbage, an ihre Mutter und an ihren großen Freundeskreis zeigen eine Frau, die von der lähmenden Angst geplagt wird, ihr könnte die Möglichkeit verwehrt bleiben, der Mathematik ihren Stempel aufzudrücken. Sie war überzeugt von ihrem einzigartigen Talent: sowohl ihres immensen logischen Denkvermögens, das ihr durch die Erziehung der Mutter und den Privatunterricht eingeimpft worden war, als auch ihrer »intuitiven Wahrnehmung verborgener Dinge«, die sie von ihrem abwesenden Vater geerbt hatte. »Ich kann *Strahlen* aus allen Teilen des Universums in einen *einzigen* großen Brennpunkt fokussieren«,[17] schrieb sie an ihre Mutter, die sich Sorgen machte, Ada könnte verrückt sein.

Ada empfand Zuneigung für ihren Mann – sie nannte ihn »my *chosen* pet« (mein *auserwähltes* Haustier), aber ihr geistiges Leben widmete sie Babbage und seinen Maschinen. Sie wurde erst seine Gefolgsfrau, dann sein Sprachrohr. Seine bilderstürmerische Denkweise gefiel ihr; sie bewunderte die Fantasie, die seinen Erfindungen zugrunde lag. Isoliert aufgewachsen unter der strengen Obhut ihrer Mutter, die jede Spur von Lord Byrons poetischen Fantasien penibelst zu unterdrücken suchte, fühlte sich Ada nun von Babbage in ihrer Denkweise bestätigt. Wie sie verstand er, dass die Arbeit mit Zahlen – die höchsten Ebenen des mathematischen Denkens – tiefgreifende metaphysische Implikationen hatte. Die Mathematik war eine Form der Poesie.

Doch als Ada heiratete, hatte Babbage die Arbeit an der Differenzmaschine schon fast aufgegeben. So beeindruckend sie für die britische Gesellschaft an seinen Samstags-Soiréen auch gewesen sein mochte, war sie doch nur eine sehr komplizierte Rechenmaschine, die mithilfe der Methode der endlichen Differenzen reihenweise Zahlen ausspuckte. Die Differenzmaschine hätte dazu verwendet werden können, fehlerfreie mathematische

Tabellen zu erstellen: um solche Dinge »mit Dampf zu berechnen«, die menschliche Computer zum damaligen Zeitpunkt bereits seit mehr als einem Jahrhundert erledigten, allerdings mit gelegentlichen Fehlern. Babbage jedoch war nicht mehr an derart Praktischem interessiert, er hatte höherfliegende Pläne.

Die präzise gefrästen Zahnräder und diversen Rädchen der Differenzmaschine speicherten Tausende von Zahlen, aber Babbage wünschte sich, dass sie stattdessen *Variablen* speicherten – abstrakte Platzhalter, die anstelle von beliebigen Zahleninhalten standen. Eine solche Maschine könnte viel mehr als nur arithmetische Aufgaben lösen. Sie wäre in der Lage, *jede* Art von Problem zu lösen. Er begann, Pläne für eine zweite, weitaus ehrgeizigere Maschine zu schmieden, eine Maschine, die den konzeptionellen Sprung von der mechanischen Arithmetik zur vollwertigen Allzweckberechnung schaffen sollte. Er nannte sie Analytical Engine.

Die Differenzmaschine war bereits brillant, doch die Analytical Engine war schlichtweg genial. Hätte man sie jemals vollständig gebaut, wäre sie in der Lage gewesen, zwei 20-stellige Zahlen in drei Minuten zu multiplizieren. Der Mark I, ein elektromechanischer Computer, der in den 1940er-Jahren unter Verwendung einiger von Babbages grundlegenden Rechenprinzipien in Harvard gebaut wurde, war in der Lage, die gleiche Aufgabe in etwa sechs Sekunden zu bewältigen, allerdings fast 100 Jahre später; heute erledigt mein Laptop diese Aufgabe in weniger als einer Millionstel-Sekunde. Aber die Analytical Engine war keine elektronische Maschine: Sie war ein schwerfälliges mechanisches Ding, dessen Kurbeln, Stangen und Zahnräder für den Antrieb mit Dampf ausgelegt waren. Das Wort »Maschine« ist tatsächlich sehr treffend: Für ein ungeschultes Auge sieht das Teilmodell, das derzeit im Science Museum in London ausgestellt wird, aus wie etwas, das aus den Innereien einer Lokomotive stammt, mit der imposanten und schwerfälligen physischen Ausstrahlung eines Banktresors.

Es war schwierig, die Idee an den Mann zu bringen. Nach all dem Geld, das die britische Regierung für Babbages Differenzmaschine verschwendet hatte, wollte sie ganz bestimmt nicht auch noch ein neues Modell mit noch weniger unmittelbaren Anwendungsmöglichkeiten finanzieren. So hatte Babbage niemanden, der ihn unterstützte: Mit seiner Hartnäckigkeit hatte er sich in der britischen Wissenschaftsgemeinde viele Feinde gemacht. In der Hoffnung, Interesse an seiner Maschine zu wecken, nahm Babbage im Herbst 1840 eine Einladung nach Turin an, um seine Pläne einer Gruppe italienischer Wissenschaftler und Philosophen vorzustellen. Er hoffte, dass »das Land von Archimedes und Galileo« sich als aufgeklärter erweisen würde als sein Heimatland. Aber es lief nicht wie geplant.

Ein kleiner Teil der »Mühle« der Analytical Engine

Unter Babbages Zuhörern in Turin saß ein gewisser L. F. Menabrea (1809–1896), ein junger Militäringenieur, der später Diplomat und dann italienischer Ministerpräsident wurde. Kurz nach der Präsentation schrieb Menabrea für eine Schweizer Zeitschrift einen ausführlichen Aufsatz, »*Notions sur la machine analytique*«. Als Ada auf den Aufsatz stieß, begann sie sofort aus eigenen Stücken ihn zu übersetzen, wobei sie Menabreas Fehler Stück für Stück korrigierte. Sie legte Babbage die Übersetzung vor. Beeindruckt fragte er sie, warum sie nicht selbst eine eigenständige Arbeit geschrieben habe, wo sie doch mit der Maschine und ihrem Erfinder so vertraut sei. Dieser Gedanke war ihr gar nicht gekommen. Babbage schlug vor, sie solle zumindest einige ihrer eigenen Notizen in die Übersetzung einfügen. Sie war offen für diesen Kompromiss zwischen Bescheidenheit und intellektuellem Ehrgeiz und nahm das Projekt sofort in Angriff. Doch als Adas Arbeit schließlich druckfertig war, unterzeichnet nur mit ihren Initialen AAL, zeigte sich, dass ihre Notizen fast dreimal so lang wie Menabreas Originaltext waren und um ein Vielfaches anspruchsvoller.

In ihren Notizen fasste Ada den gewaltigen Umfang von Babbages Vision zusammen. Das war keine leichte Aufgabe: Als er starb, hinterließ er 30 Bände mit Plänen zur Analytischen Maschine. Sie hoffte, die metaphysischen Höhenflüge, mit denen sie die Beschreibung der rein technischen Funktionsweise ergänzte, würden die Maschine für ein gebildetes, viktorianisches Publikum verständlich – und attraktiv – machen, insbesondere für die wissenschaftliche Gemeinschaft und die britische Regierung. So wie Babbage hoffte auch Ada, die Politiker in Hinblick auf die Erfindung zur Vernunft bringen zu können. Babbage war stur und nicht besonders geschickt im Umgang mit Menschen und Ada wusste, dass seine Brillanz leicht von denen übersehen werden konnte, die mit seinem Temperament nicht zurechtkamen. »Meine liebe und viel bewunderte Dolmetscherin«,[18] nannte er sie einmal dankbar.

Aber Ada erklärte nicht nur die technische Funktionsweise der Analytischen Maschine. Sie stellte sich die Auswirkungen vor, die sie auf die Welt haben könnte. Sie beschrieb die Implikationen von Allzweck-Computern und skizzierte damit das zukünftige transformative Potenzial von Software: Wenn die Analytical Engine Symbole bearbeiten konnte, dann konnte im Prinzip alles, was sich symbolisch darstellen lässt – Zahlen, Logik, sogar Musik –, durch die Maschine laufen und wundersame Dinge hervorbringen. »Die Analytical Engine *webt algebraische Muster*«, schrieb sie und bediente sich dabei einer Textil-Metapher, »so wie der Jacquard-Webstuhl Blumen und Blätter webt«.[19] Die Möglichkeiten waren grenzenlos und sie besaß genau die richtigen geistigen Fähigkeiten, um das zu beschreiben: gleichermaßen mathematisch brillant und poetisch treffend.

Diese Arbeit strengte sie sehr an, sowohl geistig als auch körperlich. Wie vielen Patienten zu jener Zeit wurde ihr gegen ihre Beschwerden Laudanum verschrieben. Benebelt von Opiaten arbeitete sie in den Pausen zwischen gesellschaftlichen Terminen und Krankheitsphasen immer wieder mit fieberhafter Energie. Ihre Mutter missbilligte ihre Arbeit und erfand Familiendramen, um sie abzulenken, aber Ada blieb hartnäckig. Der Briefwechsel zwischen Ada und Babbage war in dieser Zeit rege und sehr vertraut. Sie schickten sich Briefe quer durch London hin und her, oft mehrmals am Tag. Sie tadelte ihn für seine schlampige Arbeit, ärgerte sich, wenn er ihre Arbeiten korrigierte und bemängelte seine Fehler, während sie sich selbst als seine »Fee« bezeichnete – eine treffende Beschreibung für die mathematische Geistesgröße, die sie war. »Mein Gehirn ist mehr als nur sterblich«, prahlte sie, während sie alle Möglichkeiten aufzählte, wie die Maschine die Bernoulli-Zahlen ableiten konnte. »Es müsste mit dem Teufel zugehen, wenn ich nicht binnen zehn Jahren den Geheimnissen dieses Universums etwas von ihrem Lebenssaft ausgesaugt habe, wie es sonst keine rein sterblichen Lippen oder Gehirne je tun könnten.«[20]

Die Analytical Engine wurde nie fertiggestellt, aber sie steht für den konzeptionellen Beginn des Computerzeitalters. Die vier Komponenten ihrer Konstruktion – Eingabe, Speicherung, Verarbeitung und Ausgabe – sind auch heute noch Kernbestandteile aller Computer. Und die beeindruckend originellen Notizen, die Ada zur Erläuterung dieser neuen Art von Maschine verfasste, nahmen die Literatur der Informatik um fast ein Jahrhundert vorweg. Um zu demonstrieren, wie die Maschine die Bernoulli-Zahlen ohne die Hilfe einer »menschlichen Hand oder eines Kopfes« berechnen konnte, schrieb sie mathematische Beweise, die von vielen Wissenschaftlern als die ersten jemals aufgeschriebenen Computerprogramme bezeichnet werden, und das für eine Maschine, die es gar nicht gab. Obwohl Ada drei Kinder hatte, bezeichnete sie ihre Notizen zu Menabreas Aufsatz als ihr Erstgeborenes. »Er ist ein ungewöhnlich schönes Baby«, schrieb sie an Babbage, nachdem sie ihren Entwurf fertiggestellt hatte, »er wird zu einem Mann von allererster Größe und Kraft heranwachsen.«[21]

Es ist bezeichnend für Adas Zeit, dass sie ihre Arbeit als männlich bezeichnete und ihre Notizen nur mit ihren Initialen unterschrieb. Obwohl sie zu Lebzeiten von prominenten Unterstützern gefördert wurde, war ihr Weg ausgesprochen unorthodox. Selbst ihre Mutter duldete ihn kaum. »Nicht einmal Gräfinnen sollten rechnen dürfen«[22], im englischen Original von Sadie Plant ein geistreiches, mehrdeutiges Wortspiel: »Not even countesses were supposed to count«. Abgesehen von ihrer Freundin Mary Somerville hatte sie nur wenige weibliche Gleichgesinnte und ihre Leistungen erforderten ein hartnäckiges und beharrliches Selbststudium, eine fast manische Hingabe an die Mathematik, die sich über die Konventionen hinwegsetzte und ihre Gesundheit schädigte.

Ada war ihr ganzes Leben lang anfällig für Krankheiten gewesen und litt unter Schwindelanfällen, Schmerzen, Ohnmachtsanfällen und nervöser Unzufriedenheit. Ihre Symptome wurden als Hysterie abgetan und mit der regelmäßigen Einnahme von Laudanum behandelt, das sie mit brennenden Augen sehnsüchtig erwartete. Mit 36 Jahren, im gleichen Alter wie ihr Vater, starb Ada an der Krankheit, die sie wirklich quälte: Gebärmutterkrebs.

Die Mathematik hatte sie schon fast aufgegeben. Stattdessen wettete sie in ihren letzten Lebensjahren fast schon zwanghaft bei Pferderennen und berechnete mit ihrem mathematischen Scharfsinn für eine Ad-hoc-Gemeinschaft von männlichen Freunden die Gewinnchancen der Pferde. Einem Biografen zufolge[23] hoffte sie wohl, so das erforderliche Vermögen zu erwirtschaften, um Babbages Analytical Engine doch noch bauen zu können. Sie verlor jedoch so oft und so spektakulär, dass sie sich Geld von Freunden leihen und Familienjuwelen verpfänden musste. Als sie sich schließlich in London in eine langwierige Phase der Bettruhe begeben musste, war sie ihrem Vater ähnlicher geworden – verrückt, böse und gefährlich – als jede Prinzessin der Parallelogramme. Während sie mit einer Mischung aus Laudanum, Wein und Chloroform zwischen Realität und Delirium hin und her pendelte, hallte in ihr der Zweiklang der Familie aus Rücksichtslosigkeit und Tragödie wider. »Ich habe Angst vor diesem schrecklichen Kampf, der, wie ich fürchte, den Byrons im Blut liegt«, schrieb sie an ihre Mutter. »Ich glaube nicht, dass wir leicht sterben.«[24]

Wie bei ihrem Vater überdauerte auch Adas Werk ihr eigenes Leben, obwohl es fast ein Jahrhundert dauerte, bis es die verdiente Anerkennung erfuhr. Es dauerte bis zum Beginn des Computerzeitalters, als man das Ausmaß ihres Weitblicks nicht mehr bestreiten konnte, bis ihre *Notizen* in einem britischen Computersymposium neu veröffentlicht wurden. Der Herausgeber schwärmte 1953, ihr Denken sei »so modern, dass es heutzutage erneut auf großes Interesse stößt«.[25] Ada hatte das Glück, in eine wohlhabende, adelige Familie mit viel Zeit zur Muße hineingeboren worden zu sein. Auch ohne eine berufliche Karriere konnte sie sich weiterbilden und hatte Zeit, ihren Leidenschaften privat nachzugehen. Dennoch hätte sie noch so viel mehr erreichen können, und es ist offensichtlich, dass sie das auch gewollt hatte. Viele brillante Frauen – so wie Ada im falschen Jahrhundert geboren, am falschen Ort oder mit der Hoffnung, auf dem falschen Gebiet etwas zu bewirken – haben ein ähnliches Schicksal erlitten, oder noch viel Schlimmeres.

Wenn ich Adas Korrespondenz lese, sehe ich jemanden, dem ich über die Jahrhunderte hinweg gerne die Hand reichen würde, um zu sagen: Du hast recht. Niemand außer dir hat es gesehen. Aber du wirst Erben haben. Enkeltöchter und Urenkeltöchter. Sie werden überall auf der Welt aus dem Boden sprießen und mit derselben Beharrlichkeit und Unnachgiebigkeit arbeiten. Immer wieder werden andere Leute ihre Lorbeeren ernten, bis das eines Tages endlich aufhört. Und *dann* wird deine Geschichte geschrieben, hundertfach, von Mädchen im Teenageralter an ihren Schreibtischen im Herzen ihres jeweils eigenen Königreichs, auf Maschinen, die deine kühnsten Vorstellungen übertreffen.

Kilogirls

Auf ihren ausdrücklichen Wunsch hin wurde Ada Lovelace neben ihrem Vater in einer kleinen Kirche in der Nähe seines Familiensitzes Newstead Abbey beigesetzt. Ihr Sarg, ausgeschlagen mit weichem, violettfarbenem Samt, trug eine Inschrift mit dem Lovelace-Familienmotto, das sie sich zu eigen gemacht hatte, während sie über ihren Notizen zu Babbages Analytical Engine brütete: LABOR IPSE VOLUPTAS. »Die Arbeit ist ihr eigener Lohn.«

Die Arbeit sollte noch lange Zeit ihr eigener Lohn bleiben. Bis zum Ende von Adas Jahrhundert konnten technisch begabte Frauen wie sie zwar auf beiden Seiten des Atlantiks eine Anstellung als Computer finden, aber diese

Titel auf dem Papier waren nicht mit einem entsprechenden Status oder einer angemessenen Vergütung verbunden. In den 1880er-Jahren stellte der Astronom Edward Charles Pickering* in seinem Institut in Harvard beispielsweise nur Frauen für die Analyse und Klassifizierung von Daten zu Sternen ein, darunter sein eigenes Dienstmädchen Williamina Fleming. Obwohl er sich später für die Frauen einsetzte, die im Observatorium arbeiteten und sogar Flemings wissenschaftliche Arbeiten in ihrem Namen auf astronomischen Konferenzen vorstellte, hatte Pickering diese Frauen nicht aus Überzeugung eingestellt. Er wollte lediglich doppelt so viele Mitarbeiter haben, da Frauen nur halb so viel bezahlt wurde. Der Direktor eines konkurrierenden Observatoriums, das nur Männer beschäftigte, beschwerte sich bei einem Kollegen: »Die Computer in Harvard sind größtenteils Frauen« und man könne sie »für so gut wie nichts arbeiten lassen«.[26]

Die Computerfrauen von Harvard, die als »Pickering's Harem«[27] in die Geschichte eingingen, katalogisierten 10 000 Sterne. Williamina Fleming, sein ehemaliges Dienstmädchen, entdeckte den Pferdekopfnebel und trug zur Entwicklung eines standardisierten Bezeichnungssystems für Sterne bei, während ihre Kollegin Annie Jump Cannon Spektren mit einer Geschwindigkeit von drei Sternen pro Minute klassifizieren konnte. Durch ihre bemerkenswerte Beständigkeit darin gelang es ihr, eine Reihe neuer und ungewöhnlicher Sterne zu entdecken. Diese Frauen kartografierten buchstäblich den Kosmos, aber ihr Lohn entsprach dem von ungelernten Arbeitern – mit einem Stundenlohn von 25 bis 50 Cent verdienten sie kaum mehr, als wenn sie in einer Fabrik gearbeitet hätten.

In den Vereinigten Staaten nahm die Zahl der weiblichen Büroangestellten gegen Ende des 19. Jahrhunderts deutlich zu, wobei sich vor allem nach dem Bürgerkrieg ein Aufwärtstrend einstellte. Große Kriege haben vor allem auch in der Arbeitswelt einen unverkennbaren Einfluss auf die Geschlechterverteilung und eröffnen Frauen neue Beschäftigungsmöglichkeiten; in

---

* Die gängige Legende besagt, dass Pickering Fleming einstellte, nachdem er von einer Gruppe männlicher Assistenten frustriert war, die Fotoplatten von Sternenspektren untersuchen sollten (es gibt dazu jedoch auch Belege, die das Gegenteil nahelegen). Er stürmte aus seinem Büro und schimpfte, dass das sogar sein schottisches Dienstmädchen besser machen könnte. Er ahnte gar nicht, wie recht er hatte.

diesem Fall waren viele Frauen Kriegerwitwen, die ihren Lebensunterhalt mit ihrem Beitrag zu einer immer komplexeren Welt bestreiten mussten. Nach dem Ende des Bürgerkriegs 1865 waren Computerfrauen, wie der Historiker David Alan Grier schreibt, nicht mehr »die talentierten Töchter liebevoller Väter« wie Maria Mitchell »oder die intelligenten Freundinnen verständnisvoller Männer« wie Ada. Sie waren »Arbeiterinnen, Schreibtisch-Arbeiterinnen, die sich ihren Platz in dieser Welt mit ihren Fähigkeiten im Umgang mit Zahlen verdienten«.[28]

Auch der Erste und der Zweite Weltkrieg brachte Tausende von Frauen als Schreibkräfte, Büroangestellte und Telefonistinnen in die Arbeitswelt, ganz zu schweigen von den Arbeiterinnen an den Nietmaschinen in den Fabriken. Vor allem die Telefongesellschaften waren die ersten Arbeitgeber für Frauen im großen Stil. Im Jahr 1891 arbeiteten 8000 Frauen als Telefonistinnen; 1946 waren es schon fast eine Viertelmillion. Frauen waren flinke Arbeitskräfte, die in der Lage waren, in Netzwerken und fließenden Gruppen zusammenzuarbeiten – wir sprechen immer noch von Sekretariats-»Pools« – und sich schnell an die Bedürfnisse der Unternehmen anpassen konnten. Sie arbeiteten in den Telefonzentralen, führten Akten, nahmen Diktate auf und legten Dokumente ab. Diese routinemäßigen Bürotätigkeiten werden heute zunehmend elektronisch von digitalen Assistenten und automatisierten Telefonsystemen übernommen, von denen viele standardmäßig noch heute mit weiblichen Stimmen sprechen.

Als in der ersten Hälfte des 20. Jahrhunderts weibliche Stimmen durch die wachsenden Telefonnetze schwirrten [in Deutschland das buchstäbliche »Fräulein vom Amt«], wurde der Begriff »Girl« gleichbedeutend mit »Computer« verwendet. Ein Mitglied des Applied Mathematics Panel, einer Abteilung des National Defense Research Committee, das in den frühen 1940er-Jahren eine Gruppe für Human Computing, also menschliche Datenverarbeitung leitete, schätzte, dass eine Einheit »Kilogirl«-Energie[29] etwa 1000 Stunden Computerarbeit entsprach. Das National Advisory Committee for Aeronautics – der Vorgänger der NASA – unterhielt einen eigenen Pool von »Girls«[30], zu denen schon in den 1940er-Jahren auch Afroamerikanerinnen gehörten, die in einem abgetrennten Westteil des Langley Research Center arbeiteten. Eine von ihnen, die Mathematikerin Katherine Johnson

(1918–2020)[31], die 1958 zur Space Task Force stieß, berechnete von Hand die Flugbahnen für die Raumflüge von Alan Shepard und John Glenn. Die Computergruppe in Langley führte alle analytischen Berechnungen händisch durch und verwendete dabei die technischen Hilfsmittel der damaligen Zeit: Rechenschieber, Lupen, Kurvenlineale und frühe Rechenmaschinen. Johnson wird oft mit den Worten zitiert, sie sei ein Computer gewesen, »als der Computer noch einen Rock trug«.[32]

Das letzte bedeutende Computerprojekt in den USA, das von Menschen ausgeführt wurde, ist ein Nachschlagewerk mit mathematischen Tabellen, das von der Works Progress Administration finanziert und von der Mathematikerin Gertrude Blanch (1897–1996) betreut wurde. Es wurde gerade zu dem Zeitpunkt veröffentlicht, als die Rechenmaschinen es praktisch überflüssig machten. Die menschliche Datenverarbeitung entwickelte sich als Überbrückung zwischen dem Aufkommen groß angelegter wissenschaftlicher Forschung und der Fähigkeit der Hardware, die Berechnungen für diese Forschung liefern zu können. Schließlich überflügelten die unermüdlichen Maschinen, die aus dem Aufschwung der Informatikforschung während des Zweiten Weltkriegs hervorgingen, ihre menschliche Konkurrenz. Nach diesem Krieg übernahmen die Maschinen endgültig die Macht und damit veränderte sich die Definition des Wortes »Computer« zum ersten und letzten Mal. Auch das Berufsbild, das früher mit ganz bestimmten menschlichen Tätigkeiten verbunden war, änderte sich: Die einstigen menschlichen Computer wurden von Konkurrenten zu Bedienern, die nicht mehr die Funktionen der Maschine ausführten, sondern diese Funktionen *programmierten*, damit sie ausgeführt wurden.

Menschliche Rechenbüros erledigten in »Girl-Years« dieselbe Rechenarbeit, die Maschinen heute in Bruchteilen von Sekunden erledigen können. Und einige Jahrhunderte lang waren Gruppen von Frauen, die in Bienenstöcken und »Harems« arbeiteten, quasi die Hardware: räumlich verteilte biologische Maschinen, die zu gewaltigen Berechnungen fähig waren und die geistigen Fähigkeiten eines einzelnen Individuums überstiegen. Ihre Berechnungen katalogisierten den Kosmos, kartierten die Sterne, vermaßen die Welt und bauten die Atombombe. Dass die mathematische Arbeit zumindest in einigen Fällen in relativ einfache Schritte für jeden Einzelnen zerlegt werden konnte, ist dabei nebensächlich. Es war die Zusammenführung all dieser Schritte, gleichzeitig und kollektiv ausgeführt, die für unsere vernetzte, rechnende Big-Data-Welt den Boden bereitete. Jede für sich betrachtet waren diese Frauen die ersten Computer; zusammengenommen bildeten sie die ersten Informationsnetzwerke. Der Computer, wie wir ihn heute kennen, ist nach den Menschen benannt, die er ersetzt hat. Lange bevor wir das Netzwerk als eine Erweiterung unserer selbst verstanden haben, haben unsere Urgroßmütter die Funktionen ausgeführt, die seine Existenz erst ermöglichten.

Das Aufkommen von Computern mag zwar die menschlichen Rechenbüros geleert haben, aber es hat die Frauen nicht aus diesem Bereich verdrängt. Ganz im Gegenteil: Viele Frauen, die selbst einmal Computer waren, fanden Arbeit bei der Betreuung ihrer Nachfolger. Frauenhände wechselten von Bleistiften und Rechenschiebern zu Tischrechnern und Schaltern, später dann zu Relais und Lochkarten-Tabellierern. Das Einspeisen und Entnehmen von Informationen aus den neuen Maschinen galt ebenso als Frauentätigkeit wie Tippen, Ablegen von Dokumenten und Weiterleiten von Telefongesprächen von einem Ort zum anderen. Und auch das war nicht leicht. Der Umgang mit den frühen mechanischen Computern erforderte einen scharfen analytischen Verstand und grenzenlose Geduld. Genau wie die Frauen, die mit ihrer Mathematikbegabung Berge versetzen konnten, wurden auch die frühen Computerprogrammiererinnen und Computerbedienerinnen mit enormen, schier unlösbaren Problemen konfrontiert. Ihre kreativen Lösungen machten oft den Unterschied zwischen Leben und Tod aus.

KAPITEL ZWEI

AMAZING GRACE

Grace Hopper (1906 –1992) wurde gerade 35, hatte eine feste Anstellung und war verheiratet, als Japan Pearl Harbor angriff. Sie unterrichtete Mathematik, ihr Ehemann Vincent Literatur. In den Sommerferien renovierte das Paar ein altes Bauernhaus in New Hampshire auf einem 60 Hektar großen Grundstück, das es während der Depression für 450 Dollar gekauft hatte. Sie spielten Badminton und Grace häkelte Teppiche, was sie als Kind auf dem Familienanwesen am Lake Wolfeboro gelernt hatte.

Grace und Vincent mussten mit den typischen Schwierigkeiten eines Akademikerehepaares fertig werden. Als Grace ihr Studium in Yale begann,* arbeitete Vincent an seiner Doktorarbeit an der Columbia University. Irgendwie schaffte sie es, ihm bei der Recherche für seine insgesamt acht Jahre dauernde Dissertation zu helfen. Er arbeitete an einer Geschichte der Zahlensymbolik. Sie las für ihn zu diesem Thema syrische, babylonische und mittelalterliche Texte. Als sie 1931 ihre Lehrtätigkeit am Vassar College aufnahm, besuchte sie in ihrer Freizeit Kurse über Astronomie, Geologie, Physik und Architektur. Ihre intellektuelle Beidhändigkeit war auf dem Campus legendär[1]: Um ihre Studenten zu beeindrucken, schrieb sie manchmal einen deutschen Satz mit der linken Hand an die Tafel, und wenn sie in der

* Sie war erst die elfte Frau, die in Yale in Mathematik promoviert wurde.

Mitte angekommen war, wechselte sie zur rechten Hand und beendete den Satz auf Französisch.

Am Anfang ihrer Lehrtätigkeit am Vassar, übernahm Grace die von den Studenten gefürchteten Fächer, die niemand außer ihr unterrichten wollte, wie Infinitesimalrechnung, Trigonometrie und technisches Zeichnen. Um diese Fächer lebendiger zu gestalten, aktualisierte sie alten Schulstoff mit neuen Ideen, wie das gute Lehrer ja auch heute tun. Um Topografie interessanter zu machen, sollten die Studenten im Unterricht für technisches Zeichnen eine Landkarte mit wundervollen Fantasiewelten aufzeichnen. Sie aktualisierte die recht häufigen Ballistikaufgaben in Analysis-Lehrbüchern mit Berechnungen über die Flugbahn von Raketen, die damals die öffentliche Fantasie zu beflügeln begannen. Infolgedessen wuchs die Zahl der Studenten in ihren Klassen, sie kamen aus allen Studienrichtungen des Colleges. Das brachte ihr den Respekt ihrer Vorgesetzten und den unverhohlenen Unmut ihrer Kollegen ein.

Im Winter 1941 wohnten Grace und Vincent in New York City. Vincent hatte eine Stelle als Dozent für Literatur an der School of Commerce der New York University gefunden und Grace hatte ein einjähriges Fakultätsstipendium vom Vassar College erhalten, um selbst an der NYU zu studieren, und zwar bei Richard Courant, eine der wenigen Kapazitäten im Gebiet der angewandten Mathematik. Das war eine willkommene Alternative zu der halsbrecherischen wöchentlichen Fahrt[2] entlang des Hudson zwischen Poughkeepsie und der Stadt in einem Ford Modell A, den sie Dr. Johnson nannte. Grace schätzte Courant, der sich auf Differenzialgleichungen mit endlichen Differenzen spezialisiert hatte. Das hatte sie nur »einen Katzensprung vor den Studenten«[3] gelernt, um ihren Analysiskurs am Vassar zu unterrichten. Courant hatte einen charmanten Akzent – er war deutscher Emigrant – und seine Vorlesungen waren immer sehr packend. Sie genoss es, unter seiner Anleitung unorthodoxe Rechenprobleme anzugehen, auch wenn er sie manchmal dafür schalt, wenn sie dabei ebenso unorthodoxe Lösungsansätze verfolgte. Alles in allem war es ein »großartiges Jahr«.[4] Doch dann änderte sich alles von einem Tag auf den anderen.

Grace und Vincent hörten die Nachricht in einem kleinen, blechernen Radio, als sie umgeben von Büchern an einem Doppelschreibtisch in ihrem gemeinsamen Arbeitszimmer saßen: Ein heftiger, überraschender japanischer Angriff auf einen Marinestützpunkt auf Hawaii hatte 2403 Amerikaner das Leben gekostet. Am darauffolgenden Tag erklärten die Vereinigten Staaten Japan den Krieg; innerhalb einer Woche weitete sich der Konflikt auf Japans Verbündete, Deutschland und Italien, aus.

Jeder den Grace kannte, wollte Kriegsdienst leisten. Vincent bewarb sich, wurde aber zunächst abgelehnt, weil er Brillenträger war. Grace' Bruder, der genauso dürr war wie alle in der Familie und auch ein Problem mit den Augen hatte, wurde ebenfalls abgelehnt. Unbeirrt meldeten sich die beiden trotzdem freiwillig zum Wehrdienst und wurden dann doch noch eingezogen. Die Cousine von Grace wurde Krankenschwester. Im Sommer 1942 schien es, als seien alle weg: die Männer waren rekrutiert, die Frauen ihrer Familie wurden in die neuen Militärabteilungen für Frauen aufgenommen, alle außer ihrer Schwester, die Kinder hatte. Auch Grace wollte ihren Teil beitragen, aber sie war acht Kilo untergewichtig und zu alt für den Militärdienst. Mathematikprofessoren gehörten zu den Berufen, die nur mit besonderer Genehmigung für den Militärdienst freigestellt wurden. So trat sie eine zeitlich befristete Stelle am Barnard College an, um über den Sommer spezielle, kriegsrelevante Mathematikkurse für Frauen zu geben, aber das war ihr nicht genug. Die ganze Zeit marschierten Seekadetten von einem Ausbildungsschiff auf dem Hudson an den Wohnheimen von Barnard vorbei. Grace beobachtete sie und wollte unbedingt auch zur Marine.

Zurück im Norden des Landes quälte sie die Einsamkeit und ein zielloser, unerfüllter Patriotismus. »Ich begann mich ziemlich isoliert zu fühlen, als ich da oben saß«, sagt sie, »die bequeme College-Professorin«.[5] Sie kämpfte darum, dass das Vassar College sie zum Militärdienst gehen ließ und stellte dem College ein nicht gerade sehr langes Ultimatum: sechs Monate, sonst würde sie einfach gehen. Und obwohl sie zu alt und zu dünn war und ihre Sehfähigkeit nicht viel besser war als die ihres Bruders, ging sie. Am Tag von Pearl Harbor lag vor Grace Hopper noch ein respektables, bürgerliches Leben, aber sie wollte keinen Schritt auf diesem Weg weitergehen. Innerhalb weniger Jahre veränderte sich fast alles in ihrem Leben: Sie trennte sich von Vincent, kündigte ihren Job und trat in die US-Marine ein. Es war nicht die erste ungewöhnliche Entscheidung, die sie je getroffen hatte, und es sollte auch nicht die letzte sein.

Grace wurde an ihrem ersten Tag an der United States Naval Reserve Midshipmen's School in Northampton, Massachusetts, 37 Jahre alt, man schrieb den 9. Dezember 1943. Sie verstand die Sprache der Marine schnell – Begriffe wie Schotten, Deck und Kommandobrücke waren ihr schnell vertraut. Sprachen fielen ihr schon immer leicht. Sie hatte sich Deutsch, Latein und Griechisch beigebracht, indem sie mit einem Wörterbuch in der Hand aufmerksam las und neue Wörter wie mathematische Variablen in jeden Satz einfügte. Die Einhaltung der militärischen Umgangsformen dagegen war schwieriger, vor allem, weil sie so oft im Widerspruch zu den gesellschaftlichen Gepflogenheiten standen. Rang und Höflichkeit kollidierten immer mal wieder: Manchmal blieb sie vor einer Tür stehen, um den Admirälen den Vortritt zu lassen, die wiederum versuchten, sie wie eine Dame zu behandeln – eine Komödie der Irrungen. »Meistens sind wir dann schließlich zusammen durch die Tür gegangen«, erzählte sie. »Das war schlecht.« [6] Aber sie mochte das Exerzieren. Für sie war es wie Tanzen.

Sie war kleiner als die anderen Rekruten und älter und wurde zusammen mit den Studenten ausgebildet, die sie wenige Monate zuvor noch selbst unterrichtet hatte. Aber im Vergleich zu ihrer akademischen Karriere, als sie durch den Nordosten der USA gependelt war, während sie versuchte, zwei Haushalte und eine angespannte Ehe aufrechtzuerhalten, fühlten sich die Zwänge des Militärlebens wie Urlaub an. Sie brauchte sich um niemanden mehr zu kümmern; sie brauchte sich morgens nicht einmal mehr ihre Kleidung selbst auszusuchen. Es gab nur wenige Annehmlichkeiten – selbst Feinstrumpfhosen waren rationiert –, aber ihren häuslichen Pflichten war sie enthoben. »Ich habe es einfach genossen«, sagte sie Jahre später einem Historiker. Im Gegensatz zu den Jüngeren, mit denen sie sich gemeldet hatte, fand sie, dass sie »die größte Freiheit hatte … Ich habe mich da einfach gemütlich entspannt, wie in einem Federbett, ich nahm zu und hatte einfach eine absolut himmlische Zeit.« [7] Da Fleisch rationiert war, aß sie jeden Sonntagabend frischen Fisch von der Küste Neuenglands und Hummer. Sie wurde zur Bataillonskommandeurin befördert und schloss als Beste ihrer Klasse ab, in juckenden Leinenstrümpfen.

Obwohl Grace sicher war, dass die Marine sie zur See geschickt hätte, wenn sie ein Mann gewesen wäre, verbrachte der frisch gebackene Leutnant Hopper nie einen Tag an Bord. Stattdessen wurde man auf ihr Studium der Methoden der endlichen Differenzen an der NYU unter Richard Courant aufmerksam. Die Marine gab ihr von einem Tag auf den anderen eine neue Aufgabe. Während ihrer Ausbildung war Grace davon ausgegangen, dass sie ihre Militärkarriere damit verbringen würde, feindliche Codes mit der Elitegruppe von Mathematikern und Logikern zu knacken. Dieser kryptografische Beraterstab der Marine saß im Gebäudeteil für Kommunikation und wurde von einem ehemaligen Yale-Professor von Grace geleitet. Sie hatte bewusst Kryptografie studiert, um sich auf diesen Einsatz vorzubereiten. Stattdessen schickte sie die Marine nun nach Harvard, wo sie, wie sie zu sagen pflegte, die dritte Programmiererin des ersten Computers der Welt wurde.

Als sie im Juli 1944 in Harvard ankam, verirrte sie sich prompt. Das Navy Liaison Office war nirgends zu finden und niemand hatte Grace gesagt, wo sie stationiert werden sollte und warum. Sie irrte über den Campus, bis sie schließlich von einem bewaffneten Wachmann in den Keller des Cruft-Physiklabors der Universität geführt wurde. Ein kantiger, vogelgesichtiger, gut 1,90 m großer Mann mit ausgeprägten Geheimratsecken begrüßte sie schon an der Tür recht gereizt. Die ersten Worte aus seinem Munde waren: »Wo sind Sie denn gewesen?«[8] Von seinem Anblick überrascht, sagte sie, sie käme gerade von der Midshipmen's School, der Schule für Seekadetten, und habe den ganzen Vormittag versucht, zum richtigen Ort zu finden. »Ich war ein wenig verwirrt und hatte zu der Zeit natürlich große Angst vor einem Kommandanten«, erinnert sie sich. »Ich hatte denen doch gesagt, dass das unnötig ist«, murmelte er. Er war der Meinung, dass Frauen keine Militärausbildung brauchen. Er fragte, ob sie schon eine Unterkunft gefunden habe, worauf sie ihm antwortete, dass sie gerade erst angekommen sei. »Na gut«, meinte er, »dann machen Sie sich an die Arbeit, Sie können sich morgen um eine Unterkunft kümmern.«

Und genau das tat sie. Grace kam während des Krieges nie zum Einsatz auf dem Schlachtfeld, aber sie zähmte zwei Ungeheuer. Das erste war dieser stämmige Mann, Korvettenkapitän Howard Aiken (1900–1973). Während seines Physikstudiums in Harvard hatte Aiken – ein großer Bewunderer von Charles Babbage – ein elektromechanisches Rechengerät entwickelt, mit dem er jedes mathematische Problem lösen konnte, das sich auf numerische Analysis reduzieren ließ, von einfacher Arithmetik bis hin zu Differenzialgleichungen. Er hatte diese Maschine entwickelt, um sich die Arbeit zu erleichtern: Seine eigene Doktorarbeit war ein Albtraum mit umfangreichen, langwierigen Berechnungen. Seine Maschine, die von IBM im Tausch gegen die Patentrechte daran gebaut und der Universität für den Kriegseinsatz gespendet worden war, wurde Grace' zweites Ungeheuer. Wie eine Gänseblümchenkette hatte Aiken diese Maschine als eine Reihe von verketteten Rechnern konzipiert. Sie wurde deswegen als Automatic Sequence Controlled Calculator (ASCC) bezeichnet und erledigte die Arbeit von einem Dutzend Menschen. In Harvard nannten ihn alle den Mark I Computer.[9]

Der Mark I wurde dem Bureau of Ordnance der Marine zugewiesen, um ballistische Berechnungen für Kriegszwecke zu erledigen. Aiken brauchte Mathematiker, die sich mit Differenzialgleichungen mit endlichen Differenzen auskannten, genau das, was Grace in jenem wunderbaren Jahr vor der japanischen Bombardierung von Pearl Harbor unter Richard Courant studiert hatte. Doch Grace wusste das alles noch nicht. Als sie Aikens Bekanntschaft machte, hörte sie im Nebenzimmer Lärm. Aiken führte sie zur Quelle des Geräusches. »Das ist eine Rechenmaschine«,[10] sagte er. Grace betrachtete das Ding und war sprachlos. »Alles lag völlig offen und unverkleidet«. Der Mark I wog fünf Tonnen und war über zwei Meter hoch und 17 Meter lang, mit Tausenden von beweglichen Teilen und 850 Kilometer Kabel. Sein ganzes Innenleben war sichtbar, überall bewegte sich etwas und er war laut. »Ich starrte ihn damals einfach nur an«, erinnerte sie sich. »Mir fiel in diesem Moment nichts ein, was ich hätte sagen können.«

Der Mark I ähnelte eher den mechanischen Maschinen von Charles Babbage als einem Computer im modernen Sinne des Wortes: In seinem Stahlgehäuse trieb ein 4-PS-Motor über eine Antriebswelle eine Reihe von Zahnrädern und Gegenrädern entlang der gesamten Länge der Anlage an. Der Code für den Mark I wurde von Hand mit Bleistift auf standardisiertes Codepapier geschrieben und dann auf Spulen mit einem acht Zentimeter breiten Band übertragen – im wahrsten Sinne des Wortes gestanzt –, ähnlich wie bei einem Notenblatt für ein Pianola oder einer Musterkarte eines Jacquard-Webstuhls. Die Positionen der Löcher* auf dem Band entsprachen dank eines eindeutigen 8-Bit-Codes den Ziffern, dem Prozess und der Anwendung einer bestimmten Berechnung. Obwohl der Mark I in diesem Sinne programmierbar war, da er mit Lochstreifen arbeitete, war die Unterscheidung zwischen Hardware und Software zu dieser Zeit noch verschwommen, ja sogar inexistent: Für jede Berechnung mussten Schalter umgelegt und die Verkabelung verändert werden.

Howard Aiken stellte Grace ihren Mannschaftskameraden vor, zwei Seekadetten der Navy, die nach Harvard gekommen waren, als Grace noch auf

---

* Grace gewöhnte sich so sehr an das Codieren mit acht Bit, dass sie manchmal auch acht Bit benutzte, wenn sie Schecks ausstellte.

der Midshipmen's School war. Später fand sie heraus, dass die beiden sich gegenseitig bestochen hatten, um bloß nicht neben der neuen Rekrutin sitzen zu müssen; »sie hatten gehört, dass diese grauhaarige alte Lehrerin[11] kommt, und keiner der beiden wollte den Schreibtisch neben mir.« Aiken gab ihr ein Codebuch, wenige Seiten mit fremdartigen Befehlen und eine Aufgabe: Sie sollte ein Programm für den Mark I schreiben, das die Interpolationskoeffizienten für den Arcustangens mit einer Genauigkeit von 23 Dezimalstellen berechnen sollte. »Und dann gab er mir eine Woche Zeit, um das zu machen«,[12] sagte sie, »und zu lernen, wie man das Ungeheuer programmiert und das Programm zum Laufen zu bringen.« Das Problem selbst war für Grace nicht besonders rätselhaft – schließlich hatte sie einen Doktortitel in Mathematik. Es war die Maschine, die ihr ein Rätsel war. Es gab kein Handbuch und es gab keine Erfahrungswerte, an denen man sich hätte orientieren können, denn der Mark I war der erste Computer dieser Art. Grace war in vielen Dingen gut, aber sie hatte keine Ingenieurausbildung, und sie konnte einen Schalter nicht von einem Relais unterscheiden. Aiken wollte sie anscheinend testen.

Als geborene Autodidaktin stürzte sie sich voller Elan in diese Herausforderung. Sie studierte das Codebuch und informierte sich bei den beiden Seekadetten, vor allem bei dem 23-jährigen Richard Bloch, einem frisch gebackenen Harvard-Absolventen und Mathegenie, der im Laufe der Zeit ihr engster Kollege wurde. Es gab noch einige IBM-Ingenieure, deren Aufgabe es war, Schäden in der Maschine zu finden und zu beheben; auch von ihnen erfuhr sie das ein oder andere. Sie blieb jeden Abend lange im Büro, machte Überstunden und verschaffte sich die notwendigen Kenntnisse, indem sie die Blaupausen und Schaltpläne des Mark I studierte. Manchmal schlief sie an ihrem Schreibtisch. Jahre später, als Grace eine anerkannte Kapazität auf dem neuen Gebiet des Programmierens war, wies sie die schwierigsten Aufgaben immer den jüngsten und unerfahrensten Mitgliedern ihres Teams zu.[13] Sie nahm an, dass die Jüngeren noch nicht durchschauten, was eigentlich nicht zu schaffen war.

In ihrem ersten Jahr in Harvard ging es Schlag auf Schlag und als neue Programmierer zum Team stießen, stieg Grace in der Hierarchie auf. Sie arbeitete mit dem gleichen Fleiß und Einfallsreichtum, mit dem sie auch unterrichtet hatte und wurde immer unentbehrlicher. Die grauhaarige Lehrerin aus Upstate New York lernte bedeutende Mathematiker, Ingenieure und so ziemlich jeden in der damals mikroskopisch kleinen Welt der Informatik kennen. »Es war faszinierend«, erzählte sie später, »eine Brutstätte von Ideen und Konzepten und Träumen und allem, was es sonst noch in der Welt gibt«.[14] Das Computerprojekt war während des Krieges so gefragt, dass Aiken ein weiteres Gerät entwarf, den Mark II. Grace eignete sich auch das Wissen zu diesem Computer an.

Wie für seine Maschinen gab es auch für Aiken selbst keine Art Handbuch. Er war unbeherrscht, launisch und detailbesessen. Und er war sehr stolz darauf, oberster Befehlshaber seiner eigenen Erfindung zu sein. Obwohl der Mark I von IBM gebaut und in einem Keller einer Ivy-League-Universität versteckt wurde, führte Aiken den Betrieb wie einen Marinestützpunkt. Die Disziplin war streng. Von seinen Mitarbeitern erwartete er, dass sie in voller Uniform zur Arbeit erschienen und ihn »Commander« nannten. Der Computer wurde, so wie jedes Marineschiff im englischen Sprachgebrauch, als »sie« bezeichnet. Aiken ließ die Leute schuften; wenn jemand einen Fehler machte, »stellte er den Missetäter lautstark bloß.«* Seine Kritik konnte so direkt und so heftig sein, dass Grace ihre Fehlersuche oft nach Feierabend durchführte, um in Ruhe und Frieden arbeiten zu können. Aber sie lernte, ihren Chef selbst als eine Maschine zu betrachten. »Er ist auf eine bestimmte Art und Weise verdrahtet«,[15] sagte sie zu Bloch, der oft Ärger mit ihrem gemeinsamen Vorgesetzten bekam. »Wenn man Aiken verstand und verstand, wie er gestrickt war, konnte man hervorragend mit ihm arbeiten. Ich hatte nie irgendwelche Schwierigkeiten. Aber wenn man versuchte, ihm zu sagen, was richtig war, dann Gnade dir Gott.«

Aikens Beharren auf der militärischen Hierarchie war ausgesprochen stur, aber es wirkte sich letztlich zugunsten von Grace aus: Die Behandlung

* Aikens Ruf war weithin bekannt. Selbst in einem lobenden Artikel anlässlich seiner Verabschiedung in den Ruhestand in der Aprilausgabe 1962 von Communications of the ACM (einer Fachzeitschrift in dem Bereich, den er als einer der Pioniere mitgestaltet hatte) wurde er als »willensstark, unabhängig, zielstrebig und hartnäckig beharrend auf den allerhöchsten Standards wissenschaftlicher Integrität, Anstrengung und Leistung« beschrieben und als »ein rücksichtsloser Vorgesetzter«.

in diesem Rechenzentrum des Physiklabors war im Großen und Ganzen abhängig vom Rang und von den Fähigkeiten des Einzelnen, und nicht vom Geschlecht. Uniformen und formale Titel trugen dazu bei, traditionelle Rollen aufzulösen, ebenso wie die völlige Isolierung von der Außenwelt. Obwohl Aiken nie eine Frau in seinen Reihen gewollt hatte, war er durch sein Festhalten an den militärischen Gepflogenheiten gezwungen, Grace als Mitarbeiterin zu akzeptieren. Und überhaupt, so sagte Grace zu Howard Aiken[16], *in Zukunft* würde er ja doch eine Frau bei sich arbeiten haben wollen.

Sie behielt Recht. Sie wurde schließlich Aikens weibliche »rechte Hand«, und es dauerte nicht lange, bis sie allein für den Mark I verantwortlich war. Sie schrieb den Code, der einige der schwierigsten mathematischen Probleme des Krieges löste und sie verfasste in mühsamer Kleinarbeit sogar das fehlende Handbuch für den Computer, ein gut 500-seitiges Dokument voller Schaltkreisdiagramme und Betriebscodes. Zusammen mit ihrem Kollegen Richard Bloch entwickelte sie ein System zur Kodierung und zur Stapelverarbeitung, wodurch das Datenverarbeitungszentrum zum effizientesten seiner Zeit wurde. Während der zermürbenden Kriegsjahre hielt sie die Stellung in einem Bereich, wo weniger gute Marinesoldaten scheiterten. Abgesehen von ihrer unanfechtbaren Kompetenz gab es tatsächlich auch einige ganz konkrete Vorteile, eine Frau im Team zu haben. Wenn der Mark I Probleme in der Mechanik hatte, holte Grace manchmal »ihren Handspiegel aus ihrem Taschenbuch, hielt ihn vor die Schaltnocken und suchte nach Funken.«[17] Am Ende seiner Laufbahn hatte Aiken nur ein Urteil über seine Kollegin, es war sein höchstes Lob: »Grace war ein guter Mann.«[18]

Wie ein Marine-U-Boot hatte der Mark I eine Besatzung, die in Acht-Stunden-Schichten rund um die Uhr arbeitete. Der Computer war während des Krieges beeindruckende 95 Prozent der Zeit im Einsatz. Der Bedarf an Berechnungen für Kriegszwecke war unerschöpflich und aus allen Ecken des Krieges kamen zeitkritische Anfragen an das Computerzentrum. Grace, die sich schon immer für alles brennend interessierte und die am Vassar College Kurse zu jedem erdenklichen Thema belegt hatte, stürzte sich in die Arbeit. Sie lernte, komplexe Probleme der Ozeanografie und Minenräumung, von Annäherungszündern und in der Ballistik in einfache arithmetische Schritte zu übersetzen und so eine chaotische, grausame Welt klar zu ordnen.

Die Berechnungen des Mark I wurden durch alle möglichen Arten von Fehlern gestört: ein fehlerhafter Code, defekte Relais und Maschinenstillstände, die sich durch unheilvolles Klirren und Scheppern ankündigten. Aikens Team arbeitete oft bis spät in die Nacht. Angelockt vom Licht der Maschine flog eines Nachts im September 1945 eine große Motte durch ein offenes Fenster in den Computerraum. Grace fand das tote Tier kurze Zeit später, erschlagen von einem der Relais. Sie klebte es mit Tesa in ihr Logbuch mit dem Vermerk: *Erster tatsächlicher Fall eines gefundenen bugs.* »Bug« ist technischer Slang[19] und der Begriff reicht mindestens bis ins 19. Jahrhundert zurück – sogar Thomas Edison benutzte das Wort, um mechanische Pannen zu bezeichnen: »kleine Fehler und Schwierigkeiten« – obendrein war Grace im Rechenzentrum für ihre Tafelzeichnungen von kleinen Käfern und Monstern bekannt, die jeweils die Ursache für irgendeine Katastrophe waren: ein Drache, der Löcher in das Lochband kaute, und ein »Kobold, der eine Nase hatte, mit der er Löcher aufhob und sie wieder in das Band steckte.«[20] Nach dem Vorfall mit der Motte[21] kaufte sie in der Stadt eine Schachtel mit Bettwanzen aus Plastik, verteilte sie aus Jux und Tollerei auf der Rückseite des Computers und löste so eine zweitägige Panik aus.

Während des Krieges war das Rechenzentrum von den wenigen anderen Computerprojekten in der Welt isoliert, und Grace Hopper, die sich um die anfallenden Aufgaben dort kümmerte, hatte weder die Zeit noch die Möglichkeit, zu schauen, was anderswo passierte. Aber manchmal kamen Kollegen von anderen Projekten zu ihr. Als Grace Hopper erst seit wenigen Monaten im Rechenzentrum gearbeitet hatte, kam zum Beispiel der Physiker John von Neumann zu Besuch. Von Neumann verbrachte einen Großteil des Jahres 1944 damit, verschiedene Computerprojekte in den Vereinigten Staaten zu besuchen, um eine Maschine zu finden, die leistungsstark genug war, um eine komplexe, partielle Differenzialgleichung zu knacken. Der Mark I war der erste Großrechner auf seiner Tour. Von Neumann zog sich in jenem Sommer drei Monate lang in einen Konferenzraum in Harvard zurück und skizzierte sein Rechenproblem auf einer Tafel, während Richard Bloch das Ganze auf dem Computer einrichtete. Obwohl Grace noch neu war, war sie ausgesprochen geschickt im Umgang mit Differenzialgleichungen und half ihm bei jedem Schritt.

Weder Grace noch Richard wussten, wofür die Lösung dieses Problems wichtig war, für sie war es lediglich eine interessante mathematische Herausforderung. Und von Neumann war eine auffallende Persönlichkeit, ein ausgesprochen redseliger, ungarischer Theoretiker, der zur damaligen Zeit eine ebenso große Berühmtheit war, wie sein Kollege Albert Einstein in Princeton. Während Bloch und von Neumann an dem Problem arbeiteten, liefen sie zwischen dem Konferenzraum und dem Computer hin und her. Dabei rief von Neumann die Zahlen im gleichen Takt, wie der Mark I sie ausspuckte, »in 99 Prozent der Fälle mit größter Genauigkeit – fantastisch«,[22] wie Grace bewundernd feststellte. Nach drei Monaten nahm von Neumann seine Ergebnisse mit zurück in die Wüstenstadt Los Alamos in New Mexico, wo er als Berater für das Manhattan-Projekt tätig war. Es stellte sich heraus, dass die partielle Differenzialgleichung ein mathematisches Modell für die zentrale Implosion der Atombombe war. Bis zum Abwurf der Bomben auf Nagasaki und Hiroshima erfuhr Grace nicht, woran sie mit ihren Berechnungen genau mitgeholfen hatte.

Grace hatte nicht immer Zeit, darüber nachzudenken, für wen all die Berechnungen waren und wozu sie dienten. Die Maschine spuckte einfach fortwährend Berechnungen aus, manche davon – wie die von Neumann'sche – fast unvorstellbar komplex. Um Rechenzeit zu sparen, erfanden Grace und Richard eine Kodiersyntax und Abkürzungen, die den Grundstein für die Art und Weise legten, wie Programme bis heute geschrieben werden. Bereits 1944 erkannte Grace, dass sie sich das komplette Neuschreiben von Programmen für jedes einzelne Problem ersparen konnte, indem sie wiederverwendbare Teilstücke aufbewahrte, die später sogenannten Unterprogramme. In Kriegszeiten geschah dies auf informelle Weise: Die Programmierer in der Mannschaft tauschten ihre Notizbücher untereinander aus und kopierten relevante Teile per Hand. Schließlich wurde diese Praxis formalisiert und künftige Computer wurden mit bereits vorhandenen Bibliotheken von Unterprogrammen gebaut, sodass später auch Programmieranfänger auf ordentlich gepackte Sequenzen von Programmieranweisungen zurückgreifen konnten. Wenn Grace' Programme kompliziert wurden, machte sie es sich zur Gewohnheit, die Vorlagenblätter mit Kommentaren, Kontext und Gleichungen zu versehen, um es den Kollegen zu erleichtern, ihre handgeschriebenen Notizen zu verstehen. Dieses Dokumentationssystem wurde zur Standardpraxis für Programmierer und ist es bis heute: Ein gutes Programm wird immer dokumentiert.

Sich Gedanken zu machen, wie man das Programmieren von Computern vereinfachen und zugänglicher machen könne, war typisch für Grace, sozusagen ihre Visitenkarte. Vor dem Krieg[23], als sie noch am Vassar College unterrichtete, ließ sie ihre Studenten Aufsätze über Matheaufgaben schreiben, denn sie fand, es hatte keinen Sinn, Mathematik zu erlernen, wenn man ihre Bedeutung anderen nicht vermitteln konnte. Als sie in das zivile Leben zurückkehrte, um für die erste kommerzielle Computerfirma zu arbeiten, behielt sie dieses Prinzip bei. Die nachhaltigsten Beiträge von Grace zum immer bedeutender werdenden Programmieren haben alle mit dessen Demokratisierung zu tun: Sie legte großen Wert darauf, dass Fortschritte beim Programmieren die Art und Weise verändern, wie Menschen mit Computern kommunizieren. Ihr ist es zu verdanken, dass man keine komplizierten mathematischen Begriffe oder gar Nullen und Einsen braucht. Alles, was man braucht, sind Worte.

Die ENIAC Six

Der Krieg war vorbei, bevor sich Grace die Gelegenheit bot, eine andere Computeranlage, als die in Harvard in Augenschein zu nehmen. Dabei gab es nur knapp 500 Kilometer weiter südlich an der Moore School of Electrical Engineering der University of Pennsylvania eine weitere. Wie Aikens Maschinen war auch deren Bau vom Militär finanziert worden, um kriegsrelevante Berechnungen auszuführen. Diese zimmergroße Anlage aus Kabeln und Stahl war der Electronic Numerical Integrator and Computer, kurz ENIAC.

Technisch gesehen war der ENIAC schneller als die Maschinen, mit denen sich Grace auseinandergesetzt hatte. Während der Mark I von Howard Aiken gerade mal drei Berechnungen pro Sekunde durchführen konnte, schaffte der ENIAC 5000. Dieser fast unglaubliche Sprung in der Verarbeitungsgeschwindigkeit war möglich, weil der ENIAC nicht auf mechanische Relais, Zahnräder oder Antriebswellen angewiesen war; stattdessen dienten etwa 18 000 Vakuumröhren, die wie schlanke Glühbirnen aussahen, als Rechenschalter. Sie schalteten sich in der Dunkelheit, die die Maschine umgab, ein und aus. Ohne die Beschränkungen von mahlenden mechanischen Teilen, erleuchteten die Vakuumröhrenschalter des ENIAC ein neues, unbeschreibliches Reich elektronischer Impulse und Signale. Hinter diesen Status quo fiel die Computertechnik nie wieder zurück.

Da die Entwicklung dieser frühen Computer im Krieg streng geheim gehalten wurde, gibt es erbitterte Debatten darüber, was als der »erste« Computer gelten solle. Mehrere Maschinen kommen dafür in Frage, deswegen wird der Titel mehrfach vergeben: Der Mark I war zum Beispiel der erste *elektromechanische* Computer, während der ENIAC, der die physikalischen Grenzen des Mark I überwand, der erste – und schnellste – *elektronische* Computer war. Auf der anderen Seite des Atlantiks bauten britische Wissenschaftler in genauso geheimen Rechenzentren ähnliche Maschinen, von denen jede auch einen Titel verdient hätte: der erste Rechner mit Speicherprogramm, universell einsetzbar, digital oder binär. Man denke auch an Konrad Zuse, der 1941 in Berlin seinen Z3 vorstellte, einen vollautomatischen, in binärer Gleitkommarechnung arbeitenden Rechner mit Speicher und einer Zentralrecheneinheit aus Telefonrelais. In diesen frühen Tagen war jeder Computer wie eine Insel für sich.

Als Grace Hopper 1945 die University of Pennsylvania besuchte, war sie schockiert, wie sehr sich der ENIAC vom Mark I und Mark II unterschied, mit denen sie so vertraut war. »Der gewaltige Unterschied war das Programmieren.«[24] Obwohl Grace eine erfahrene Programmiererin war, hätte sie ohne eine spezielle Ausbildung nicht am ENIAC arbeiten können. Die Grundprinzipien waren ähnlich, aber die Hardware und die Programmieransätze, die entwickelt wurden, um diese Hardware zu nutzen, waren sehr unterschiedlich. Während Grace gewöhnt war, Programme auf Papierrollen zu schreiben, musste der ENIAC für jedes Problem physisch neu konfiguriert werden. Dabei wurden Komponenten der riesigen Maschine neu zusammengesteckt, sodass er bei jeder Aufgabe zu einem eigenen Computer wurde. Was durch die ENIAC-Vakuumröhren an Verarbeitungsgeschwindigkeit gewonnen wurde, verlor die Maschine wieder an Vorbereitungszeit: Eine Berechnung dauerte vielleicht nur eine Sekunde, aber die Vorbereitung dafür konnte einen ganzen Tag in Anspruch nehmen. In dieser Zeit war der langsamere Mark I mit seinem raffinierten Lochstreifen bereits fertig und mit einer neuen Aufgabe beschäftigt. Die langsam und stetig arbeitenden Marks waren dem ENIAC noch überlegen – vielleicht zum letzten Mal in der Geschichte der Technologie.

Bei ihrem Besuch in Penn entdeckte Grace noch etwas anderes, das sie wahrscheinlich ebenso sehr beeindruckte. Sie war nicht die einzige weibliche Computerprogrammiererin auf der Welt, das ENIAC-Labor war voll von Frauen. Allein 1944 arbeiteten mindestens 50 in verschiedenen Funktionen am ENIAC, als Zeichnerinnen, Konfiguratorinnen, Sekretärinnen und Technikerinnen[25]. Aus diesen Reihen übernahmen sechs Frauen die zeitraubende und intellektuell anspruchsvolle Aufgabe, mathematische Probleme für den Computer aufzubereiten, ihn zu konfigurieren, dann rechnen zu lassen, Fehler aufzuspüren und erneut Rechnungen ausführen zu lassen, bis schließlich die endgültigen Ergebnisse vorlagen. Drei von ihnen hatten so wie Grace Mathematik im Hauptfach studiert. Die anderen drei hatten während des Mathematikstudiums bei der US-Armee gedient. Diese Frauen, die als die ENIAC Six in die Geschichte eingingen, waren Kolleginnen, von denen Grace Hopper lange Zeit gar nicht wusste, dass es sie gab. Einige wurden später ihre Kolleginnen, ein paar schließlich ihre Freundinnen. Sie waren Kathleen »Kay« McNulty, Betty Jean Jennings, Elizabeth »Betty« Snyder, Marlyn Wescoff, Frances Bilas und Ruth Lichterman.

Die sechs Frauen waren allesamt ehemalige menschliche Computer, die aus der Rechenabteilung der Moore School ausgewählt wurden, in der etwa 100 mathematisch begabte Frauen arbeiteten. Während Grace direkt von der Grundausbildung nach Harvard gekommen war, hatten sie die ersten Kriegsjahre in einem Keller verbracht und mit Stift und Papier Schusstabellen berechnet: daraus wurden kleine, gedruckte Anleitungen, die mit jeder neuen Waffe an die Front geschickt wurden. Die Soldaten benutzten diese Büchlein, um genau zu bestimmen, in welchem Winkel sie ihre Waffen abfeuern mussten, um ihr Ziel zu treffen – »im Grunde *Angry Birds*«[26], wie ein ENIAC-Historiker bemerkte. Wie bei der Flugbahn von *Angry Birds*-Geschossen wirkten sich äußere Faktoren wie Wetter und Luftwiderstand auf die Hülle der Projektile aus und beeinflussten den Auftreffpunkt und die Wucht, mit der sie auftrafen. All diese Variablen wurden von den Computerfrauen berücksichtigt, die an der Heimatfront mathematische Modelle berechneten.

Ein menschlicher Computer benötigte etwa 40 Stunden, um eine einzige ballistische Flugbahn mit allen Variationen zu berechnen. Das bedeutete, dass die US-Armee während des Krieges schneller Waffen auslieferte, als sie Anleitungen zu ihrer Verwendung erstellen konnte. Die Nachfrage nach menschlichen Computern war unerschöpflich, und als dem Ballistik-Forschungszentrum der Armee in der Gegend von Philadelphia die weiblichen Mathematikabsolventen ausgingen, wurde eine landesweite Rekrutierungsaktion gestartet. Eine Stellenanzeige erreichte Betty Jean Jennings im Nordwesten von Missouri über einen Mathematiklehrer, der sie förderte; Ruth Lichterman entdeckte eine Anzeige an einem schwarzen Brett am Hunter College in New York. In Penn angekommen, schlossen sie sich den Frauen an, die für die Jungens im fernen Fronteinsatz die imaginären Flugbahnen der Artilleriegeschosse aufzeichneten.

Die Frauen an der Moore School arbeiteten mit Bleistift, Papier und einem riesigen analogen Rechner, dem sogenannten Differenzialanalysator – einer trägen Tischmaschine, die auf einer Erfindung aus dem Jahr 1920 basierte. Diese Maschine verwendete Zahnräder und Wellen, um eine Analogie zu dem Problem herzustellen, das berechnet werden sollte. Der Analysator war ziemlich ungenau, sodass die Frauen seine Ergebnisse mit ihren eigenen, mühsam erarbeiteten Rechenergebnissen kombinierten und die Unterschiede ausglichen, um dann die endgültige Schusstabelle zu erstellen. Es war ein unvollkommenes System: umständlich, fehleranfällig und viel zu langsam für einen sich so schnell entwickelnden, modernen Krieg. Obwohl die Computer sechs Tage die Woche in zwei Schichten arbeiteten, konnten sie nie mit der Nachfrage Schritt halten. Die Leute an der Moore School begannen nach anderen Möglichkeiten zu suchen.

Um diese Zeit, im Jahr 1941, sponserte die Armee einen zehnwöchigen Intensivkurs für Elektrotechnik an der University of Pennsylvania. Grace Hopper hatte einen ähnlichen Kurs an der Barnard School unterrichtet, bevor sie zum Militärdienst eingezogen wurde: Er war kostenlos, auf praktische Anwendungen in der Verteidigung ausgerichtet und stand jedem offen, der einen Abschluss in Mathematik oder Ingenieurwissenschaft hatte. Einer der Teilnehmer in diesem Kurs war ein Physikprofessor vom nahe gelegenen Ursinus College namens John Mauchly, ein genialer Tüftler, der in seinen späteren Jahren eine Hornbrille und einen Ziegenbart trug, der ihm etwas Koboldhaftes gab. Während er an diesem Kurs teilnahm, begann er mit der Idee einer Computermaschine zu spielen, die mit Vakuumröhren arbeitete. Er sprach darüber mit dem Leiter des Kurses, J. Presper Eckert oder »Pres«. Pres war kein Überflieger, aber er war in der Moore School als fähiger und kreativer Ingenieur bekannt. Schon als Kind hatte er sich in Philadelphia in der Werkstatt von Philo Farnsworth, dem Erfinder des Fernsehers, herumgetrieben und war ein vielversprechender Student. Bereits in seinen ersten Studienjahren wurde er von Professoren konsultiert, wenn es um Kreisschaltungen ging.

Pres fand die Idee von Mauchly mit der Vakuumröhre sehr interessant. Jeder wusste, dass Vakuumröhren für den Einsatz in einem Computer zu empfindlich waren – sie gehen wie Glühbirnen leicht kaputt –, aber Pres war der Meinung, dass die Röhren zuverlässig genug funktionieren würden, wenn man sie nicht bis an ihre Grenzen belastete. Die beiden begannen, Schaltkreise zu entwerfen. Mauchley nahm einen Lehrauftrag an der Penn University an, auch um näher bei Pres zu sein, und nachdem er sich etwas eingelebt hatte, entdeckte er auch die menschlichen Computer an der Moore School. In deren mühevollen Berechnungen fand er die perfekte Anwendung für seinen Vakuum-Schaltkreis-Computer[27]. Er diktierte seiner Sekretärin Dorothy einen Vorschlag, die dieses Memo über den Verbindungsmann der Universität zum Militär schickte.

Das Memo ging im Alltagstrubel unter, wie das bei Memos manchmal passiert. Erst bei einem informellen Gespräch zwischen dem Angestellten, der für die Wartung des Differenzialanalysators zuständig war, einem Freund von John vom Ursinus College namens Joe Chapline, und Oberst Herman Goldstine, einem militärischen Verbindungsmann zum Ballistik-Forschungszentrum im nahe gelegenen Aberdeen, kam die Idee wieder auf. Als Chapline den elektronischen Computer seines Freundes John erwähnte, erkannte Goldstine sofort dessen Potenzial. Er versuchte vergeblich, das verlorene Memo ausfindig zu machen. Glücklicherweise gelang es der Sekretärin Dorothy, die Nachricht aus ihren stenografischen Notizen zu rekonstruieren.

Wie die meisten Sekretärinnen ihrer Zeit war sie in Stenografie ausgebildet, einer Art Schnellschrift, die für Uneingeweihte wie Gekritzel aussieht. Wäre Dorothy nicht in der Lage gewesen diese Sprache zu kodieren und zu dekodieren[28], die damals fast nur Frauen beherrschten, wäre der ursprüngliche Vorschlag für den elektronischen Computer vielleicht ganz verloren gegangen.

Dieses rekonstruierte Memo wurde den Verantwortlichen der Armee vorgelegt, die nicht lange überzeugt werden mussten. John und Pres sicherten sich 1943 die Finanzierung und begannen sofort mit dem Bau des ENIAC. Sie stellten Ingenieure und ehemalige MitarbeiterInnen von Telefongesellschaften ein, die sich mit Relais auskannten. Tatsächlich verdrahtet wurde der ENIAC hauptsächlich von Frauen, unter ihnen viele Teilzeit-Hausfrauen, mit einem Lötkolben in der Hand in einer Reihe, fast wie an einem Fließband. Die wichtigsten Mitarbeiter waren die menschlichen Computer, die aus den Besten der Moore School ausgewählt wurden; sie sollten die ballistischen Berechnungen, mit denen sie sich so gut auskannten, für die neue Maschine übersetzen. Niemand dachte groß darüber nach, ob man Frauen mit dieser Aufgabe betrauen sollte. Es schien einfach ganz naheliegend, dass die menschlichen Computer ihren eigenen maschinellen Ersatz schaffen sollten. Außerdem sah der ENIAC wie eine Telefonanlage aus, was die Annahme verstärkte, dass seine »Bediener« Frauen sein sollten, deren Aufgabe »eher handwerklich als wissenschaftlich, eher weiblich als männlich, eher mechanisch als intellektuell«[29] war.

1944 nahmen die Aufbauarbeiten am ENIAC, damals als »Projekt X« bekannt, bereits den größten Teil im Erdgeschoss des Moore-Schulgebäudes ein. Eines Abends machten Pres und John nach Feierabend eine Vorführung für Kay McNulty, eine ihrer neuen Mitarbeiterinnen. Sie brachten Kay und einen Kollegen in einen Raum, in dem – hinter einem Schild, das vor Hochspannung warnte – zwei Akkumulatoren des ENIAC durch ein langes Kabel mit einem Schalter am Ende miteinander verdrahtet waren. Ein Akkumulator zeigte eine Fünf an. Sie drückten den Schalter. Die Fünf sprang auf den anderen Akkumulator über, rückte drei Stellen weiter und verwandelte sich in eine 5000. John und Pres sahen ganz begeistert aus. Kay konnte nicht nachvollziehen, warum. »Wir waren perplex und fragten: ›Und was ist daran so besonders?‹ Ihr habt diese ganze Ausrüstung benutzt, um fünf mit 1000 zu multiplizieren«, sagte sie. »Sie erklärten uns, dass die fünf in einem einzigen Augenblick tausendmal von einem Akkumulator auf den anderen übertragen worden war. Wir hatten keine Ahnung, was das wirklich bedeutete.«[30]

Es bedeutete, dass der ENIAC mit Geschwindigkeiten rechnen konnte, die zuvor weder für Menschen noch für Maschinen vorstellbar waren. Und obwohl der ENIAC vom Militär finanziert wurde, um Schusstabellen genauso schnell zu produzieren, wie die Rüstungsindustrie Gewehre herstellen konnte, war er viel mehr als nur ein Ballistikrechner. Pres und Mauchly hatten einen *Allzweckcomputer* entwickelt – vergleichbar mit dem Unterschied zwischen Charles Babbages Differenzmaschine und der geplanten Analytischen Maschine, die Ada Lovelace so faszinierte. Der ENIAC konnte eine praktisch unbegrenzte Anzahl von Rechenfunktionen ausführen, solange neue Programme für ihn geschrieben wurden. In der Zeit an der Moore School[31] berechnete er die Nulldruckeigenschaften diatomarer Gase, modellierte die Luftströmung um Überschallgeschosse und fand numerische Lösungen für die Brechung von Stoßwellen. Die Hardware war statisch, aber die Software machte den entscheidenden Unterschied. Und auch wenn es einige Zeit dauerte, bis man sich an diese Wahrheit gewöhnt hatte, sie implizierte etwas: Diejenigen, die die Software schreiben, liefern ebenfalls einen enorm wichtigen Beitrag.

Die ENIAC Six waren eine durch den Krieg bunt zusammengewürfelte Gruppe. Betty Jean Jennings wuchs barfuß als sechstes von sieben Kindern auf einer Farm in Missouri auf. Als sie in den Nordbahnhof von Philadelphia einfuhr, war das das erste Mal, dass sie in eine Stadt kam. Kay McNulty war Irin, ihr Vater Steinmetz und Ex-IRA Mitglied; Ruth Lichterman war gebürtige New Yorkerin und stammte aus einer prominenten jüdischen Gelehrtenfamilie; Betty Snyder kam aus Philadelphia, ihr Vater und Großvater waren beide Astronomen. Marlyn Wescoff stammte ebenfalls aus Philadelphia und hatte schon vor dem Krieg viel von Hand gerechnet. Sie war dabei so geschickt, dass John Mauchly sagte, sie sei »wie ein Automat«.[32] Frances Bilas stammte auch aus Philadelphia, hatte am Chestnut Hill College Mathematik studiert und war bereits dort mit Kathleen McNulty zusammengetroffen.

Sie alle trafen sich auf einem Bahnsteig in Philadelphia auf dem Weg zum Aberdeen Proving Ground, einem sumpfigen Gelände in Maryland, das die Armee in eine Waffentestanlage umgewandelt hatte. Dort waren sie zusammen untergebracht und wurden schnell Freundinnen. Selbst nach langen Tagen intensiver Ausbildung an den IBM-Geräten, mit denen sie die ENIAC-Daten tabellieren und sortieren sollten, blieben sie bis spät in die Nacht auf und sprachen über Religion, ihre sehr unterschiedlichen Familienverhältnisse und über das Neuset vom geheimen Computer. »Ich glaube, es war einfach eine Art romantisches Abenteuer«, mutmaßte John Mauchly auf die Frage, warum sich diese Frauen freiwillig für einen Job meldeten, über den sie so wenig wussten. »Eine Chance, etwas spannendes Neues zu tun – warum nicht?«[33]

Die Realität war vielleicht eher etwas pragmatischer: In den 1940er-Jahren hatte eine Frau mit mathematischer Begabung nicht allzu viele Möglichkeiten auf dem Arbeitsmarkt. Als Kay McNulty kurz vor ihrem College-Abschluss stand, fiel es ihr schwer, eine Stelle zu finden, bei der sie ihr Mathematikstudium nutzen konnte. »Ich wollte nicht unterrichten«, erklärte sie, »und die Versicherungsgesellschaften verlangten für versicherungsmathematische Positionen einen Master-Abschluss (und sie stellten selten Frauen ein, wie ich später herausfand).«[34] Die Aussicht, in einem brandneuen, relativ gut bezahlten Bereich zu arbeiten, war für alle Frauen, die sich meldeten, eine äußerst attraktive Alternative zu ihren bisherigen Optionen, also Mathematik an einer Sekundarschule zu unterrichten oder langweilige Berechnungen für Versicherungsgesellschaften durchzuführen.

Das Gebiet der Informatik war neu und niemand wusste so recht, welche Qualifikationen es eigentlich dafür brauchte. Betty Jean Jennings erinnerte sich, dass sie bei ihrem Vorstellungsgespräch mit Herman Goldstine gefragt wurde, was sie über Elektrizität wisse. Sie antwortete, sie habe am College in Missouri einen Physikkurs belegt und kenne das Ohmsche Gesetz. Nein, nein, sagte Goldstine hinter seinem Schreibtisch: Ob sie *Angst* davor habe? Für den Job müsse sie Schalter montieren und Kabel anschließen, erklärte er, und er wolle sichergehen, dass sie sich nicht vor der ganzen Verkabelung fürchte. Betty Jean antwortete, sie käme wohl damit zurecht.

Die ENIAC Six übten zunächst auf dem Papier und schrieben Programme für eine Maschine, die sie noch gar nicht kennengelernt hatten. Als sie im Dezember 1945 endlich den fertigen ENIAC zu Gesicht bekamen, standen sie einem massiven, u-förmigen Gebilde aus schwarzem Stahl gegenüber, das in einem Raum untergebracht war, groß genug, um darin diese Maschine und zusätzlich ein paar Möbel unterzubringen. Der ENIAC bestand aus 40 Komponenten, die zu 30 verschiedenen Einheiten gruppiert waren, von denen jede eine grundlegende arithmetische Funktion erfüllte: Akkumulatoren für Addition und Subtraktion, ein Multiplikator und eine Einheit konnte Teilen und Wurzeln ziehen.[35] Der optische Eindruck dieser gigantischen Maschine war überwältigend. Programmieren, so lernten die Sechs, war keine Schreibtischarbeit. Die Frauen mussten sich *in* den ENIAC hineinstellen, um jedes einzelne Problem zu lösen, indem sie die notwendigen Bestandteile mithilfe von Hunderten von Kabeln und etwa 3000 Schaltern aneinander reihten.

Es gab keine Gebrauchsanweisung oder Kurse zur Bedienung. Das einzige Handbuch für den ENIAC wurde erst Jahre später geschrieben, lange nachdem es sich die Frauen aus der Arbeit mit der Maschine selbst zusammengereimt hatten. Der ENIAC wurde von Elektroingenieuren gebaut und es gab nur ein paar Blockdiagramme von Schaltkreisen. Genau wie Grace Hopper vor ihnen, brachten sich die Frauen selbst bei, was zu tun war. Sie wurden dabei im Laufe der Zeit zu Hardware-Experten.

Sie begannen mit den Vakuumröhren und arbeiteten sich zu den Hauptschaltpulten vor. Betty Snyder lieh sich Wartungsbücher für den Lochkartentabulator der Maschine von einem »kleinen IBM-Wartungsmann namens Smitty«,[36] der ihr sagte, er dürfe sie eigentlich nicht verleihen. Er gab sie ihr aber dann doch für ein Wochenende, damit sie herausfinden konnte, wie Input und Output des ENIAC funktionierten. Sie fanden einen hilfsbereiten Kollegen,[37] der ihnen erlaubte, ein Schaltbrett zu zerlegen, um sich davon ein Diagramm als Referenz zu erstellen, obwohl sein Vorgesetzter bezweifelte, dass sie es schaffen würden, das Schaltbrett am Schluss wieder zusammenzubauen (sie schafften es). Es war heiß und überall wurde gebaut, auch in dem Raum über ihnen. Eines Tages tauchte John Mauchly auf und sagte: »Ich wollte nur mal nachsehen, ob die Decke einstürzt.« Sie begannen, sich mit ihren Fragen an ihn zu wenden, und so kamen sie schließlich weiter.

Es ist nicht dasselbe, zu wissen, wie eine Maschine funktioniert, und zu wissen, wie man sie programmiert. Das ist in etwa wie der Unterschied zwischen dem theoretischen Verständnis eines Verbrennungsmotors und einem Kampfpiloten im Einsatz. John Mauchly und J. Presper Eckert bauten einen Düsenjet, gaben die Schlüssel an sechs Frauen ohne Pilotenschein und baten sie, einen Krieg zu gewinnen. Das war zwar eine beängstigende Vorstellung, ermöglichte den Frauen aber auch, sich einen Platz in einem Bereich zu erobern, der so jung war, dass er noch nicht einmal einen Namen hatte. »Damals war alles noch neu, und niemand wusste, was zu tun war«, erklärt Betty Jean Jennings. Nicht einmal die Männer, die den ENIAC entworfen hatten, hatten sich viele Gedanken darüber gemacht, wie er wohl funktionierte. Sie hatten sich nicht wirklich um die eigentlichen Arbeitsabläufe beim Einrichten der Berechnungen gekümmert. 1973 gab Mauchly selbst zu, dass er und Pres bei der Frage der Programmierung »ein wenig leichtsinnig«[38] gewesen waren, sie hätten geglaubt, »dass, wenn die Maschine erst einmal läuft, … noch genug Zeit sei, um uns um diese Dinge zu kümmern.«

Betty Jean Jennings (links) und Frances Bilas (rechts) bedienen das Hauptschaltpult des ENIAC.

Wie sich herausstellte, fand Mauchly andere Leute, die sich um diese Dinge kümmerten – sechs Frauen in Wollröcken, die von der Herausforderung begeistert waren. »Wie schreibt man ein Programm auf? Wie programmiert man? Wie visualisiert man es? Wie bekommt man es auf die Maschine? Wie macht man all diese Dinge?«[39] All das fragten sich Betty Jean und ihre Mitstreiterinnen. Und all das fanden die sechs ENIAC-Frauen Stück für Stück heraus.

Auch heute kann Programmieren manchmal etwas kompliziert sein, aber es ist machbar. Um ein Programm zu schreiben, muss man nicht mehr Schaltpläne studieren, Bauteile auseinandernehmen und Strategien von Grund auf neu erfinden. Stattdessen muss man lediglich eine Programmiersprache lernen, die als Vermittler zwischen Programmierer und Maschine fungiert, so wie eine gemeinsame gesprochene Sprache eine Kluft zwischen Menschen überbrücken kann. Man sagt der Maschine in einer Sprache, die beide verstehen, was sie tun soll; die Maschine übersetzt dann die Befehle und führt sie selbstständig aus. Der ENIAC hatte keine solche Sprache. Der Computer akzeptierte Eingaben nur auf die elementarste Art und Weise, und so krempelten die ENIAC Six die Ärmel hoch und begegneten der Maschine auf Augenhöhe. Wie Betty Jean Jennings berichtet:

> Gelegentlich setzten wir sechs Programmiererinnen uns zusammen, um zu besprechen, wie wir dachten, dass die Maschine funktioniert. Das mag sich willkürlich anhören und das war es letztendlich auch. Der größte Vorteil, den ENIAC anhand der Diagramme bedienen zu lernen, war, dass wir zu verstehen begannen, was er konnte und was nicht. Infolgedessen konnten wir Störungen bis hin zur einzelnen Vakuumröhre diagnostizieren. Da wir sowohl die Anwendung als auch die Maschine kannten, lernten wir, Störungen genauso gut zu diagnostizieren wie ein Ingenieur, wenn nicht sogar besser.[40]

Anders als Grace Hopper, die ein Team von Bedienern und Bedienerinnen leitete, die ihren handgeschriebenen Code in die Bandschleifen des Mark I eintippten, bewegten sich die sechs ENIAC-Frauen selbst in der großen Maschine. Sie ersetzten einzelne durchgebrannte Vakuumröhren unter

Tausenden – trotz der Konstruktion von Pres brannten jede Stunde mehrere durch –, reparierten kurzgeschlossene Verbindungen und verdrahteten Steuerschaltplatten. Sie schrieben Programme und fütterten die Maschine vorsichtig damit, wobei sie ständig experimentierten. Die Arbeit erforderte eine Kombination aus mechanischem Geschick und mathematischem Knowhow, ganz zu schweigen von organisatorischen Fähigkeiten: Die Lochkarten mit den ENIAC-Programmen mussten sortiert, zusammengestellt, tabelliert und gedruckt werden. Das Wort »Programmierer« gab es noch nicht, aber Betty Snyder sah sich selbst als »eine Mischung aus Architektin und Bauingenieurin«.[41] Betty Jean Jennings war unverblümter. »Programmieren war ein verdammter Mistjob«,[42] schrieb sie.

Allerdings haben diese Bemühungen der US-Armee nicht wirklich geholfen. Obwohl der ENIAC eine Reihe von ziemlich einmaligen Berechnungen durchführte, endete der Krieg, bevor der Rechner zur Lösung ballistischer Probleme voll einsatzfähig wurde. In Friedenszeiten musste der ENIAC jedoch nicht mehr geheim gehalten werden, und so wurde er 1946 mit großem Tamtam und zwei verschiedenen Demonstrationen der Öffentlichkeit vorgestellt. Die erste für die Presse war anscheinend recht glanzlos. Die zweite für die wissenschaftliche und militärische Gemeinschaft, war ein voller Erfolg, vor allem dank der Demonstration einer von Betty Jean Jennings und Betty Snyder programmierten Flugbahnberechnung.

Die beiden Bettys, wie sie manchmal genannt wurden, waren die Überflieger des ENIAC-Programmierteams; nach dem Krieg machten beide sehr erfolgreich Karriere in der kommerziellen Computerindustrie. Die Pädagogik der Moore School legte historisch betrachtet immer großen Wert auf partnerschaftliche Zusammenarbeit bei den menschlichen Computern, das heißt, dass häufig in Zweier-Teams einer nach Fehlern in der Arbeit des anderen suchte. Die beiden Bettys waren ideale Partnerinnen, weil es ihnen beiden Spaß machte, die Fehler des anderen zu finden. Es ging ihnen dabei immer um die Sache, um den perfekten Code, nicht um die persönliche Profilierung. »Betty und ich hatten eine wunderschöne Zeit zusammen«, schrieb Betty Jean in ihren Memoiren. »Wir waren nicht nur Partnerinnen, sondern auch Freundinnen und verbrachten so viel Freizeit miteinander wie möglich.«[43]

Einige Tage nach der ersten ENIAC-Demonstration luden Herman Goldstine, ihr Verbindungsmann zum Militär, und seine Frau Adele Betty und Betty Jean in ihre Wohnung in West Philadelphia ein. Adele unterrichtete die menschlichen Computer an der Penn, sie hatte Betty Jean schon immer mit ihrem Flair einer imposanten Dame aus der Großstadt beeindruckt; bei ihren Vorlesungen an der Moore School saß Adele lässig, mit einer Zigarette im Mundwinkel, für gewöhnlich auf dem Schreibtisch. Betty Jean war überrascht, dass die Wohnung der Goldstines eher schlicht war, mit wenigen persönlichen Details und zwei getrennten Einzelbetten. Während Adele den beiden Bettys Tee servierte und die Goldstine-Katze unaufgefordert auf deren Schoß sprang, fragte Herman sie, ob sie eine ballistische Berechnung auf dem ENIAC einrichten und in zwölf Tagen durchführen könnten, dann sollte der ENIAC ja der wissenschaftlichen Gemeinschaft vorgestellt werden. Es war eine große Bitte, und Betty Jean spürte, dass Herman Goldstine wegen der Demonstration nervös war. Bekannte Wissenschaftler, Honoratioren und hohe Militärs sollten anwesend sein, und alle waren gespannt, ob der ENIAC wie angekündigt funktionierte.

Die Bettys beteuerten mit Nachdruck, dass sie das auf jeden Fall schaffen würden. Nur: sie haben geblufft. Obwohl sie die letzten vier Monate damit verbracht hatten, ein ballistisches Flugbahnprogramm auf dem Papier auszuarbeiten, hatten sie es noch nicht in den ENIAC eingegeben, und sie hatten keine Ahnung, wie lange die Übertragung dauern würde. Gleich am nächsten Morgen stürzten sie sich in die Arbeit.

Betty Snyder war 28, Betty Jean Jennings war gerade erst 22 geworden. Sie wussten, wie wichtig diese Aufgabe war und dass sich alle, die mit ihnen arbeiteten, auf sie verließen. Die beiden arbeiteten zwei Wochen lang rund um die Uhr an nichts anderem als dem Flugbahnprogramm.[44] Ihre Kolleginnen Ruth Lichterman und Marlyn Wescoff unterstützten sie, indem sie ein identisches Flugbahnproblem von Hand auf Papier berechneten und Schritt für Schritt mitvollzogen, wie der ENIAC die Berechnung durchführen würde. Dies half den Bettys, Programmierfehler im ENIAC zu entfernen. Ein paar Männer kamen mit Geschenken vorbei: Der Dekan der Moore School ließ ihnen ein paar Scotch da und John Mauchly brachte ihnen an einem Sonntag eine Flasche Aprikosenschnaps. Sie tranken normalerweise kaum – einen

Tom Collins vielleicht zu besonderen Anlässen –, aber Betty Jean behielt für den Rest ihres Lebens eine Vorliebe für Aprikosenschnaps.[45]

In der Nacht vor der großen Demonstration war Valentinstag, aber die beiden Bettys hatten keine Verabredung. Ihr ENIAC-Programm hatte einen massiven Fehler: Obwohl es ihnen gelungen war, die Flugbahn der Artilleriegranate perfekt zu modellieren, konnten sie nicht herausfinden, wie man sie zum *Anhalten* bringt. Jedes Mal, wenn ihre imaginäre Granate auf dem Boden aufschlug, setzte das mathematische Modell den Flug mit der gleichen Geschwindigkeit durch die Erde fort, mit der es durch die Luft geschossen war. Das machte die Berechnung absolut unbrauchbar. Wenn sie keine Lösung fanden, das Geschoss zu stoppen, würden sie sich vor den angesehenen Mathematikern, der Armee und ihren Arbeitgebern fürchterlich blamieren. In ihrer Verzweiflung überprüften sie immer wieder die Einstellungen und verglichen ihr Programm mit Ruths und Marlyns Testprogramm, aber sie kamen nicht weiter. Kurz vor Mitternacht verließen sie das Rechenzentrum. Betty nahm den Zug vom Universitätscampus zu ihrem Haus in der Vorstadt Narberth. Betty Jean ging in der Dunkelheit nach Hause. Ihre Stimmung war im Keller.

Aber Betty Snyder hatte noch ein Ass im Ärmel: Wenn sie bei einem logischen Problem feststeckte, schlief sie immer darüber. Müde verbrachte sie die einstündige Zugfahrt in dieser Nacht damit, über das Artillerieproblem und mögliche Lösungen nachzudenken. Als sie ins Bett fiel, begann ihr Unterbewusstsein, den Knoten zu entwirren. Am nächsten Morgen – dem 15. Februar 1946 – kam Betty früh im Rechenzentrum an und lief schnurstracks zum ENIAC. Sie hatte die Antwort *geträumt* und wusste genau, welchen der 3000 Schalter sie umlegen musste und welche der zehn möglichen Positionen er einnehmen sollte. Sie tat, wie sie geträumt hatte, und tatsächlich: das Problem war gelöst! Betty konnte »im Schlaf logischer denken als die meisten Menschen im Wachzustand«,[46] staunte Betty Jean.

Die Demonstration der ballistischen Flugbahn war ein großer Erfolg, dank des cleveren Ballistikprogramms der Bettys und einer kleinen, eigentlich altmodischen Idee durch John und Pres, die halbierte Ping-Pong-Bälle über den Neonanzeigen des ENIAC befestigten. Während der Vorführung dimmten die Mitarbeiter das Licht im Raum, sodass das denkende Gesicht des ENIAC wie fieberhaft blinkende Lichtkugeln aussah. Das Programm war im wahrsten Sinne des Wortes schneller als eine abgeschossene Kugel: Der ENIAC berechnete die Flugbahn in 20 Sekunden, also schneller als eine richtige Granate für den Flug gebraucht hätte.[47] Die Bettys und Kay McNulty eilten zum Tabulator, machten Ausdrucke und verteilten sie als Souvenirs an die Zuschauer.[48]

Das Ereignis machte Schlagzeilen. Die Frauen wurden an der Seite ihrer männlichen Kollegen fotografiert – sie erinnern sich an das Blitzlichtgewitter –, aber die in den Zeitungen veröffentlichten Fotos zeigten nur Männer in Anzügen und mit militärischen Orden, die mit der berühmten Maschine posierten. Die Presse hatte ihren großen Tag mit dem ENIAC und stellte ihn als ein Ergebnis der Kriegsanstrengungen dar, die zu einem besseren Leben der amerikanischen Bevölkerung beitrugen. Da die Journalisten mit der Computertechnik nicht vertraut waren, nannten sie den ENIAC ein »Riesengehirn« und eine »Denkmaschine« – eine Fehldarstellung, die sich seither im Bewusstsein der Bevölkerung gehalten hat und von Science-Fiction-Autoren mit Begeisterung tradiert wird. Der ENIAC konnte nicht denken. Er konnte zwar Tausende Male pro Sekunde multiplizieren, addieren, dividieren und subtrahieren, aber er konnte nicht denken. Er war kein Riesenhirn. Wenn es in diesem Raum Riesenhirne gab, dann gehörten sie den Menschen, die die Maschine bauten – und betrieben.

Es ärgerte die ENIAC-Frauen, als sie Zeitungsartikel lasen, in denen behauptet wurde, die Maschine selbst sei intelligent; sie wussten besser als jeder andere, dass sie nur ein Raum voller Stahl und Draht war. Betty Jean fand das sehr ärgerlich.[49] Es war tatsächlich weit mehr als ärgerlich, sie und ihr Beitrag dazu wurden komplett ignoriert. Die *New York Times* berichtete 1946 über die sensationelle Demonstration des ENIAC: »Dem ENIAC wurde aufgetragen, ein schwieriges Problem zu lösen, für das ein ausgebildeter Mann mehrere Wochen hätte arbeiten müssen. Der ENIAC schaffte es in genau 15 Sekunden.«[50]

Die Historikerin Jennifer S. Light weist darauf hin, dass diese Behauptung zwei wesentliche Faktoren außer Acht lässt: Erstens, dass die »mehrwöchige Arbeit«[51] gar nicht von einem Mann geleistet worden wäre. Sie wäre von einer Frau erledigt worden, die an der Moore School arbeitete und zahllose Überstunden machte. Zweitens lässt die Behauptung, der ENIAC habe das Problem in »genau 15 Sekunden« gelöst, die wochenlange Arbeit völlig unerwähnt, die wiederum von Frauen geleistet wurde, um das Problem zu programmieren, bevor es überhaupt in den Computer eingegeben wurde, sei es aus Unwissenheit oder absichtlich. Für die Presse zählte nichts, außer diesen magischen 15 Sekunden – nicht die Stunden des Programmierens und der Fehlersuche, nicht die Arbeit der Programmierer, Wartungsarbeiter und Bediener. Light schreibt: »Die Pressekonferenz und die anschließende Berichterstattung machten sowohl die qualifizierte Arbeit, die für den Aufbau der Demonstration erforderlich war, als auch das Geschlecht der qualifizierten Personen, die sie durchführten, unsichtbar.«[52]

Nach der Demonstration des ENIAC, der Begrüßung und den Fototerminen veranstaltete die Universität ein großes Festessen. Nach der Speisekarte für diese Veranstaltung zu urteilen, wurden keine Kosten gescheut. Militärs und Mitglieder der wissenschaftlichen Gemeinschaft aßen Hummersuppe, Filet Mignon und »fancy cakes«. Keine der sechs ENIAC-Frauen war eingeladen – nicht einmal die Bettys, die doch genau die Demonstration entwickelt hatten, die mit dem Abendessen gefeiert wurde. Sie hatten dazu beigetragen, dem Jahrhundert die Maschine vorzustellen, die es später definieren sollte, und niemand gratulierte ihnen. Die Goldstines brüskierten sie völlig. Selbst ihre Unterstützer, John Mauchly und J. Presper Eckert, waren zu sehr mit den Aufregungen des Tages beschäftigt, um auf die Vorführung einzugehen. Am 15. Februar gingen Betty Jean Jennings und Betty Snyder niedergeschlagen nach Hause, genau wie am Abend zuvor. Es war kalt und sie waren erschöpft. »Es fühlte sich an, als wäre an diesem Tag Geschichte geschrieben worden«, schrieb Betty Jean Jahrzehnte später in ihrer Autobiografie, »und dann hatte sie uns einfach überrollt und uns zerdrückt in ihren Spuren zurückgelassen.«[53]

Die Geschichte sollte sie immer wieder überrollen. Weder Betty noch Betty Jean wurden für das Schreiben des Demonstrationsprogramms für den ENIAC gewürdigt, bis sie schließlich über 50 Jahre später selbst begannen, ihre eigene Geschichte zu erzählen. Herman Goldstine schrieb in seiner bedeutenden Geschichte des ENIAC, dass *er und Adele* das Demonstrationsprogramm vom 15. Februar selbst programmiert hätten – eine revisionistische Äußerung zur Entwicklungsgeschichte, die Betty Jean Jennings im fortgeschrittenen Alter eine »dreiste Lüge«[54] nannte. Auch in späteren Berichten wurden die Frauen immer wieder übergangen. Auf einigen historischen Bildern werden die sechs ENIAC-Frauen als Models bezeichnet, wenn sie überhaupt abgebildet wurden. »Ich war nicht fotogen«, sagte Betty Snyder. »Ich war auf keinem der Bilder von diesem ganzen blöden Ding zu sehen.«[55] Als die Armee ein Werbefoto des Kriegsministeriums vom ENIAC für eine Rekrutierungsanzeige verwendete, schnitt sie die drei Frauen auf dem Bild komplett weg.[56] In den Pressemitteilungen des Kriegsministeriums über den ENIAC wurde eine vage, geschlechtslose »Expertengruppe«[57] genannt, die für den Betrieb der Maschine verantwortlich war, und es wurden nur John Mauchly, J. Presper Eckert und Herman Goldstine namentlich erwähnt.

Es ist verlockend, die historische Verbindung zwischen Frauen und Software zu betrachten und eine inhärente Affinität zu vermuten: dass Frauen die veränderbaren, sprachorientierten Aspekte des Programmierens schätzen, während Männer von der eher praktischen, handwerklichen Natur der Hardware angezogen werden. Manch einer mag dies aus der Partnerschaft zwischen Babbage und Lovelace, aus der angespannten Beziehung zwischen Howard Aiken und Grace Hopper eine Generation später, oder aus der geschlechtsspezifischen Arbeitsteilung zwischen männlichen Hardware-Ingenieuren und weiblichen Bedienern des ENIAC ableiten. Aber in all diesen Fällen sind die Frauen nicht deshalb auf der Softwareseite gelandet, weil die Arbeit irgendwie besser für sie geeignet war, sondern weil Software, die bis heute untrennbar mit der Hardware verwoben ist, noch keine Kategorie mit eigenem Wert darstellte. Soweit man es verstand, war Software – das Schreiben von Codes, das Stecken von Kabeln – in Wirklichkeit nur die Manipulation von Hardware, und der Titel »Programmierer« unterschied sich noch nicht von dem eher niederen »Operator« – dem Bediener oder der Bedienerin –, also einem Routinejob, der aufgrund der langen weiblichen Tradition der Sekretariatsarbeit eher weiblich besetzt war. Überdies spiegelte die Einstellung von Frauen für den Betrieb von Computern wie dem ENIAC eine lange Tradition wider, in der Frauen als menschliche Computer arbeiteten und sich mit angewandter Mathematik in Universitäten und

Forschungseinrichtungen beschäftigten. Seit Menschengedenken hatten sich Frauen mit der Mathematik befasst.

»Hätten die Betreiber des ENIACs gewusst, wie entscheidend das Programmieren für das Funktionieren des elektronischen Computers ist und wie komplex es war«, stellte Betty Jean Jennings zusammenfassend fest, »hätten sie wahrscheinlich mehr gezögert, Frauen eine so wichtige Rolle zu übertragen.«[58] Zu dieser Zeit war es schwierig, Programmieren als einen Beruf zu betrachten, der sich von der einfachen *Bedienung* eines Computers unterschied, und tatsächlich wurden die Arbeitsplätze der ENIAC-Frauen offiziell als »subprofessionell, eine Art Bürotätigkeit«[59] eingestuft. Es dauerte noch Jahre, bis diejenigen, die sich mit Computern beschäftigten, sich als Programmierer oder Informatiker und nicht als Bediener oder Elektroingenieure definierten. Und es dauerte noch länger, bis sich eine Vision vom Programmieren als Kunstform herauskristallisierte mit dem Potenzial, die moderne Welt völlig zu verändern.

KAPITEL DREI

UNBESCHWERTE ZEITEN

Der Zweite Weltkrieg war ein Technologiekrieg. Die Beziehungen zwischen Regierung, Privatwirtschaft und der akademischen Welt waren geknüpft worden, um Amerika einen Vorsprung vor den Achsenmächten zu verschaffen. Sie brachten ein militärisch-industrielles Konglomerat hervor und finanzierten eine ganze Generation von technologischen Innovatoren in diesem Prozess. Es ist unwahrscheinlich, dass sich die Computertechnik so schnell als Fachgebiet oder als Industrie entwickelt hätte, ohne die komplexen Berechnungen, die die Kriegsmaschinerie erforderte. Der Krieg machte es lohnenswert, Risiken einzugehen und beschleunigte alles. Er ließ auch Frauen in dem Prozess zu. Männer haben zwar Bomben abgeworfen, aber es waren Frauen, die ihnen sagten, wo sie es tun sollten.

Eigentlich fühlt es sich falsch an, einen Krieg als Chance zu betrachten und etwas Positives daran zu finden, vor allem einen so hässlichen. Aber die Arbeit an militärischen Berechnungen während des Zweiten Weltkriegs ermöglichte es Betty Jean Jennings, Betty Snyder, Grace Hopper und ihren Kolleginnen, mehr aus ihrem Leben zu machen, als nur zu unterrichten, zu heiraten oder Sekretärin zu werden. Sie eröffnete den Frauen ein völlig neues technisches Betätigungsfeld, dessen Bedeutung erst sichtbar wurde, nachdem sie gezeigt hatten, welch bemerkenswerte Dinge durch das Zusammentreffen von Mensch und Computer erreicht werden konnten. Aber Wandel ist nie ganz unkompliziert. So einfach wie der Krieg diesen Frauen einen Ausweg aus möglicherweise langweiligen Ehen und aussichtslosen

Sekretariatskarrieren bot, so leicht drohte der Frieden, ihnen all das wieder zu nehmen.

Nach dem Krieg, als die militärischen Mittel versiegten und die Zuständigkeit für Computerprojekte wieder in zivile Hände überging, befand sich Grace Hopper an einem Scheideweg. In kurzer Zeit war sie zu einer Expertin in einem aufstrebenden Bereich geworden, aber sie hatte auch viele Opfer gebracht. Obwohl sie und Vincent seit Kriegsbeginn getrennt lebten, ließen sie sich erst 1945 scheiden. Er heiratete sofort wieder[1] – eine Freundin von Grace, die bei ihrer Hochzeit Brautjungfer gewesen war. Das war für sie bestimmt nicht einfach. Sie war 39, und nach allem, was sie durchgemacht hatte, konnte sie nicht darauf hoffen, wieder wie früher Studenten in Analysis zu unterrichten und das bequeme Leben einer Kleinstadt-College-Professorin zu führen. Als die vom Kriegsdienst heimkehrenden Soldaten ihren Platz in der amerikanischen Gesellschaft zurückeroberten, kehrten viele Frauen um Grace in ihre Vorkriegsrollen zurück. Sogar einige der sechs ENIAC-Frauen wurden zu Hausfrauen. Als Frau, die alles hinter sich gelassen hatte, um Karriere an der doppelt männerdominierten Schnittstelle zwischen Militär und akademischem Leben zu machen, war Grace nervös.

Howard Aiken verschaffte den Angestellten des Computerzentrums durch seine Arbeit während des Krieges eine Verlängerung ihrer Anstellung in Harvard, und er behielt Grace, die für den Betrieb des Rechenzentrums unentbehrlich war, drei weitere Jahre als wissenschaftliche Mitarbeiterin. In ihrer neuen Funktion war Grace nicht mehr für das Programmieren zuständig. Stattdessen unterstützte sie Aiken und schrieb ein Benutzerhandbuch für den Mark II, wofür sie – wie schon beim ersten Handbuch – keinerlei Unterstützung erhielt. Sie leitete Führungen durch die Anlage und erklärte angesehenen Besuchern die vielen Anwendungen der einst geheimen Rechenmaschine. Aiken versuchte den Eindruck aufrechtzuerhalten, dass das Computerzentrum dringend notwendig war, aber die Zeiten waren nicht mehr dieselben; er versuchte, in der Zeit des hart erkämpften Friedens, eine Atmosphäre des Krieges aufrechtzuerhalten. Das verlieh dem Alltag dort einen leicht sadistischen Anstrich. Grace war schon immer Gelegenheitstrinkerin gewesen, aber als sie sah, wie ihre Bedeutung dahinschwand, trank sie auch während der Arbeit und bewahrte einen Flachmann in ihrem

Schreibtisch auf. 1949 lief der Vertrag von Harvard mit der Marine aus. Aiken, der eine feste Anstellung hatte, blieb, aber die Universität bot Frauen keine Weiterbeschäftigung oder Beförderung an, und so verlor Grace, die mit Abstand *die* führende nationale Expertin für das Programmieren von Computern war, ihren Job in dem Rechenzentrum, das sie jahrelang geleitet hatte. »Meine Zeit war abgelaufen«,[2] sagte sie.

Das ENIAC-Rechenzentrum in Penn gab es ebenfalls nicht mehr. Der Computer selbst wurde zum Aberdeen Proving Ground gebracht – man musste eine ganze Wand des Moore-Schulgebäudes herausreißen, um ihn zu entfernen –, und schließlich arbeiteten sieben weitere Frauen am ENIAC in Aberdeen, wo er bis zu seiner Stilllegung im Jahr 1955 lief. Die sechs ENIAC-Frauen, die in den nächsten Lebensabschnitt wechselten, sollten ihren Namensgeber nie wieder programmieren.

Während des Krieges hatte es keine Rolle gespielt, wem der ENIAC gehörte. Er war mit Geldern der Armee gebaut worden und wurde im Dienst der Armee betrieben. Nach dem Krieg wurde die Notwendigkeit des Computers jedoch anfechtbar. Eckert und Mauchly wollten ihre Erfindung patentieren lassen, aber die Universität verlangte alle möglichen Lizenzen und Unterlizenzen für ihren Entwurf sowie die Rechte an jeder Maschine, die sie danach bauen wollten. Penn bot ihnen eine Festanstellung im Austausch gegen eine Patentfreigabe an, doch die beiden Ingenieure wollten nicht für den Rest ihrer Karriere an die Universität gebunden sein. Eckert und Mauchley beschlossen, den ENIAC abzuschreiben, ihre Verluste zu begrenzen und sich selbstständig zu machen.

Sie gründeten 1947 ihr eigenes Unternehmen, die Electronic Control Company, die später in Eckert-Mauchly Computer Corporation (EMCC) umbenannt wurde. Ihre Büros in der Ridge Avenue in Philadelphia waren nichts Besonderes: Sie befanden sich in einer alten Trikotagefabrik ohne Klimaanlage und waren ausgestattet mit ein paar Reihen von Holzschreibtischen, die jemand in einem Secondhand-Laden gekauft hatte. Direkt auf der gegenüberliegenden Straßenseite befand sich ein Schrottplatz. Auf der anderen Seite des Gebäudes war der Friedhof von Mount Vernon. Wenn der Computer nicht funktionierte, scherzte Grace Hopper, konnten sie ihn aus einem Fenster auf den Schrottplatz werfen und dann aus dem anderen springen.[3]

Uns sind heutzutage zahlreiche Geschichten vertraut von jungen, unternehmungslustigen und risikobereiten Technologie-Freaks, die auf eigene Faust loslegen, um die Welt zu verändern. Jede Silicon-Valley-Geschichte, die von der Garage zum Reichtum führt, scheint in etwa dem gleichen Muster zu folgen. Aber die Eckert-Mauchly Computer Corporation war zur damaligen Zeit das erste kommerzielle Computerunternehmen der Welt. Bis zur Gründung von EMCC waren Computer Einzelstücke, die speziell für Kriegszwecke gebaut wurden: für Berechnungen zu Ballistik, Code-Entzifferung und zur Strömungsdynamik von Atombomben. Doch für Computer gab es in der Wissenschaft und in rechenintensiven Branchen wie der Luftfahrt einen gewaltigen potenziellen Markt.[4] Für große Unternehmen konnten sie Probleme der Buchhaltung und Gehaltsabrechnung blitzschnell lösen. Eckert und Mauchly waren nicht die Einzigen, die das enorme kommerzielle Potenzial von Computern erkannten, aber sie gehörten zu den ersten, die die standardisierte Produktion von Computern in größeren Stückzahlen ausprobierten. Als Erbauer des inzwischen weltberühmten ENIAC hatten sie dafür die besten Voraussetzungen.

Die EMCC erhielt schon früh wichtige Aufträge: Das Statistische Bundesamt, das Institut für Nationale Standards, Northrop Aviation (ein führender amerikanischer Flugzeughersteller) und der Army Map Service (die kartografisches Material produzierten) – sie alle wollten ihre eigene Version des ENIAC. Jede Installation musste an die spezifischen Bedürfnisse des Kunden angepasst werden, zusammen mit Systemen, Dienstleistungen und Support. Software gab es noch nicht von der Stange – es gab nicht einmal ein Wort dafür –, sodass EMCC Programmierer brauchte. Glücklicherweise waren die besten der Welt ihre ehemaligen Kolleginnen an der Moore School – Betty Snyder, Betty Jean Jennings und Kathleen »Kay« McNulty und die Grande Dame des Codes selbst, Grace Hopper, die nach dem Verlust ihres Arbeitsplatzes in Harvard nach einer neuen Aufgabe suchte. Eckert und Mauchly waren klug genug, sie alle einzustellen.

In ihren ersten Jahren war die Eckert-Mauchly Computer Company ein Anachronismus. Umgeben von Unternehmensgiganten war EMCC ein kleines, technisches Start-up-Unternehmen, das die modernsten Computer der Welt baute. Die Computer liefen alle mit maßgeschneidertem Code, der von talentierten Programmiererinnen geschrieben wurde, die die Softwareentwicklungsteams leiteten. Betty Jean Jennings erinnerte sich an diese magische Zeit. »Ich habe es geliebt«, schrieb sie, »und ich habe mich nie wieder so lebendig gefühlt. Wir haben ständig gearbeitet. Wir kamen früh. Wir legten Besprechungen in die Kaffee- und Mittagspausen. Wir machten Überstunden.«[5] Es gab keine formellen Titel und die Abteilungen waren durchlässig. Die Leute arbeiteten direkt miteinander, wenn es die Projekte erforderten. Es gab keine starren Hierarchien, keine Bürokratie. Jeder kümmerte sich um die anliegenden Probleme und ergriff die Initiative, wo immer sie hinführte. »Tatsache ist«, so Betty Snyder, »dass wir alle so sehr an das glaubten, was wir taten, dass wir zusammenarbeiteten, das war alles.«[6]

Die beiden Gründer waren bei ihren weiblichen Mitarbeitern sehr beliebt und wurden bewundert, weil sie gute Lehrer waren, zuhörten und Visionen hatten. Wenn John Mauchly Kunden traf, konnte er auf der Stelle neue Anwendungen für deren Computer aus dem Ärmel schütteln. Grace war motiviert, bei EMCC einzusteigen, weil sie wusste, dass sie von John etwas lernen konnte. Sie behielt ihn in Erinnerung als »einen sehr angenehmen Menschen, mit dem es Spaß machte zu arbeiten. Er war genauso begeistert wie man selbst, war immer mittendrin in der Arbeit und mit Enthusiasmus dabei. Ich würde ihn als einen wirklich guten Chef bezeichnen.«[7] Auch Pres Eckert war ein »wirklich guter Chef«, wenn auch ein etwas merkwürdiger. Während er in ein Gespräch vertieft war, kam es vor, dass er die Orientierung verlor und durch die Gänge wanderte, hinunter in den Keller lief und wieder hinauf. Er setzte sich auf Tische. Einmal kletterte er auf einen Aktenschrank, während er mit jemandem sprach, ohne es zu bemerken. In all den Jahren, in denen sie bei EMCC arbeitete, wusste Betty Jean nie, wo das Büro von Pres war: Sie sah ihn nie darin. Er war immer auf den Beinen und ging mit Fragen und Lösungen von Gruppe zu Gruppe. Die Frauen scherzten, dass Pres so gerne redete, dass er sogar den Hausmeister vom Wischen abhielt, nur um jemanden zu haben, mit dem er seine Ideen austauschen konnte. Trotz dieser Eigenheiten gehörte er vollkommen dazu. »Wir alle haben Pres so akzeptiert, wie er war«,[8] erinnert sich Betty Jean.

In dieser Zeit entließen viele Unternehmen kompetente Frauen, um Platz für heimkehrende GIs zu schaffen. Die Eckert-Mauchly Computer

Company dagegen stellte nicht nur Frauen ein, sondern schätzte auch ihre Arbeit und übertrug ihnen sogar noch mehr Programmieraufgaben, als während des Krieges. Sowohl Betty Snyder, inzwischen Betty Holberton, als auch Betty Jean Jennings leiteten wichtige Projekte: Betty Snyder schrieb den Befehlscode und Betty Jean das logische Design für das Spitzenprodukt des Unternehmens, den Universal Automatic Computer (UNIVAC). Die ersten Jahre waren mager – Betty und viele andere Ingenieure verzichteten anfangs sogar auf ihr Gehalt, aber das wurde ausgeglichen, als das Unternehmen auf die Beine kam. Nach einem Jahr bei EMCC entdeckte Betty Jean, dass ein erst kürzlich eingestellter Kollege 400 Dollar mehr im Jahr verdiente als sie. Als sie das gegenüber John Mauchly ansprach, hörte er ihr zu und erhöhte ihr Gehalt sofort auf 200 Dollar *mehr* als das des Neuen.[9] EMCC hielt jeden Frühling Programmierkurse für das ganze Unternehmen ab in der Hoffnung, frisches Blut aus anderen Bereichen zu rekrutieren. »Auf diese Weise wurden viele Sekretärinnen zu Programmiererinnen, bevor wir fertig waren«, erinnert sich Grace Hopper. Das war das Ethos des Unternehmens. »Ein Mädel, das eine gute Sekretärin war, wurde zwangsläufig eine Programmiererin, die akribisch darauf achtete, alles richtig zu machen, und die gewohnt war, Dinge Schritt für Schritt abzuarbeiten. Die Eigenschaften, die sie zu guten Sekretärinnen machten, waren genau die Eigenschaften, die sie auch zu guten Programmiererinnen machten.«[10]

Grace hatte während ihrer letzten Jahre in Howard Aikens undankbarem Computerzentrum mit Alkoholismus zu kämpfen, und ihre Freunde hofften, dass sie es durch die Arbeit bei EMCC schaffen würde, mit dem Trinken aufzuhören und ihr Selbstvertrauen zurückzugewinnen. Auch wenn sie in Harvard nicht mehr geschätzt wurde, in der aufkeimenden Computerindustrie waren ihre Talente sehr gefragt: Neben dem Angebot von Eckert und Mauchly überlegte sie 1949, eine Stelle in der Ballistikforschung in Aberdeen, bei der Herstellung kryptologischer Maschinen für Engineering Research Associates oder beim Forschungsbüro der Marine anzunehmen. Aber nur die EMCC verfügte über funktionierende Maschinen, die innerhalb eines Jahres programmiert werden konnten, und Grace wollte nicht länger warten.[11] Bei EMCC konnte sie sich sofort wieder ihrer wahren Leidenschaft widmen: dem Schreiben von Code, und dazu noch umgeben von brillanten

Frauen. Sie war dankbar. Genauso wie sie den Übergang vom zivilen zum militärischen Leben in der Midshipmen's School genossen hatte, »schlüpfte sie in den UNIVAC, als wäre es ein Kinderspiel«, als ob sie »alle Freiheiten und alle Freuden der Welt«[12] erlangt habe.

Die Frau, mit der Grace bei EMCC am engsten zusammenarbeitete, war zweifellos Betty (Snyder) Holberton, das ENIAC-Genie, das Programmierprobleme im Schlaf löste. Dies war nur ein Aspekt von Bettys einzigartigem Verstand. Von klein auf hatte sie sich für Rätsel interessiert. Als sie 15 war und die Rechenmaschine ihrer Familie den Geist aufgab, nahm sie das ganze Ding auseinander, beschriftete alle Teile und legte sie in einer Art genauem Diagramm auf den Tisch. Sie mochte es, sich Maschinen auf diese Weise vorzustellen: als ein Konzert kleiner Einzelteile, die zusammen ein logisches Ganzes ergeben. Sie stellte fest, dass sie »wie ein Radarschirm« dachte und »das Problem umkreiste«, bis sie alles im Kopf hatte. Nach dieser Radarerfassung war sie in der Lage, Fehler fast augenblicklich zu erkennen. Ihre Begabung war so stark, dass sie oft hinzugezogen wurde, »wenn der Programmierer und der Ingenieur ein Problem nicht lösen konnten«.[13] Später in ihrer Karriere bestand sie darauf, erst *dann* hinzugezogen zu werden, wenn die Ingenieure nach mindestens vier Stunden immer noch nicht weiterkamen. Andernfalls sei es eine Verschwendung ihrer Zeit.

Betty war die Geheimwaffe bei EMCC. Als Grace Hopper in Philadelphia eintraf, war Betty bereits seit zwei Jahren bei der Firma, und bevor das Lagerhaus in der Ridge Street angemietet wurde, arbeitete sie mit John Mauchly an seinem Wohnzimmertisch an der Entwicklung von C-10, dem Betriebscode für den UNIVAC. Obwohl sie behauptete, nicht »fotogen« genug gewesen zu sein, um mit dem ENIAC abgebildet zu werden, ließ sich die einzigartige Schönheit ihres Codes nicht leugnen. C-10 war der elementare Befehlssatz für den Computer und Betty hat ihn mit großer Sorgfalt geschrieben. Anstatt sich nur auf Zahlen und Symbole zu verlassen, fügte sie Buchstaben als Abkürzung für häufig verwendete Operationen ein: *s* für »Subtraktion«, *a* für »Addition«. Das war ein Novum und machte den UNIVAC für Bediener ohne mathematische Vorkenntnisse benutzerfreundlicher. Grace fand den C-10 Code brillant – sogar wunderschön. Sie liebte alles, was das Programmieren benutzerfreundlicher machte. Und sie hielt Betty für die beste Programmiererin, die sie je kennengelernt hatte. Betty war bescheidener. Laut ihrer Kollegin Jennings – die sich nicht immer mit Grace verstand – sagte Betty Holberton über Grace, »wenn jemand etwas konnte, was sie nicht konnte, musste diese Person offensichtlich die Beste der Welt sein, denn nur die Beste konnte Grace übertreffen!«[14]

Betty brachte Grace bei, wie man Flussdiagramme verwendet, um komplexe Probleme zu lösen, etwas, das Grace nie gelernt hatte. Der Mark I war vollkommen linear, der gesamte Code lief einfach auf Papierstreifen. Aber die Maschinen bei Eckert-Mauchly konnten Anweisungen während des Rechenprozesses ändern und Schleifen bilden. »Jetzt musste ich über zweidimensionale Programme nachdenken«, erinnerte sich Grace, was ein »Denken in einer anderen Dimension« erforderte, etwas, das Betty in ihren eleganten Flussdiagrammen formalisierte. Betty, so fasste es Grace zusammen, »war großartig«.[15] Neben dem C-10-Code leistete Betty während ihrer Arbeit bei EMCC zwei weitere wichtige Beiträge zur Informatik. Einer war kosmetischer Natur: Sie überredete die Ingenieure, die Außenfarbe des UNIVAC von Schwarz in das Haferflocken-Beige zu ändern, das zur universellen Farbe von Desktop-Computern werden sollte (ja, ich muss Betty für meinen graubraunen Dell danken). Der andere Beitrag war ein Programm, das sie »Sort-Merge-Generator« nannte. Es nahm Spezifikationen für Datendateien auf und generierte automatisch routinemäßige Abläufe zum Sortieren und Zusammenführen dieser Daten, wobei es den Überblick über alle Ein- und Ausgaben in den UNIVAC-Bandeinheiten behielt.

Grace Hopper war von Bettys Sort-Merge-Generator überwältigt. Laut Grace war dies das erste Mal, dass ein Computer verwendet wurde, *um ein Programm zu schreiben, das wiederum ein Programm schrieb.* Dies hatte einen großen Einfluss auf Grace und die gesamte Geschichte der Informatik. Aber anfangs sah das nicht jeder so. »Damals sagte uns das Establishment prompt – zumindest sagte man es mir recht häufig –, dass ein Computer kein Programm schreiben könne«, erinnert sich Grace. »Das sei völlig unmöglich; ein Computer könne nur rechnen und keine Programme schreiben; sie verfügten nicht über die Vorstellungskraft und Geschicklichkeit eines Menschen. Ich habe immer wieder versucht zu erklären, dass wir die Geschicklichkeit des Menschen in das Programm hineinpacken.«[16]

In der Tat war der UNIVAC dank der Geschicklichkeit von Programmiererinnen wie Betty und Grace der leistungsfähigste Computer der Welt. Durch die Magnetbandprogramme konnten die Ein- und Ausgabegeschwindigkeiten endlich mit der Geschwindigkeit der elektronischen Komponenten mithalten. Der UNIVAC war besser als alle Produkte der Konkurrenz und wurde zum Synonym für die Technologie selbst: Was Kleenex oder Tempo für Taschentücher und Xerox für Fotokopien sind, das war der UNIVAC in den 1950er-Jahren für Computer. Selbst der junge Walter Cronkite konsultierte ihn wie ein Orakel. In der Wahlnacht von 1952 sagte ein UNIVAC mithilfe eines statistischen Programms, das live in der CBS-Wahlberichterstattung lief, den erdrutschartigen Wahlsieg von Dwight D. Eisenhower über Adlai Stevenson voraus, als keine herkömmliche Umfrage damit rechnete. Diese Spielerei war so populär, dass der Computer zu einem regelmäßigen Bestandteil bei CBS wurde.

Trotz ihrer öffentlichen Erfolge hatten Mauchly und Eckert wirtschaftlich wenig Fortune. Die beiden waren Akademiker, deren gute Absichten im umgekehrten Verhältnis zu ihrem geschäftlichen Fachwissen standen. Ihre speicherprogrammierbaren, elektronischen Computer waren eine unerprobte, teure Technologie, die schwer zu verkaufen war und bei der die Nutzer sehr viel Unterstützung brauchten. Die Hoffnung auf eine erste große Kapitalspritze – vom Unternehmen American Totalisator in Baltimore, das Wettrechner für Rennbahnen produzierte –, platzte, als dessen Vizepräsident bei einem Flugzeugabsturz ums Leben kam. In ihrer Not versuchten Mauchly und Eckert, EMCC an IBM zu verkaufen, aber Big Blue wollte nichts mit ihnen zu tun haben – IBMs betagter CEO, Thomas Watson Jr., glaubte nicht an Magnetbänder und entschied sich für das bewährte Geschäft mit Lochkartensystemen. Man war gezwungen, an Remington Rand zu verkaufen, einst stolzer Hersteller der zwei wichtigsten Waffen der Welt: Gewehre und Schreibmaschinen.

Der Verkauf an Remington Rand war keine geniale Entscheidung, aber sie war auf eine tragische Weise pragmatisch. Das Unternehmen war seit Jahren im Lochkartengeschäft tätig und erwartete im Bereich der Computertechnik ein Wachstum. Sie kauften die Schulden von EMCC auf und retteten das Unternehmen vor dem Ruin mit dem Versprechen, dass ihre erfahrenen Verkaufsteams den UNIVAC im Schlaf verkaufen könnten. Leider wusste die Geschäftsleitung von Remington Rand nichts über Boole'sche Algebra, Unterprogramme oder Code. Schlimmer noch, sie hatten keine Ahnung, was sie mit all den Frauen in leitenden Positionen bei EMCC anfangen sollten.

»Als Remington Rand den UNIVAC kaufte«, erinnerte sich Betty Snyder einige Jahre später, »war das für mich das Ende der Fahnenstange, denn ihre Vorstellung von Frauen war, dass sie vor einer Schreibmaschine sitzen.«[17] Niemand bei Remington Rand hatte jemals mit technisch begabten Frauen gearbeitet, und sie hatten Probleme mit der Vorstellung, dass eine Frau eine Präsentation leiten, sich mit Kunden treffen oder auch nur die UNIVAC-Anlagen verstehen könne, die sie entworfen hatten. »Ich meine, es war, als könnten sie sich nicht im Traum vorstellen, dass jemand einer Frau zuhören und sie ernst nehmen würde«,[18] klagte Betty Jean Jennings. Das war das Ende der unbeschwerten Zeiten.

Remington Rand hatte die Weitsicht, die Eckert-Mauchly Computer Corporation zu kaufen, aber sie wussten nicht, was sie mit der Gruppe von Freidenkern machen sollten, die sie mit dem Kauf übernommen hatten. Es war eine Wertekrise, die sich in der Technologiebranche bis ins Unendliche wiederholen sollte. Eckert-Mauchly war ein Ort, an dem brillante Frauen Symbole in Codes umwandelten und neue Ideen auf jeder Spule Magnetband entschlüsselten. Doch diese Vision und das unorthodoxe Umfeld, das diese Vision nährte, hatten es schwer, sich in einer Welt von Lochkarten-Tabulatoren zu behaupten. Die Träumer wurden von einem Unternehmen aufgekauft, das »diese Idioten da unten in Philadelphia für verrückt hielt«, und das glaubte, dass »niemand diese Millionen-Dollar-Maschinen kaufen würde und es nur sehr wenige Anwendungen gab, für die sie wirklich brauchbar waren«.[19]

Die offene und transparente Unternehmensstruktur von EMCC wurde durch die altmodische Unternehmenshierarchie von Remington Rand zunichte gemacht. Das Hauptbüro des Unternehmens befand sich in New York City, was genauso gut der Mars hätte sein können, denn das EMCC-Team konnte nur äußerst mühsam mit ihm kommunizieren. Betty Snyder, die nie einen Titel oder eine Abteilung gehabt hatte, bekam plötzlich einen Chef.

»Das war eine Katastrophe«, sagt sie, »denn ich ging mit Fragen zu ihm, und er traf die falschen Entscheidungen, mit denen ich dann leben musste.«[20] Bei EMCC hatte jede und jeder der Maschine gedient. Aber bei Remington Rand gab es andere gewichtige Meister, deren Interessen oft im Widerspruch zu ihrer Arbeit standen. 1990 kam eine Gruppe ehemaliger Eckert-Mauchly-Mitarbeiter in der Smithsonian Institution zusammen, um ihre Geschichte zu dokumentieren. Selbst 40 Jahre später, als sie alle schon lange im Ruhestand waren, hatte niemand etwas Positives über Remington Rand zu sagen. Ein Auszug aus dem Gespräch[21]:

CERUZZI (Moderator): Ich frage mich, ob es hier jemanden gibt, der das Management von Remington Rand verteidigen möchte, denn … [Gelächter] Irgendwelche Freiwillige?

TONIK (ehemaliger UNIVAC-Programmierer): Nein, nicht wirklich.

CERUZZI: Nein? Ganz und gar nicht.

Der UNIVAC war eine Millionen-Dollar-Maschine, aber den Verkäufern von Remington Rand fehlte eine Schulung, um zu verstehen, was sie leisten konnte. Sie waren an die Lochkarten-Technik gewöhnt. Ausdrucke ließen sich bei Verträgen mit Büros leicht verkaufen, im Gegensatz zum schwarzen Magnetband des UNIVAC, das undurchschaubar, ja buchstäblich undurchsichtig war. »Es gab kein Gefühl« für den UNIVAC, erinnerte sich Betty, »außer der imponierenden Leistung.«[22] Das Beste, was die Verkäufer tun konnten, war, den Computer als Lockvogel zu benutzen: Sie brachten Betty Jean Jennings zu Verkaufsgesprächen bei Regierungsbehörden mit, wo sie das Leistungspotenzial der speicherprogrammierbaren Computer gewissenhaft beschrieb. Dann wurde sie aus dem Raum komplimentiert, damit die Männer anschließend ein paar Schreibmaschinen verkaufen konnten.

Das war vielleicht besser als die Alternative. Als die Verkäufer von Remington Rand versuchten, den UNIVAC zu verkaufen, entsetzte ihr mangelndes Verständnis die alten Programmierer von Eckert-Mauchly. Irgendwann stellte Rem-Rand einen Mann ein, den niemand bei Eckert-Mauchly kannte. Er sollte das gesamte UNIVAC-Marketingmaterial verfassen und schließlich das Verkaufspersonal auf dem Gerät schulen, dabei konsultierte er jedoch niemanden, der sich mit dem UNIVAC auskannte. »Wir können absolut nicht verstehen, wie jemand eine Aufgabe übernimmt, die Kenntnisse und Erfahrungen erfordert, die er gar nicht hat«, schrieb Mauchly in einem wütenden Memo, »und er es versäumt, jede irgendwie mögliche Hilfe zu suchen, um seine Pflicht zu erfüllen.«[23]

Grace Hopper und ihr Programmierteam waren gezwungen, diese Lücke zu füllen. Bis 1950 arbeiteten sie in mehreren Schichten: Sie verkauften und vermarkteten den UNIVAC dort, wo Remington Rand es nicht schaffte. Gleichzeitig kümmerten sie sich um den Kundensupport, wenn das Produkt wie zu erwarten einmal Probleme bereitete. Aber obwohl sie erfolgreich waren, waren sie zum Scheitern verurteilt: Das Management von Remington Rand reduzierte die Produktion des UNIVAC per Anordnung von oben auf sechs Stück pro Jahr. Dummerweise hatten die Programmierer, die den Vertrieb übernommen hatten, jedoch innerhalb von zwei Jahren 42 Geräte verkauft. »Das Ergebnis war, dass sie die verdammten Dinger nicht ausliefern konnten«, erinnerte sich der UNIVAC-Ingenieur Lou Wilson auf dem Treffen im Smithsonian.

Vor allem Grace befand sich in einer unerträglichen Situation. Sie machte die Arbeit von drei Leuten in einem Bereich, den die meisten nicht einmal definieren konnten. Bei Eckert-Mauchly war sie leitende Mathematikerin gewesen – »das klang beeindruckend genug, um mein Gehalt zu rechtfertigen«[24] –, aber bei Remington Rand bedeutete in leitender Stellung zu sein, einfach mehr Arbeit. Sie leitete nicht nur ein Team von Programmierern und überwachte die individuellen Softwareprojekte für jeden Kunden, sondern war auch die Anlaufstelle für den Kundensupport. Das war ein ständiger Kampf. Ganz zu schweigen von ihren Nebenbeschäftigungen: In ihrer knappen Freizeit arbeitete sie ständig an der Verbesserung der Programmiertechniken. Aber es passte zu ihrer Persönlichkeit, viel zu tun zu haben. Die Jahre zwischen der Insolvenz von Eckert-Mauchly und der Übernahme durch Remington Rand waren eine harte Lebensphase für sie, und ihr Alkoholproblem kehrte schleichend zurück – im November 1949 wurde sie sogar wegen Trunkenheit und ordnungswidrigem Verhalten verhaftet. Aber auch die Arbeit in Howard Aikens Rechenzentrum in Harvard war kein Zuckerschlecken gewesen, trotzdem hatte sie damals unter den widrigen Umständen ihre besten Ideen entwickelt. Das Gleiche passierte nun während ihrer schwierigsten Jahre bei Remington Rand.

KAPITEL VIER

TURM VON BABEL

In den frühen 1950er-Jahren war Programmieren außerhalb der Computerbranche weitgehend unbekannt – ja nicht einmal innerhalb der Branche wurde seine Bedeutung wirklich verstanden, wenn man bedenkt, welche Schwierigkeiten Grace bei der Kommunikation mit der Vertriebsabteilung ihrer eigenen Firma hatte. Programmierer waren zu der Zeit Quereinsteiger, sie begannen ihre Karriere anderswo: Einige waren Mathematiker wie Grace, andere wurden bei Eignungstests entdeckt.[1] Oder sie bekamen eine Chance, weil sie gerne Kreuzworträtsel machten oder sich für Geometrie der Ebene begeistern konnten. Um erfolgreich zu sein, mussten sie die Hardware, mit der sie arbeiteten, genau verstehen und eine ausgesprochen große Frustrationstoleranz haben. Zu akzeptieren, dass man als Programmierer immer wieder von vorne anfangen muss, führte zum Eindruck eines hart verdienten Privilegs. John Backus (1924–2007), ein bekannter Informatiker bei IBM und Zeitgenosse von Grace Hopper, bezeichnete Programmierer in den 1950er-Jahren als eine Art Priesterschaft, die »Fähigkeiten besitzt und Geheimnisse hütet, die für Normalsterbliche viel zu komplex sind.« So sehr diese Zauberer auch Vereinfachungen und Abkürzungen für ihre Plackerei schätzten, »sie betrachteten ehrgeizigere Pläne, das Programmieren einer breiteren Bevölkerung zugänglich zu machen, mit Feindseligkeit und Spott.«[2]

Grace wollte raus aus diesem Priesteramt. Sie war der festen Überzeugung, dass die Fähigkeit, Computer zu programmieren, weithin bekannt und auch für Nicht-Experten zugänglich sein sollte. Wenn Computer nicht so mühsam zu programmieren wären, ließen sie sich vielleicht einfacher verkaufen. Außerdem hätte es den Vorteil, dass ihre Mitarbeiter nicht für jeden einzelnen UNIVAC ein eigenes Programm erstellen müssten, wenn Kunden ihren *eigenen* Code schreiben und umschreiben könnten. Das wäre ideal, denn es gab nur wenige wirklich gute Programmierer auf der Welt, und ihre Talente wurden für unsinnige Dinge verschwendet. Als die Welt das Potenzial der Computerindustrie entdeckte, explodierte der Bedarf geradezu, und es gab nicht genug ausgebildete Programmierer, um die Nachfrage zu befriedigen. Grace und ihre Kollegen wurden auch nicht jünger; die Branche brauchte neues Blut und musste leichter zugänglich werden. Grace wusste, dass dies nur geschehen konnte, wenn zwei Dinge passierten:

1. Die Benutzer müssen ihren eigenen Computern in natürlicher Sprache Befehle erteilen können.
2. Diese Sprache muss unabhängig vom Gerät sein.

Das heißt, wenn ein Stück Software sowohl von einem Programmierer als auch von seinen Benutzern verstanden werden konnte, und wenn dasselbe Stück Software auf einem UNIVAC genauso gut laufen konnte, wie auf einem IBM-Gerät, dann konnte der Code beginnen, sich dem Willen der Welt zu beugen. Grace nannte diese grundlegende Idee »automatisches Programmieren«, und für jeden, der Grace kannte, war dies eine logische Folge ihrer Arbeit in Harvard über Unterprogramme und Code-Dokumentation. Es hatte ihr schon immer Spaß gemacht, Wege zu finden, das Programmieren ein wenig einfacher und effizienter zu machen. Während des Krieges haben ihre intelligenten Vereinfachungen und Abkürzungen kostbare Zeit gespart und Leben gerettet. Nach dem Krieg sparten sie Geld und Nerven.

Den Vorgesetzten bei Remington Rand erschien die Investition ins automatische Programmieren jedoch wie eine unnötige Ablenkung vom eigentlichen Kerngeschäft des Computervertriebs. Warum sollte man die Dinge vereinfachen, wenn das, was man verkaufte, wertvolles Fachwissen war? Auch ihre Programmierkollegen hatten Vorbehalte: Sie hatten Sorge, Grace' Vorschlag könnte sie arbeitslos machen. In späteren Jahren, als die Diskussion über automatisches Programmieren immer kontroverser wurde, bekam jede Seite der Auseinandersetzung einen Spitznamen. Diejenigen, die sich dem automatischen Programmieren widersetzten, wurden als »Neandertaler« bezeichnet. Sie hätten sich genauso gut »Framebreaker« nennen können, wie Lord Byron über ein Jahrhundert zuvor die aufständischen Weber genannt hatte.

Die »Weltraumkadetten« hingegen glaubten an eine Zukunft, in der die Programme keine bugs mehr hatten und sich selbst schrieben, oder zumindest ihr eigenes Ding machten und in gewissen Teilen selbstständig arbeiten würden. So utopisch das den Neandertalern, die das Programmieren für ein maschinell unnachahmliches Expertenhandwerk hielten, auch erscheinen mochte, der Bedarf der Industrie an automatisierter Programmierung wuchs. Remington Rand hatte nicht erwartet, dass der UNIVAC so viel Support und Kundendienst benötigen würde. Der Aufwand, die Computer der Kunden betriebsbereit zu halten, wurde zunehmend zu einer Belastung für das Unternehmen. Grace, die ihre Argumente gegenüber Bürokraten gut zu vertreten wusste, machte deutlich, dass die mit der Programmierung verbundenen Kosten die Kosten der Hardware zu übersteigen drohten. Remington Rand gab schließlich nach. Sie schufen eine Abteilung für automatisches Programmieren und übergaben Grace die Leitung. Ihre erste Aufgabe bestand darin, einen Compiler zu schreiben, also eine Art Vermittlungsprogramm, der das Schreiben von Code auf Maschinenebene vereinfacht. So wie mechanische Computer eine Generation menschlicher Rechner ersetzten und Mathematiker wie Grace zu Programmierern machten, so definierte ihr Compiler – der erste von vielen Vermittlern zwischen Mensch und Maschine – die Arbeit neu: Die Mathematiker, die zunächst zu Programmierern geworden waren, wurden bald zu Linguisten.

Eine kurze Erklärung: Computer verstehen weder Englisch, Französisch, Mandarin noch irgendeine andere menschliche Sprache. Nur Maschinencode, der in der Regel binär ist, kann einem Computer auf seiner elementarsten Hardware-Ebene befehlen, Strom durch seine miteinander verbundenen Logikgatter zu schicken. Aufgeschlüsselt ist jedes Programm nur eine ziemlich verrückt detaillierte Folge von Anweisungen in diesem Maschinencode, wo und wie sich der Strom bewegen soll. Die einfachsten Programme spezifizieren Operationen auf der Hardware-Ebene – arbeiten also nur einen Schritt über dem physischen Zusammenstecken eines Computers wie dem ENIAC.[3] Komplexere Programme sind Zusammenfassungen dieser grundlegenden Operationen. Zu Grace' Zeiten musste man bei der Fehlersuche wie eine Maschine denken, Bit für Bit, in mühevoller Kleinarbeit. Wenn die Priesterschaft der Programmierer ein Geheimnis vor allen anderen hütete, dann war es das Geheimnis, wie man es schaffte, die dafür notwendige grenzenlose Geduld aufzubringen.

Compiler sind für die moderne Computertechnik von grundlegender Bedeutung. Sie machen die Programmiersprachen mit ihren immer höheren Ebenen der symbolischen Notation für das binäre Echsengehirn des Computers verständlich. Es ist für uns heute selbstverständlich, dass die Benutzung eines Computers – und sogar seine Programmierung – keine spezifischen Kenntnisse seiner Hardware erfordert. Ich spreche zwar keine Binärsprache, aber mithilfe der zahlreichen Software-Dolmetscher, die bei jedem Kontakt mit meinem Computer zusammenarbeiten, verstehen wir uns gegenseitig. Der Maschinencode ist heute so weit von der Welt der meisten Benutzer entfernt, dass der Informatiker und Schriftsteller Douglas R. Hofstadter die Untersuchung von Maschinencode mit der Betrachtung eines DNA-Moleküls Atom für Atom[4] verglichen hat.

Grace Hopper erstellte den ersten Compiler, A-0, im Winter 1951, als der Personalmangel in der Programmierabteilung bei Remington Rand seinen Höhepunkt erreicht hatte. Im darauffolgenden Mai hielt sie auf einer Tagung der *Association for Computing Machinery* in Pittsburgh einen Vortrag zum Thema »Die Ausbildung eines Computers«. In diesem Vortrag erklärte sie etwas, das intuitiv zunächst nicht nachvollziehbar ist: dass das Hinzufügen eines zusätzlichen Schritts, nämlich einer Ebene zwischen Programmierer und Computer, die Effizienz des Computers steigern würde. Zur Veranschaulichung verwendete sie ein persönliches Beispiel. In der Vergangenheit waren Mathematiker wie sie mit der lästigen Arbeit des Rechnens beschäftigt – mit all diesen mühsamen kleinen Schritten, bis man schließlich zu einer interessanten Lösung gelangte. Es wurde weithin irrigerweise angenommen, dass ein Computer wie der UNIVAC diese arithmetischen Aufgaben übernähme, sodass der Mathematiker mehr Zeit für kreative, weiterführende

Gedanken hatte.* In der Realität wurde der Mathematiker jedoch stattdessen zum Programmierer, der von den mühsamen kleinen Schritten geradezu aufgefressen wurde. Grace liebte das Programmieren, aber sie gab zu, dass »der Reiz, sich neue Programme auszudenken, nachlässt und in die monotone Arbeit des Schreibens und Überprüfens von Programmen übergeht. Diese Aufgabe erscheint mir zunehmend als eine Zumutung für das menschliche Gehirn.«[5]

Sie löste dieses Problem, indem sie eine dritte Betriebsebene einfügte, mit welcher der Computer seine eigenen Programme schreiben könne. Dazu sollten ausgewählte Unterprogramme – also wiederverwendbare Codefragmente, die im Speicher des Computers abgelegt sind – aus dem integrierten Subroutinenkatalog des Computers *kompiliert* werden. Dieser Compiler könnte dann die Unterprogramme automatisch zusammenstellen und sie in detaillierten Maschinencode übersetzen. Auf diese Weise »könnte der Programmierer wieder zum Mathematiker werden«, und der Computer würde »auf der Grundlage der von einem Mathematiker gelieferten Informationen ... mithilfe von Unterprogrammen und seinem eigenen Befehlscode selbst ein Programm erstellen«. Grace stellte sich vor, dass eine intelligentere Maschine einen weniger gebildeten Programmierer und sogar einen Benutzer, der nicht programmieren kann, unterstützen könnte, während die Weiterentwicklung des Computers vorangeht. Sie schrieb: »Der UNIVAC verfügt derzeit über eine fundierte mathematische Ausbildung, die der eines College-Studenten entspricht, aber er vergisst nichts und macht keine Fehler.« Man merkte, dass sie durch und durch Lehrerin war. »Es bleibt zu hoffen, dass sein Grundstudium in Kürze abgeschlossen sein wird, und er als Kandidat für einen weiteren Hochschulabschluss akzeptiert wird.«[6]

Durch die Kompilierung von Unterprogrammen anstelle der manuellen Programmierung von Grund auf, wurde ein großer Bereich für potenzielle menschliche Fehler beim Programmieren eliminiert. Unterprogramme waren bereits getestet, fehlerbereinigt und einsatzbereit; Programme konnten in Stunden statt in Wochen geschrieben werden, indem der Compiler die

* So wie viele ihrer Zeitgenossen in den 50er-Jahren, verwendete Grace das Wort »UNIVAC« ganz allgemein in der Bedeutung »Computer«.

Unterprogramme aneinanderreihte. Grace' Idee, die in den folgenden Jahren von vielen Beteiligten weiterentwickelt wurde, automatisierte einen Großteil der mit dem Programmieren verbundenen, mühsamen Kleinarbeit und ermöglichte es den Programmierern, sich auf die kreative Seite ihrer Arbeit und auf das systemorientierte Denken auf höherer Ebene zu konzentrieren. Das brachte letztlich die Informatik als wissenschaftliche Disziplin voran. Noch wichtiger war, dass es konzeptionell etwas komplett Neues war: Programme, die sich selbst schreiben, waren ein Weg, den bereits Betty Holberton mit ihrem brillanten Sort-Merge-Generator begonnen hatte. Die Idee war für den Vertrieb ebenso attraktiv wie für die Hersteller von Computern. 1955 schaltete Remington Rand Anzeigen mit Schlagzeilen wie NEU ... DER UNIVAC SAGT SICH SELBST, WAS ER TUN MUSS![7]

Die Veröffentlichung von Grace löste in der Computergemeinschaft Begeisterung aus, aber es gab noch viel zu tun. Ihr erster Compiler, der A-0, war recht elementar. »Er war sehr dumm«, erklärte sie. »Ich habe mir selbst dabei zugesehen, wie ich ein Programm zusammenstellte, und habe den Computer dazu gebracht, das Gleiche zu tun, was ich tat.«[8] Obwohl er herkömmliche Programmiermethoden mit 18-facher Geschwindigkeit übertraf, blieb der von ihm erzeugte Maschinencode ineffizient – also der elementare, binäre Befehlssatz, den der Computer tatsächlich ausführte. Heutzutage ist die Eleganz des Codes vor allem ästhetischer Natur, aber in den frühen 1950er-Jahren war es immer noch billiger, Programmierer dafür zu bezahlen, Programme manuell auf Fehler zu überprüfen, als eine zusätzliche Stunde Computerzeit mit umständlichem Maschinencode zu vergeuden. Innerhalb eines Jahres hatten Grace und ihre Programmierer einen etwas weniger schwerfälligen A-1-Compiler geschrieben. Im Frühjahr 1953 folgte der A-2. Mit jeder neuen Version wurden die Compiler ausgefeilter und benutzerfreundlicher, der A-2 führte eine Art Zwischensprache ein, die Grace »Pseudocode« nannte. Diese war näher an der menschlichen Denkweise und Sprache als an der Computertechnik. Heutzutage würde sie einem Programmierer wahrscheinlich nicht besonders benutzerfreundlich erscheinen, aber diese Kurzschrift war der erste Schritt zu Programmiersprachen, die auch von Nicht-Experten angewendet werden konnten. Das sollte das Vermächtnis von Grace Hopper sein.

Die Einführung des automatischen Programmierens war eine große Errungenschaft, aber sie brachte auch eine ganze Reihe neuer Probleme mit sich. Die Entwicklung von Compilern und Pseudocode fühlte sich allmählich an, wie die Erfindung einer neuen Sprache, mehr Kunst als Wissenschaft. Die neue Syntax musste für den Compiler und den Benutzer gleichermaßen verständlich sein – schließlich ist eine Sprache immer nur so nützlich, wie der Sprecher, der sie beherrscht. Grace sah in der Verbreitung neuer Compiler und Pseudocodes potenziell eine Situation wie beim Turm von Babel*. Wie beim Turmbau zu Babel, oder der babylonischen Sprachverwirrung, verdrängen sich konkurrierende, wechselseitig unverständliche Sprachen. Sie schlug verschiedene Lösungsmöglichkeiten vor. Ihr einflussreicher Business-Compiler MATH-MATIC verwendete die weltweit verständliche Sprache der Mathematik als lingua franca. Sein Nachfolger, der FLOW-MATIC, wies häufig verwendeten Wörtern und Phrasen mathematische Variablen zu. Diese Befehle in natürlicher Sprache dienten der Dokumentation und ihre relativ gute Verständlichkeit ermöglichte es auch technisch nicht so versierten Projektleitern, die vom Computer geleistete Arbeit zu beurteilen. Doch die große Frage blieb: Ist es möglich, dass eine einzige Sprache von *jedem* Computer auf der Erde verstanden wird?

Das erste Treffen zur Erörterung dieser Frage wurde von Mary Hawes initiiert – einer ehemaligen Kollegin von Grace Hopper, mit der sie bei Remington Rand [ab 1955 Sperry Rand durch Zusammenschluss mit der Sperry Corp.] den FLOW-MATIC entwickelt hatte –, als sie den bekannten Informatiker Saul Gorn auf einer Konferenz in San Francisco »fragte, ob er nicht der Meinung sei, dass es Zeit für eine gemeinsame Geschäftssprache sei.«[9] Im April 1959 lud Grace zu einem Folgetreffen an der University of Pennsylvania ein, wo sie einen Lehrauftrag hatte. Alle Anwesenden stimmten mit Mary überein: Die Zeit war reif für eine gemeinsame, wirtschaftlich sinnvolle und hardwareunabhängige Programmiersprache. Sperry Rand war nicht das einzige Unternehmen, das bis über beide Ohren in kostspieligen

---

* Die biblische Metapher wurde von Grace Hopper verwendet und blieb erhalten. Sogar das Cover von Jean Sammets Standardwerk Programming Languages: History and Fundamentals, die erste großen Analyse des Fachgebiets, zeigt einen spiralförmigen Turm mit den Namen von hundert verschiedenen Sprachen.

Dateninstallationen steckte; in Grace' informellem Ausschuss saßen Konkurrenten von IBM und der Radio Corporation of America (RCA), die alle unter denselben Kinderkrankheiten der Branche litten. Aber das Projekt brauchte einen neutralen – und einflussreichen – Sponsor. Grace nutzte einige ihrer Verbindungen zur Marine und wandte sich an das Verteidigungsministerium, das zu jener Zeit 225 Computeranlagen betrieb und viele weitere plante.

Nur einen Monat nach dem Treffen an der Penn veranstaltete das Verteidigungsministerium im Pentagon die erste Konferenz zu Data Systems and Language, kurz CODASYL. Alle großen Computerhersteller schickten Mitarbeiter, die sich mit Vertretern der Regierung und der Privatwirtschaft austauschten.* Das gemeinsame Ziel war eine zukunftsorientierte, leicht zu verwendende Sprache, vorzugsweise in einfachem Englisch, die unabhängig von einer bestimmten Maschine sein sollte. Es wurden drei Ausschüsse gebildet: ein Kurzzeit-, ein Mittelfristiger- und ein Langzeitausschuss. Das erste Komitee sollte bestehende Compiler wie den FLOW-MATIC von Grace Hopper, FORTRAN und die von der Luftwaffe entwickelte AIMACO-Sprache untersuchen, um zu entscheiden, was davon gut funktionierte und was nicht.[10] Nach dieser Analyse würden sie Spezifikationen für eine Übergangssprache erstellen. Der Mittelfristige Ausschuss sollte die Sprachsyntax und die Trends bei den Geschäftssprachen untersuchen und auf den Ergebnissen der ersten Gruppe aufbauen. Der Langzeitausschuss schließlich sollte alle Ergebnisse der ersten beiden Gruppe zusammenfassen und sie zur Entwicklung einer universellen Geschäftssprache nutzen. Ein streng abgestufter Prozess, mit Zielvereinbarungen bei jedem Schritt: ganz ehrlich, so etwas können sich nur Computerprogrammierer ausdenken.

In den Ausschüssen ging es sofort drunter und drüber. Eine Art Übergangssprache zu schaffen, wurde schließlich abgelehnt, es war viel zu zeitaufwendig und teuer, ein Wechsel der Sprache war zu aufwendig. Grace schätzte, dass die Implementierung eines neuen Compilers bei Sperry Rand

* 1959 gehörten dazu IBM, Honeywell, RCA, General Electric, Burroughs, National Cash Register, Philco, Sylvania, International Computers and Tabulators und Sperry Rand, das Unternehmen, das aus der Fusion von Remington Rand und Sperry Gyroscope hervorging.

945 000 Dollar und 45,5 Mannjahre kosten würde – der Begriff »Kilogirl-Stunden« war zu diesem Zeitpunkt längst aus dem Sprachschatz verschwunden. Egal, welche Übergangssprache der Kurzzeitausschuss geschaffen hatte, es musste bei dieser Sprache bleiben.

»Diese Sprache sollte auf keinen Fall eine Zwischenlösung sein«, schlussfolgerte Betty Holberton, Grace' alte Kollegin von Eckert-Mauchly und Mitglied im Kurzzeitausschuss. Sie leitete zu diesem Zeitpunkt bei der Marine das Programmieren für Fortgeschrittene im Zentrum für Angewandte Mathematik. »Diese Sprache war für mich das Maß aller Dinge.«[11] Der Kurzzeitausschuss, dem drei Frauen angehörten (neben Holberton und Mary Hawes auch Jean E. Sammet[12] von Sylvania Electric Products, ebenfalls ein Schützling von Hopper), hatte die Aufgabe, die neue Geschäftssprache in weniger als drei Monaten zu schreiben. Da Programmierer Akronyme lieben, wurde die Gruppe als PDQ-Komitee[13] bekannt (Pretty Damn Quick) – sie mussten verdammt schnell ganze Berge von Codes bewegen. Das PDQ machte seinem Namen alle Ehre und legte im Dezember 1959 seine Ergebnisse vor, die neue, gemeinsame, geschäftsorientierte Sprache COBOL. Schon im darauffolgenden Januar wurden die Spezifikationen gedruckt. Zur Gründung des Langzeitausschusses kam es dann gar nicht mehr.

COBOL veränderte die Welt. Das Verteidigungsministerium führte alle seine Computerinstallationen mit COBOL aus und bestand darauf, dass die Lieferanten Hardware zur Verfügung stellten, die diese Sprache unterstützte. Es gab damit der Computerindustrie ein Jahrzehnt lang die Richtung vor. Zehn Jahre nach seiner Einführung, war COBOL die am weitesten verbreitete Programmiersprache und um die Jahrtausendwende waren 80 Prozent des gesamten Codes *auf der ganzen Welt* in COBOL geschrieben, was etwa 70 Milliarden Codezeilen entsprach. Dies erwies sich dann allerdings als ein großes Problem: CODASYL hatte sich aufgrund der begrenzten Speicherkapazitäten der Computer aus den 1950er-Jahren entschieden, nur zweistellige Jahreszahlen zu verwenden. Deswegen befürchtete man im Jahr 2000, die Umstellung von »99« auf »00« würde die Welt wegen eines viel beschworenen »Y2K-Bugs« ins Chaos stürzen. Zahlreiche COBOL-Programmierer mussten tatsächlich aus dem Ruhestand geholt werden, um diese letzte und haarigste Motte in der Maschine zu zerquetschen. Das zeigt, wie effektiv die

Bemühungen von Grace Hopper waren. Die Softwareindustrie, die dringend einen Standard benötigte, stürzte sich auf COBOL. Doch obwohl die Sprache dafür gedacht war, die Zukunft des Programmierens zu retten, ahnten ihre Entwickler nicht, wie lange sie tatsächlich Bestand haben würde.

COBOL wurde geschrieben, um den Bedürfnissen einer Vielzahl von Benutzern gerecht zu werden; es opferte Eleganz für Lesbarkeit und dem Bestreben, unabhängig vom verwendeten Computer zu werden. Es hat auch den Ruf, sperrig, langatmig und verworren zu sein. Die meisten Programmierer verabscheuen es ausdrücklich.[14] In mehreren Lehrbüchern wird es komplett weggelassen. Die akademische Informatikgemeinschaft, die bei der Entwicklung nicht konsultiert worden war, lehnte es ab, sich damit zu befassen. Der niederländische Informatiker Edsger W. Dijkstra schrieb, dass COBOL »den Verstand verkrüppelt«, und fügte hinzu, dass »seine Lehre daher als Straftat angesehen werden sollte.«[15] Jargon File, ein Hacker-Wörterbuch, das seit Mitte der 1970er-Jahre über verschiedene Computernetzwerke Computer-Slang gesammelt hat und schließlich 1983 erstmals als *The Hacker's Dictionary* veröffentlicht wurde, enthält die wohl am weitesten verbreitete Definition von COBOL:

> **COBOL: //Koh‹Bol/, N.**[16]
> [Common Business-Oriented Language] (Synonym von böse.) Eine schwache, langatmige und schlaffe Sprache, die von Code-Grindern benutzt wird, um langweilige, geistlose Dinge auf Großrechnern aus der Zeit der Dinosaurier zu erledigen. Hacker glauben, dass alle COBOL-Programmierer Anzugträger oder Code-Grinder sind. Kein Hacker, der etwas auf sich hält, wird jemals zugeben, diese Sprache gelernt zu haben. Ihr Name wird selten ohne weit verbreitete Ausdrücke des Ekels oder der Abscheu ausgesprochen.

Die Erfinder von COBOL taten dies ab, als »Reaktion von Snobs«.[17] Jean Sammet, eine der Vorsitzenden des CODASYL-Ausschusses und eine große Bewunderin von Grace Hopper, wies darauf hin, dass »Nützlichkeit und Eleganz nicht unbedingt dasselbe sind.« Sie erinnerte an die monumentale Bedeutung dieser Aufgabe: COBOL ist der Versuch eines Teams von Konkurrenten, ihre persönlichen Geschäftsinteressen beiseitezuschieben und etwas zu schaffen, das allen Beteiligten nützt. Viele von ihnen hatten bestehende Projekte für Geschäfts- oder kommerzielle Softwaresprachen geopfert, um an diesem Projekt mitzuarbeiten. COBOL wurde von einem Ausschuss entwickelt, der einen technologischen Waffenstillstand voraussetzte, einen Waffenstillstand zum Wohle der Kunst.

Nach Einschätzung von Jean Sammet hat Grace Hopper »mehr als jede andere Einzelperson dazu beigetragen, eine Menge dieser Konzepte aus administrativer, verwaltungstechnischer und auch aus technischer Sicht zu verkaufen.«[18] Deswegen gilt Grace heute als »Grandma COBOL«. Wie eine Großmutter war sie zwar für das Kind verantwortlich, brachte es aber nicht zur Welt. Ihr diplomatisches Geschick brachte Konkurrenten, Programmierer, Berufsverbände, das Militär und Kunden zusammen. Ihr geschicktes, diplomatisches Beharren darauf, dass dieser Meilenstein in friedlicher Kooperation erreicht werden sollte, und nicht getrieben vom Wettbewerb um Marktanteile, war ihrer Zeit um 30 Jahre voraus: Die nächste Generation von Programmierern, die ins Berufsleben eintrat, mag über die schwerfällige Syntax von COBOL gespottet haben, aber viele wendeten ihrerseits ein ähnliches Modell des geteilten Innovationsprozesses an. Wie ihr Biograf hervorhebt, hatte Grace damit also schon vier Jahrzehnte vor der Open-Source-Software-Bewegung die Idee, Programme als ein gemeinschaftliches Projekt zu entwickeln, und zwar mit einem von ihr mobilisierten Netzwerk von freiwilligen Programmierern. Für die Entwicklung der Computertechnik war die Schaffung gemeinsamer Sprachen wichtig, die auch dann Bestand hatten, wenn neue Hardware auf den Markt kam und wieder verschwand. Wären die Programmierer gezwungen, jedes Mal bei Null anzufangen, wären sie auf ewig hinterhergehinkt. Das automatische Programmieren – und die Grundlage von Effizienz, Zugänglichkeit und Produktunabhängigkeit, auf der es beruhte – ermöglichte die Entwicklung des Programmierens als zweckorientierte Kunstfertigkeit.

Abgesehen von Grace waren auch viele andere Frauen an der Entwicklung des automatischen Programmierens beteiligt, und zwar in einem überproportionalen Ausmaß, selbst im Vergleich zur Demografie ihrer Branche. So wie Betty Holberton mit ihrem Sort-Merge-Generator, entwickelten sie Compiler und Generatoren. Bei Remington Rand entwickelte Adele

Mildred Koss, eine ehemalige UNIVAC-Programmiererin aus der Zeit von Eckert-Mauchly, einen Editing Generator, der die Spezifikationen einer Datei las und automatisch ein Programm zur Umwandlung in verschiedene Formate erstellte; diese Idee wurde von Nora Moser weiterentwickelt, einer Programmiererin in der Kartografieabteilung der Armee, die als eine der ersten den A-2-Compiler von Grace implementierte. Moser arbeitete auch im PDQ-Ausschuss mit, zusammen mit drei anderen Frauen, Deborah Davidson von Sylvania, Sue Knapp von Honeywell und Gertrude Tierney von IBM.[19] Dem endgültigen sechsköpfigen Komitee, das die COBOL-Spezifikationen entwickelte, gehörten zwei Frauen an, Gertrude Tierney und Jean Sammet, eine der ersten Personen, ja sogar eine der ersten Frauen, die in den Vereinigten Staaten die Computerprogrammierung auf Graduiertenebene lehrten.

Zugegeben, die bürokratische Arbeit der Ausschüsse für Programmierstandards und die hochtechnische Arbeit des Compilerentwurfs lassen sich heute nur noch schwer korrekt wiedergeben, aber für viele dieser Frauen war der Fortschritt des automatischen Programmierens eine Chance, ihre eigene Bedeutung zu behaupten, insbesondere gegenüber den Hardware-Ingenieuren. Ein Compiler, bemerkte Nora Moser, sei wie ein »Pseudocomputer«, eine Maschine, die nur aus Code besteht,[20] und Grace Hopper bemerkte, dass er eine »zweite Ebene« jenseits der Funktionsweise der Maschine selbst darstelle, reproduzierbar und leicht genug, um mit der Post verschickt zu werden. Damit waren die ProgrammiererInnen auf einer Ebene mit den Ingenieuren – sie stellten Verbindungen mit Variablen her, anstatt Drähte zu löten.

Wie Grace, waren auch diese Frauen völlig überarbeitet. Ihre Arbeitgeber erwarteten oft von ihnen, dass sie neben dem Schreiben, Testen und Debuggen von Computercode auch noch die Kundenbetreuung erledigten. In einer explosiv wachsenden Branche war dies nahezu unmöglich und in vielen Fällen sogar kontraproduktiv. Da sie jedoch »über das Fachwissen verfügten, um Lösungen zu entwickeln, und gleichzeitig das Ziel hatten, Programmieren sowohl für Experten als auch für Anfänger zu vereinfachen«,[21] bot sich ihnen die einzigartige Möglichkeit, echte Veränderungen herbeizuführen. Und das taten sie auch. Grace Hopper war nicht die erste Frau, die ans Programmieren glaubte, egal ob automatisch oder anders. Viele Kolleginnen von Grace arbeiteten unermüdlich an der Entwicklung und Standardisierung von Programmierstrategien, die die frühe Computerindustrie veränderte, so wie Ada Lovelace ein Jahrhundert zuvor den geistigen Sprung von der Hardware zur Software geschafft hatte. Doch obwohl die Differenzmaschine nie fertiggestellt wurde und die Analytical Engine nur in der Fantasie existierte, wusste Ada genau wie Grace: Ein Computer, der nur eine Sache kann, ist kein richtiger Computer.

Er ist nur eine Maschine.

KAPITEL FÜNF
DIE COMPUTER-GIRLS

Im April 1967 erschien in der *Cosmopolitan* ein Artikel zum Thema Programmieren mit dem Titel »The Computer Girls«. Diese »Girls«, so die Zeitschrift, leisteten im Zeitalter der »großen, schillernden Computer eine ganz neue Art von Arbeit für Frauen«. Sie brachten den »Wundermaschinen bei, was sie tun und wie sie es tun sollten.« So wie eine Frau 20 Jahre zuvor vielleicht eine Karriere als Erzieherin, Krankenschwester oder Sekretärin gewählt hätte, könnte sie heute, so die Autorin, eine Karriere als Computerprogrammiererin in Betracht ziehen. Auf den Fotos zu dem Artikel ist eine IBM-Systemingenieurin namens Ann Richardson abgebildet, die mit Lochkarten hantiert, Schalter umlegt und »Daten in den Computer eingibt«.[1] Sie sieht schick aus, mit ihrer gestreiften, ärmellosen Bluse und den hochtoupierten Haaren. Umgeben ist sie von Männern, die alle den gleichen Anzug tragen und auf sie herabblicken, während sie strahlend lächelt, ein Minirock zwischen Großrechnern.

Grace Hopper, inzwischen Anfang 60, war wieder im aktiven Dienst der Marine und leitete eine Arbeitsgruppe für Programmiersprachen im Office of Information Systems Planning. In dem *Cosmopolitan*-Artikel wird sie mit einer ihrer Lieblingsanalogien über Frauen und Programmieren zitiert: Sie verglich das Schreiben von Programmen mit der Planung einer Dinner Party: »Man muss alles im Voraus planen und zeitlich so einteilen, dass es fertig ist, wenn man es braucht.«[2] Das mag auf den ersten Blick wie eine recht verkürzte Zusammenfassung erscheinen, wenn man bedenkt, dass Grace eines

Tages ein taktisches System für die gesamte amerikanische Atom-U-Boot-Flotte entwickeln würde. Aber das war ganz typisch für Grace, praktische Anwendungen waren ihr das Wichtigste, und sie verband Computer immer mit dem lebendigen, atmenden, alltäglichen Leben. Das letzte Wort in dem *Cosmopolitan*-Artikel kommt jedoch von einem männlichen Programmierer. »›Natürlich haben wir die Girls gerne um uns herum‹, erklärt er, » ’sie sind hübscher als wir.‹«[3]

Irgendetwas ist mit der Generation von Programmiererinnen nach Grace Hopper und ihren Kolleginnen geschehen. Obwohl der *Cosmo*-Artikel den Eindruck erweckt, dass Frauen ermutigt wurden, Programmieren als Alternative zur Sekretariatsarbeit anzustreben, wurde das Gebiet für Frauen schnell weit weniger attraktiv, als es noch ein Jahrzehnt zuvor gewesen war. Einigen Schätzungen zufolge lag der Anteil der Programmiererinnen in den 1960er-Jahren zwischen 30 und 50 Prozent, aber anstatt Abteilungen zu leiten und die Kunst voranzubringen, begannen sie, sich »am unteren Ende des Berufspools«[4] zu sammeln, in Jobs mit niedrigerem Status, wie dem des Keypunch-Operators, dem Äquivalent der Dateneingabe in den 1960er-Jahren: jemand, der den lieben langen Tag kleine Löcher in Papierkarten stanzt.

Zur gleichen Zeit schrieben Technologieexperten oft und gerne über eine »Softwarekrise«, die die Computerindustrie heimsuchte. Aufgrund des massiven Mangels an qualifizierten Programmierern wurden Softwareprojekte mit Verspätung und vielen Fehlern abgeliefert und erfüllten die vereinbarten Spezifikationen nicht. Viele davon waren dramatische Misserfolge, die zum Teil auch an die breite Öffentlichkeit gelangten:[5] Anfang der 1960er-Jahre lieferte zum Beispiel IBM das Betriebssystem OS/360 mit einem Jahr Verspätung und viermal so teuer wie vereinbart aus, und die NASA war gezwungen, die Raumsonde *Mariner I*, die eigentlich die Geheimnisse der Venus erforschen sollte, wegen eines einfachen Programmierfehlers zu zerstören.

Ein Programm zu schreiben, mag ähnlich wie die Planung einer Dinner Party sein, es erfordert jedoch Perfektion auf einem Niveau, das wohl mit keinem anderen menschlichen Projekt vergleichbar ist; ein einziges falsch gesetztes Komma kann dafür sorgen, dass eine Rakete zurück auf die Erde plumpst. »Wenn auch nur ein Zeichen, eine Pause der Beschwörungsformel nicht an der richtigen Stelle ist, funktioniert die Magie nicht«,[6] schrieb

Frederick Brooks, der das katastrophale OS/360-Betriebssystem bei IBM leitete. Das macht es wirklich schwer, Programmieren zu erlernen. In den ersten Jahrzehnten der Computerei war dies auch ein entscheidender Faktor, der die industrielle Massenproduktion der Computerhardware bremste: Software zu schreiben ist wie Poesie, jedoch mit der unerbittlichen Präzision von Gleichungen. Sie hat das Potenzial, das Leben der Menschen in einem noch nie da gewesenen Ausmaß zu verändern.

Einige Historiker haben die »Softwarekrise« auf die ungleich schnelle Entwicklung von Hardware und Software zurückgeführt: Als immer schnellere und leistungsfähigere Computer zum Einsatz kamen, konnten die Programmierer nicht mehr mithalten. Andere haben einen Persönlichkeitskonflikt zwischen Programmierern – wenn nicht Frauen, so doch einzigartig kreative, schwierige und gelegentlich arrogante Männer – und ihren engstirnigen Managern in Industrie und Regierung angeführt.[7] Aber es gibt noch eine dritte Sichtweise: dass die Softwarekrise mit dem langsamen aber unerbittlichen Rückgang von Frauen in leitenden Programmierpositionen in der gesamten Branche zusammenfiel.

In den späten 1960er-Jahren, als *Cosmo* das Programmieren als gute Alternative zur Bedienung von Bürotelefonen anpries, wurden Frauen in der Computerbranche deutlich schlechter bezahlt als ihre männlichen Kollegen. Der Tradition folgend, die ins 19. Jahrhundert zurückreicht, als Frauen in Rechenbüros eingestellt wurden, um Geld zu sparen, erhielten Programmiererinnen etwa 7763 Dollar pro Jahr, während Männer für die gleiche Arbeit im Durchschnitt 11 193 Dollar erhielten. Diese Diskriminierung[8] in Verbindung mit der fehlenden strukturellen Bereitschaft, für Kinderbetreuung zu sorgen, trieb Frauen aus der Branche. Die Verschärfung der Softwarekrise führte schließlich dazu, dass die NATO 1968 eine internationale Konferenz einberief, um das Problem anzugehen. Frauen waren nicht geladen.

Sie fand in Garmisch-Partenkirchen statt. Zwischen den Abfahrten auf den Pisten der Zugspitze bastelten die teilnehmenden Männer ein neues Konzept zum Programmieren zusammen. Sie hofften, dass dieses Konzept einige der Probleme in den Griff bekommen würde, die die Computerindustrie plagten. Die wichtigste Änderung, die sie vornahmen, war wohl semantischer Natur: Sie beschlossen, dass *Programmieren* künftig als

Software-Engineering bezeichnet und als ein Zweig des Ingenieurwesens behandelt werden sollte, und nicht wie ein wild wucherndes Feld-und-Wiesen-Areal, das von gnadenlos unabhängigen, selbstbestimmten Außenseitern und Frauen durchstreift wird. Es sollte ein Beruf mit einer klaren Qualifikation sein, keine nebulöse Priesterschaft. Diese Veränderung signalisierte eine umfassende, neue Ausrichtung des beruflichen Status der Informatik, die sich in den 1960er- und 1970er-Jahren durch Fachzeitschriften und Fachgesellschaften, Einstellungspraktiken und Zertifizierungsprogramme zog. Je mehr sich die Disziplin professionalisierte, desto mehr wurde sie implizit männlich. Durch die Einführung formaler Bildungsvoraussetzungen[9] für Programmierjobs, wurde es beispielsweise für Autodidakten schwieriger, eine Anstellung zu finden – eine Veränderung, die vor allem weibliche Bewerberinnen benachteiligte, insbesondere diejenigen, die zum Beispiel während ihrer Ausbildung eine Kinderpause gemacht hatten. Obwohl das Programmieren von Computern ursprünglich »als Frauenarbeit begann«, schreibt der Historiker Nathan Ensmenger, »sollte es männlich *gemacht werden.*«[10]

Der Wechsel von der *Programmierer(in)* zum *Softwareingenieur,* war für weibliche Programmiererinnen ein leicht zu deutendes Signal. Das neue Paradigma, so subtil es auch erscheinen mag, »brachte unausgesprochene Vorstellungen darüber mit sich, welches Geschlecht die Praxis und den Status des Programmierens am besten aufwerten könnte«,[11] schreibt Janet Abbate. Sie argumentiert, dass dieser symbolische Ausschluss in Verbindung mit den konkreteren Faktoren – Lohndiskriminierung, fehlende Kinderbetreuung, Mangel an angemessener fachlicher Betreuung und Unterstützung – den Frauen signalisierte, die Computerbranche zu meiden, als diese gerade unter einem branchenweiten Mangel an Talenten litt. Das Salz in der Wunde oder die Ironie dabei: Die Fähigkeiten, die Programmiererinnen mitbrachten, waren eigentlich genau die, welche die »Softwaretechnik« so dringend benötigte.

Die Softwarekrise war letztendlich eine Krise der Zuverlässigkeit. Projekte wurden regelmäßig verspätet abgeliefert und überstiegen das Budget, weil sie auf unsoliden Erwartungen aufbauten. Um gute Software zu schreiben, muss man dem Kunden genau zuhören können, verworrene Probleme aus dem ganz normalen Leben in ausführbare Programme zergliedern und die Bedürfnisse von technisch nicht versierten Benutzern voraussehen können. Trotz ihres Rufs als Disziplin für introvertierte Perfektionisten, sind soziale Fähigkeiten beim Programmieren wertvoll, ja sogar unerlässlich. Grace Hopper hat das verstanden. Nicht zuletzt durch ihr frühes Selbststudium in einem breiten Spektrum von nichttechnischen Bereichen wurde sie zu einer so außergewöhnlich kompetenten Programmiererin. Zur Verbindung zwischen »den Computerleuten« und der Kundenwelt da draußen, zwischen den anstehenden Problemen und den möglichen Anwendungen brauchte man »Menschen, die mehrere Sprachen beherrschen«,[12] wie sie 1968 einem Historiker sagte.

Es ist nicht von Natur aus eine weibliche Eigenschaft, im übertragenen Sinn über ein Vokabular von mehreren Sprachen zu verfügen, aber weiche Kommunikationsfähigkeiten werden sicherlich eher als weibliche Werte sozialisiert. Während der Softwarekrise wurden Aspekte des Softwaredesigns, die sich auf »stereotyp weibliche Fähigkeiten der Kommunikation und persönlichen Interaktion« stützen, »geringgeschätzt und vernachlässigt«.[13] Sie wurden von männlichen Programmierern ignoriert und in den Lehrplänen für Softwaretechnik übergangen. Darunter hat die Branche gelitten, und vielleicht leidet sie bis heute darunter.

Die ersten Computer waren bereits veraltet, bevor sie wirklich einsatzfähig waren. Der Mark I führte zum Mark II, dann zum Mark III; der Entwurf des ENIAC war kaum fertig und wurde gebaut, da arbeiteten Mauchly und Eckert bereits an seinem Nachfolger. Diese frühen Computer hatten nur eine Lebensdauer von wenigen Jahren, bevor etwas Kleineres, Schnelleres und Intelligenteres auf den Markt kam – was sich bis in die heutige Zeit fortsetzt, und zwar in rasantem Tempo. Gleiches gilt für das Programmieren, das sich in weniger als einem Jahrzehnt von einer lästigen Nebensache zu einer wahren Kunstform entwickelt hat. Im Jahr 1950, als die leistungsfähigsten Rechenmaschinen der Welt noch ganze Büroetagen beanspruchten, schätzte IBM, dass der weltweite Markt für Computer insgesamt ganze fünf Stück sein würde. Doch schon 1960 waren weltweit 2000 Computer im Einsatz. In den 1990er-Jahren, als ich dann online ging, verkaufte IBM 400 000 Systeme pro Woche.[14] Lochkarten wurden zu Magnetbändern, Code wurde zu Sprache, Transistoren wurden zu integrierten Schaltkreisen und dann zu Mikroprozessoren, die in exponentiellen Sprüngen miniaturisiert wurden, während die Gehäuse, in denen sie untergebracht waren, Bildschirme und Tastaturen bekamen und zu Haushaltsgegenständen und Portalen wurden, mit denen man arbeitete, spielte und mit anderen Menschen kommunizierte.

Wenn ich an die ersten weiblichen Computer denke, die in gut organisierten Gruppen über Zahlentabellen brüteten, habe ich das Gefühl, dass es da einen versteckten Katalysator gibt. Etwas, das eine Abfolge von Ereignissen ausgelöst zu haben scheint, die zum heutigen Zustand einer recht unzugänglichen Technologie führte. Die Frauen, die das Programmieren erfanden und als Vermittlerinnen zwischen Metall und Geist arbeiteten, wurden zu den Frauen, welche die eleganten Abstraktionen der Sprache schrieben, die es uns ermöglichten, mit Computern zu sprechen, wie wir mit Menschen sprechen. Ihre Innovationen sind etwas schwieriger festzumachen als die, welche die Computerhardware miniaturisierten und verfeinerten. Der ENIAC besteht in Einzelteile zerlegt aus 40 Komponenten. Sie sind in Museen über ganz Amerika verstreut. Aber er ist immer noch etwas Greifbares, ein *Ding*, ein Beweis für seine eigene Existenz. Die ENIAC-Programme dagegen waren Operationen, die in der damaligen Zeit durchgeführt wurden. Sie existierten nur in jenen kurzen Momenten, in denen der Strom durch die Verbindungskabel floss, wie durch eine Kette aus Gänseblümchen, die für diese Aufgabe zusammengesteckt worden sind, bevor sie immer wieder aufs Neue auseinandergenommen und neu angeordnet wurden.

Die Architektinnen dieser flüchtigen Arrangements – die Kilogirls, Computer-Girls, Operatorinnen, Programmiererinnen, wie immer man sie nennen will – haben die Welt verändert. Wie die Kulturtheoretikerin Sadie Plant so elegant schreibt: »Als Computer noch riesige Systeme aus Transistoren und Röhren waren, die in Gang gesetzt werden mussten, waren es Frauen, die sie einschalteten. Sie haben nicht nur einen nebensächlichen Beitrag zu einer Geschichte geleistet, die im Übrigen vom Mann handelt: Als es Computer aus miniaturisierten Schaltkreisen auf Siliziumchips gab, waren es Frauen, die sie zusammensetzten [...] Als Computer virtuell wirkliche Maschinen waren, schrieben Frauen die Software, auf der sie liefen. Und als *Rechner* noch ein Begriff war, der Rechenarbeiter aus Fleisch und Blut bezeichnete, waren die Körper dieser Rechner weiblich.«[15] Mit unseren Gehirnen des 21. Jahrhunderts haben wir alle theoretisch die Chance, so klug zu sein, wie Ada Lovelace, wie die Computer-Girls von Harvard oder wie jemand, der oder die ballistische Berechnungen an der University of Pennsylvania während des 2. Weltkriegs macht. Aber es gibt auch eine Grenze, wie weit wir kommen, bevor wir die ultimative Schwelle erreichen – die gläserne Decke über der gesamten Menschheit. Mein derzeitiger Rechner, ein Spitzenmodell des MacBook Pro, wird veraltet sein, wenn diese Worte in Druck gehen. Der Maschinencode, von dem Grace Hopper einst träumte, er würde sich eines Tages selbst schreiben, er ist jetzt der Motor, der die Welt antreibt. Er hat es mir ermöglicht, die Frauen zu finden, denen wir in diesem Buch noch begegnen werden. Es war möglich, ihnen einfach so eine E-Mail zu schicken, ihren immer weniger gepixelten Gesichtern zuzuwinken und Pläne zu schmieden, die damit endeten, dass ich in ihren Wohnzimmern Handbücher und Fotos anschaue und grünen Tee trinke. So ist das eben mit weltverändernden Technologien.

Man weiß nie so genau, was daraus wird oder wohin sie uns führen.

TEIL ZWEI

VERBINDUNGS-EXPEDITION

KAPITEL SECHS

DIE LÄNGSTE HÖHLE

Die längste Höhle der Welt liegt im Herzen von Kentucky. Ihre Kalksteinpassagen erstrecken sich weit über 600 Kilometer unter der Erde in verschlungenen Mustern, die ähnlich verworren sind, wie die Wurzeln der alten Hickory-Wälder darüber. Höhlenforscher durchqueren darinnen schier bodenlose Gruben, passieren Fontänen aus orangefarbenem Stein und entdecken tiefe, eisige unterirdische Flüsse. Zwischen der sonnenbeschienenen Welt oben und den Tiefen darunter wirbelt weißer Nebel auf Knöchelhöhe, wie der Atem von Geistern.

Erbittert haben die Einwohner von Kentucky um den Zugang zu den Geheimnissen der Mammoth Höhlen gekämpft. Im frühen 20. Jahrhundert lockten hartgesottene Einheimische Touristen in die Dolinen auf ihrem Land und lösten damit wahre »Höhlenkriege« aus, die erst aufhörten, als die Verwaltung der Nationalparks die Kontrolle darüber übernahm. Sie vertrieb die Landbesitzer und baute Treppen, unterirdische Toiletten und sogar einen beeindruckenden Speisesaal gut 80 Meter unter der Erde, dessen Decke mit Schneebällen aus Gipskristallen bedeckt ist. Begeisterte Höhlenforscher betreten heute die inoffiziellen Eingänge von Mammoth durch verschlossene Gitter mit Schlüsseln, die sie von der Parkverwaltung erhalten. Sie nehmen kleine Karbid-Stirnlampen mit, um sich warmzuhalten und die Dunkelheit zu erhellen.

Die ersten Menschen, die Mammoth kartografierten, waren Sklaven, die von den Grundbesitzern eingesetzt wurden, Touren unter der Erde zu führen. Der erste dieser Führer, Stephen Bishop (ca. 1821–1857), gab den unterirdischen Sehenswürdigkeiten Namen – den River Styx, den Snowball Room, die Little Bat Avenue – und er entdeckte die augenlosen, weißen Fische*, die dort in den tiefsten Gewässern schwimmen. Als Bishop zusammen mit den Höhlen an einen Arzt aus Louisville verkauft wurde, erhielt er den Auftrag, aus dem Gedächtnis eine Landkarte der Gänge zu zeichnen. Wie es bei Plänen von Höhlen durchaus vorkommt, sah seine Zeichnung aus, wie »eine Schüssel Spaghetti, die auf den Boden gekippt wurde«,[1] aber sie zeigte die insgesamt fast 16 Kilometer langen Gänge, die Bishop entdeckt hatte, und mehr als 50 Jahre lang war das die genaueste Karte vom unterirdischen Gängegewirr von Mammoth. Ein Jahrhundert nachdem Bishop in der Nähe des Haupteingangs der Höhle begraben worden war – lediglich eine Zeder erinnert an sein Grab –, wurde eine namenlose Nudel,[2] ein Gang, der vom unterirdischen Echo River abzweigt, zum Schauplatz eines bedeutenden Ereignisses.

Zu Bishops Lebzeiten beanspruchte jeder Landbesitzer dort in Kentucky einen Höhleneingang für sich; wenn es sich nicht um eine natürliche Doline handelte, dann war es ein mit Dynamit aufgesprengter Spalt. Bishop glaubte, dass all diese Höhlenfragmente Teil eines größeren Systems waren, und seine Vermutung wurde von Generationen von Höhlenforschern in Kentucky geteilt. An den unwirtlichsten Stellen, selbst ganz am Ende der entlegensten Passagen *atmen* die Höhlen: Kalte Luft flüstert Kilometer tief unter der Oberfläche und Wasser versickert immer tiefer und tiefer in die Erde.

Um Bishops Verbindungstheorie zu beweisen, wurde die Cave Research Foundation gegründet, eine bunt zusammengewürfelte Gruppe von Höhlenforschern, die fast 20 Jahre damit verbrachte, auf einer Landkarte die verschiedenen Höhlen in der Umgebung von Mammoth zu einem einzigen großen sogenannten Flint-Ridge-System zu verbinden. Das Ganze war eine Art Familienprojekt: Sobald die Kinder, die in den Wäldern rund um die Schindelhütte der Foundation aufwuchsen, alt genug waren, stießen sie

* Die nachfolgenden Generationen der Sklaven, die als Höhlenführer arbeiteten, verkauften diese Fische an Touristen und kauften sich dann mit dem erworbenen Geld frei.

zu den am weitesten entfernten Punkten vor, die von ihren Müttern und Vätern erforscht worden waren und versuchten, weiter voranzukommen. Bis 1972 hatte die Cave Research Foundation fast jeden Weg im Gebiet des Flint Ridge bis zu seinem Endpunkt erforscht. Manchmal musste man dafür zehn Stunden lang auf dem Bauch durch Tunnel kriechen. Die Entdeckung des letzten fehlenden Verbindungsstückes stand damals unmittelbar bevor.

Die Höhlenforscher glaubten, dass die Höhlen von Flint Ridge am Vermessungspunkt Q-87 hinter einer Sandsteinverwerfung auf die Höhlen von Mammoth treffen würden. Aber es war eine mühsame Arbeit, die Sandsteinblöcke in diesem abgelegenen Höhlenteil, kilometerweit unter der Oberfläche, mit Metallrohren aus dem Weg zu räumen. Eine Gruppe versuchte deswegen, eine alternative Route durch eine enge, vertikale Spalte zu finden, die »Tight Spot« genannt wurde. Der Humor der Höhlenforscher hatte eine nihilistische Ader: Der »Tight Spot« war eine dunkle Spalte, die so eng war, dass sich nur eine Person aus der Gruppe hineinwagte. Es handelte sich um eine schmächtige Computerprogrammiererin, die gerade einmal 52 Kilogramm wog und Patricia Crowther hieß.

Pat zwängte sich in die enge Spalte und kam am anderen Ende auf einer Schlammbank wieder heraus. Im kühlen Karbidlicht entdeckte sie die Visitenkarte eines früheren Besuchers: die in die Wand eingravierten Initialen »P. H.« Als sie wieder zurück an der Oberfläche war, beschloss ihre Gruppe, diese Entdeckung erst einmal für sich zu behalten. Jeder, der mit der Gegend vertraut war, kannte die Geschichte vom alten Pete Hanson, der Mammoth vor dem Bürgerkrieg erkundet hatte. Das mussten seine Initialen dort unten sein, was nur eines bedeuten konnte: Die beiden Gebiete Flint Ridge und Mammoth waren tatsächlich miteinander verbunden, eine einzige, zusammenhängende Höhle, die sich über knapp 550 Kilometer erstreckte. Diese monumentale Entdeckung ging als der Mount Everest der Höhlenforschung in die Geschichte ein.

Zehn Tage später kehrte Pat zurück, um zusammen mit Kollegen die Verbindung genauer zu erforschen. Kurz hinter dem Tight Spot wateten sie bis zur Brust im schlammigen Wasser, bis gerade mal noch 30 Zentimeter Luft zwischen dem unterirdischen Fluss und der tropfenden Höhlendecke war. Durchnässt und mit Schlamm »wie mit Schokoladenglasur«[3] überzogen, mussten sie höllisch aufpassen, dass ihre Stirnlampen trocken blieben. Augenlose Flusskrebse hüpften um ihre Hüften. Als sich der Gang weitete, erblickten sie in einer geräumigen, unterirdischen Halle den Rand eines Geländers: Es war ein Touristenpfad im Herzen der Mammoth Höhle. Das bedeutete, die Verbindung war gefunden. Nur wenige Augenblicke zuvor waren sie weiter entfernt von dem erschlossenen Gebiet gewesen als alle anderen Höhlenforscher in der Geschichte; jetzt waren sie plötzlich nur wenige Schritte von einer öffentlichen Toilette entfernt. Sie purzelten übereinander im Wasser und fielen sich weinend in die Arme.

Auf der Rückfahrt zum Basislager »auf dem Rücksitz des Pick-ups eines Parkrangers, blickten sie zu den hellen Sternen in den Sommerhimmel hinauf. Auf der offenen Ladefläche liegend, während die Baumkronen über ihnen vorbeizogen und hinter ihnen in der Dunkelheit verschwanden«,[4] dachten sie in aller Stille über ihre Heldentat nach. Die lange Fahrt verstärkte den tiefen, bewegenden Eindruck: Hatten sie wirklich diese elf Kilometer unter der Erde zurückgelegt? Ihre letzte Passage durch den Tight Spot und jenseits dessen, was später als Hanson's Lost River bekannt werden sollte, folgte einer unmarkierten Linie auf Stephen Bishops handgezeichneter Karte von 1839. Nach Champagner mit Hamburgern schliefen sie im Morgengrauen ein.

»Es ist ein unglaubliches Gefühl«, schrieb Patricia in einem Tagebucheintrag über die Reise, »zu der ersten Gruppe zu gehören, welche die Mammoth Höhle von Flint Ridge aus betritt. Es ist ein wenig so, wie wenn man ein Baby bekommt. Man muss sich selbst immer wieder daran erinnern, dass es wirklich echt ist, dieses neue Wesen, das man auf die Welt gebracht hat und das gestern noch nicht da war.«[5]

Das neue Wesen, von dem Patricia glaubte, es auf die Welt gebracht zu haben, war schon immer da gewesen und schlummerte in der Dunkelheit der geologischen Zeit. Was sie an diesem Tag zur Welt gebracht hatte, war nicht die *Höhle*, sondern eine *Karte* – nicht das Ding, sondern seine Beschreibung. Indem sie sich in den Tight Spot zwängte und mit ihrem Lampenlicht die Dunkelheit erhellte, verlegte sie einen irdischen Ort auf die abstrakte Ebene eines Koordinatensystems. Zumindest könnte sie es so gesehen haben, da sie die Landkarten für die Gruppe machte.

Zu Hause in Massachusetts betrieben Pat und ihr Mann Will eine Art »Landkartenfabrik«;[6] sie sammelten die kartografischen Daten jeder Expedition der Cave Research Foundation. Da beide Programmierer waren, brachten sie beträchtliche technische Raffinesse in die Landkartenherstellung ein. Wie Pat beschrieb, tippte das Ehepaar die Rohdaten der Vermessung aus »schlammigen kleinen Büchern« in ein Fernschreibgerät in ihrem Wohnzimmer, das mit einem PDP-1-Großrechner an Wills Arbeitsplatz verbunden war. Aus diesen Daten erzeugten sie »Plot-Befehle auf riesigen Papierrollen«, wobei sie ein Programm verwendeten, das Will geschrieben hatte – Pat steuerte ein Unterprogramm bei, mit dem sie der endgültigen Karte Zahlen und Buchstaben hinzufügten – die sie »mit einem geliehenen Calcomp-Trommelplotter übertrugen und plotteten, der an einen Honeywell 316 angeschlossen war, der dann später zu einem ARPANET IMP wurde«.[7]

Bei den Landkarten der Crowthers handelte es sich zwar nur um vereinfachte Linienplots, aber sie gehören zu den frühesten Versuchen, Höhlen mit dem Computer zu erfassen, ein Quantensprung im Fortschritt des technischen Prozesses, der durch die Hardware ermöglicht wurde, zu der sie Zugang hatten: ein PDP-1-Großrechner und ein Honeywell 316, ein 16-Bit-Minicomputer, die beide qualitativ weit über das hinausgingen, was Privatnutzern normalerweise zur Verfügung stand. Will Crowthers Arbeitgeber war Bolt Beranek and Newman Inc. (BBN), ein Unternehmen aus Massachusetts, das maßgeblich zur Entwicklung der Informationstechnik beitrug. Im Jahr 1969 wurde BBN von der US-Regierung beauftragt, am Aufbau des ARPANET mitzuwirken[8], dem militärischen und akademischen Paketvermittlungsnetz (ein Verfahren zur Datenübertragung in Rechnernetzen), aus dem unser heutiges Internet hervorging. Einige Jahre, nachdem sie damit ihre Höhlenpläne erstellt hatten, wurde der Honeywell-Minicomputer 316 zu einem Interface Message Processor (IMP) umfunktioniert – das, was wir heute einen Router nennen. Diese Router bildeten innerhalb des ARPANET ein Subnetz aus kleineren Computern, die Daten zwischen den primären Knotenpunkten weiterleiteten und übersetzten – damals wie heute eine wichtige Komponente des Internets.

Will war einer der besten Programmierer bei BBN, und seine knappe, aufs Nötigste beschränkte Art zu programmieren war typisch für seine anspruchsvolle Arbeitsweise. Als lebenslanger, passionierter Bergsteiger[9] brachte er Patricia das Klettern an den senkrechten Wänden der New Yorker Shawangunk Mountains bei und war dafür bekannt, dass er sich zuweilen gedankenversunken mit den Fingerspitzen an den Türrahmen seines Büros hing. Will war auch Höhlenforscher und das Paar verbrachte seine Ferien immer tief unter der Erde. »Mir wird kalt, wenn er mir nicht Gesellschaft leistet«, schrieb sie in einem Höhlentagebuch. »Hier zieht es ganz schön, die Höhle atmet.«[10]

Will kam nicht mit auf die letzte Expedition, bei der sie die Verbindung entdeckten. Sie fiel in den frühen September, als für ihre Töchter Sandy und Laura gerade wieder die Schule anfing. Einer der Crowthers musste zu Hause bleiben und sich um die Mädchen kümmern.

Als Pat nach Hause kam, tief bewegt von ihrem Erlebnis, wartete Will auf sie. Sie blieben bis spät in der Nacht auf und sprachen über ihre Entdeckung.[11] Als Will schließlich einschlief, schlich Pat zum Fernschreibgerät im Wohnzimmer und gab so leise wie möglich die Daten ein, die sie in Kentucky gesammelt hatten. Sie ließ ein Koordinatenprogramm laufen und die Daten spulten sich in einem langen Papierstreifen in ihre Hände. Am Morgen brachten Pat und Will den Papierstreifen in sein Büro und sie beobachtete, wie der BBN-Computer die Verbindung aufzeichnete, die sie unter der Erde zwischen zwei ebenso riesigen wie einsamen Orten hergestellt hatte. »*Jetzt* kann ich schlafen«,[12] schrieb sie.

Höhlenforschung ist unbarmherzig. Bis in die späten 60er musste jeder, der Mammoth betrat, am gläsernen Sargdeckel von Floyd Collins vorbeigehen, einem Höhlenforscher aus der Gegend, der von einem Felsbrocken erschlagen worden war. Höhlenforscher werden von der Erde umhüllt, jede ihrer Bewegungen wird durch Felswände und Felsdecken eingeschränkt. Sie essen nur sehr wenig – meist Schokoriegel und Fleischkonserven – und bringen ihre Abfälle wieder mit an die Oberfläche. Sie haben kein Zeitgefühl. Wenn sie auftauchen, kann es sein, dass sie vom Anblick des Mondes überrascht werden. Wie die Freunde der Crowthers, Roger Brucker und Richard Watson, in ihrem Bericht über diese Expedition *The Longest Cave* (Die längste Höhle) schrieben: »Die Route ist nie komplett in Sicht, außer man stellt sie sich in seinem Kopf vor. Nichts spult sich von allein ab. Es gibt keinen Fortschritt; es gibt nur eine Abfolge von Orten, die sich im Verlauf des Weges verändern.«[13]

Diesen Weg sichtbar und nachvollziehbar zu machen, ist das zentrale Anliegen jeder ernsthaften Höhlenforschung. Die Cave Research Foundation hatte einen Lehrsatz, der für alle galt: *keine Höhlenforschung ohne Vermessung.*[14] Eine Karte ist die einzige Art und Weise, eine Höhle in ihrer Gesamtheit zu betrachten. Daher ist das Anfertigen einer Karte das Äquivalent zum Vermessen der Höhe von Bergen, und es ist auch eine Überlebensstrategie. Für ihre eigene Sicherheit erstellen Höhlenforscher Karten, während sie unterwegs sind, und »arbeiten rational und systematisch, um bekannte Gänge zu finden«.[15] Kein Wunder, dass dieses Hobby so viele Computerprogrammierer anzieht. Programmieren ist ein Gebiet, das von anspruchsvollen Menschen bevölkert wird. Wie Programmierer arbeiten auch Höhlenforscher zwar in Gruppen, ihren Herausforderungen stellen sie sich allerdings immer allein.

Nicht lange nach der Verbindungsexpedition ging die Ehe von Patricia und Will in die Brüche. Sie ließen sich 1976 scheiden. Höhlenforschung ohne Patricia, zusammen mit ihren gemeinsamen Freunden in der kleinen Gemeinschaft der Cave Research Foundation »fühlte sich merkwürdig an.«[16] Allein und umgeben von ihren Landkarten, darunter eine umfangreiche Karte über den Bedquilt-Abschnitt von Mammoth, den sie im Sommer 1974 gemeinsam erstellt hatten, tröstete sich Will zu Hause mit langen Dungeons & Dragons-Partien und Programmierarbeiten, oft bis spät in die Nacht. Wenn Sandy und Laura ihren Vater besuchten, fanden sie ihn in der Regel bei der Arbeit an einer langen und elegant strukturierten Kette von FORTRAN-Code. Er erzählte ihnen, dass es ein Computerspiel werden solle und dass sie es spielen könnten, wenn er damit fertig sei.

Der Schriftsteller Richard Powers schrieb einmal, dass »Software der endgültige Sieg der Beschreibung über das Ding ist.«[17] Die akribische Genauigkeit, mit der Software die Realität beschreibt, nähert sich einer tieferen Ordnung und berührt sie manchmal sogar. Das ist vielleicht der Grund, warum Will Crowther nicht anders konnte, als eine letzte Karte zu erstellen. Diese Karte entstand nicht aus den schlammigen Notizbüchern seiner Frau, sondern aus seinen eigenen Erinnerungen. Übersetzt in 700 Zeilen FORTRAN wurden sie 1976 zum *Colossal Cave Adventure*, einem der ersten Computerspiele, das getreu den Abschnitten der Mammoth Höhle, die er mit Patricia erkundet und mit ihr kartiert hatte, auf einem Computer nachempfunden war. Auf einem Computer, der zum Rückgrat des Internets werden sollte.

Colossal Cave Adventure – heute eher bekannt als *Adventure* – sieht nicht wie ein Spiel im modernen Sinne aus. Es gibt keine Bilder oder Animationen, keine Joysticks oder Steuerungen. Stattdessen beschreiben Textblöcke Abschnitte einer Höhle, und es richtet sich dabei an ein Gegenüber, zum Beispiel so:

```
Du befindest dich in einer prächtigen Kammer, die neun
Meter hoch ist. Die Wände sind gefrorene Flüsse aus
orangefarbenem Stein. Von der Ost- und Westseite der
Kammer gehen eine seltsame Schlucht und ein bequemer
Gang ab. Ein fröhlicher, kleiner Vogel sitzt hier und
singt.
```

Um mit dieser Höhle zu interagieren, tippt der Spieler knappe Befehle ein, wie `GEH NACH WESTEN` oder `HOL DEN VOGEL`, die ihrerseits eine neue Flut von Beschreibungen auslösen. Die Rätsel von *Adventure* sind ein endloses Durcheinander von magischem Inventar: Um an der Schlange in der Halle des Bergkönigs vorbeizukommen, muss man den Vogel aus seinem Käfig befreien. Man kann den Vogel jedoch nicht herausholen, wenn man den schwarzen Stab bei sich trägt, denn der Vogel hat Angst vor dem Stab. Die Kristallbrücke wiederum erscheint nicht ohne ein Schwenken mit dem Stab und die ganze Zeit über befindet man sich in einem Labyrinth von verwinkelten kleinen Gängen, die alle unterschiedlich – oder schlimmer noch, alle ähnlich – sind.

Wills Kollegen kannten das von Dungeons & Dragons, das sie manchmal nach der Arbeit spielten. D&D ist ein Spiel, bei dem es kein klar formuliertes Ziel gibt, sondern ein gottgleicher »Dungeon Master« beschreibt Szenen im Detail und fordert die Spieler auf, sich an den entsprechenden Punkten für das ein oder andere zu entscheiden. Will schrieb das Spiel für seine jungen Töchter. Nach der Scheidung kamen Sandy und Laura zu ihm zu Besuch, um bei ihm Computerspiele zu spielen. Einem Forscher zufolge, der Mitglieder der Cave Research Foundation befragte, sagte »ein anderer Höhlenforscher, der im Sommer 1975 mit den Crowthers auf einer Expedition war, dass ein Blick auf *Adventure* genügte, um es sofort als eine kathartische Übung zu erkennen. Ein Versuch von Will, einem verlorenen Erlebnis ein Denkmal zu errichten.«[18]

Als er mit dem Programmieren fertig war, speicherte Will eine kompilierte Version des Spiels auf einem BBN-Computer und ging für einen Monat in Urlaub. Vielleicht wäre es dort geblieben, unberührt und ohne dass sich heute noch jemand daran erinnert, abgesehen von den Crowther-Mädchen, wäre sein Computer nicht an das neue Computernetz angeschlossen gewesen, das seine Firma mit aufgebaut hatte. Als Will aus dem Urlaub zurückkam, war *Adventure* bereits von Leuten aus dem gesamten ARPANET entdeckt worden. Wo Patricia Höhlen verknüpfte, verknüpfte Will Knotenpunkte im Computer, und *Adventure*, eine mentale Karte aus der langen Zeit ihrer gemeinsamen Expeditionen, reiste überall dorthin, wo diese Verbindungen geknüpft worden waren.

Adventure war ein Phänomen. Das Spiel war so unbarmherzig wie die Höhlenforschung selbst. Es war ausgesprochen schwierig zu navigieren – »Das Spiel ist ein kleiner Marsch durch die Hölle«,[19] äußerte eine Autorin, die es ausprobierte – und es machte süchtig. Die Arbeit in den Rechenzentren kam jedes Mal zum Erliegen, sobald *Adventure* auf einem Terminal auftauchte. Ein *Adventure*-Anhänger in Stanford, Don Woods, modifizierte den Code weiter, indem er Crowthers nüchternen Beschreibungen Fantasy-Elemente hinzufügte – einen unterirdischen Vulkan, einen Automaten, aus dem Batterien kamen. Die Reise von *Adventure* in die Erde gilt heute als ein grundlegender Bestandteil der Computerkultur. Hunderte von Spielern haben es ausprobiert, dann Tausende, die alle ihre eigenen Karten von der von Will beschriebenen unterirdischen Welt von Hand aufgezeichnet haben.

Für Pat muss es seltsam gewesen sein. Als sie 1976 oder 1977 bei einem Treffen der Cave Research Foundation in Boston zum ersten Mal mit *Adventure* in Berührung kam,[20] war sie bereits Patricia Wilcox, sie hatte den Leiter der Expedition von 1972 geheiratet. Wills Computerspiel erwies sich für die erfahrenen Höhlenforscher in ihrem Kreis und für jeden, der Mammoth gut kannte, als eine reizvolle Kuriosität. In Boston verbrachte die Foundation einen Großteil ihres Treffens damit, *Adventure* zu spielen. Da sie die populärere Version spielten, die Don Woods ergänzt hatte, in der Teile des Spiels noch weiter ausgeschmückt waren, erkannte Patricia die darin beschriebene Höhle nicht sofort. Einem Forscher sagte sie 2002, sie sei »völlig anders als die echte Höhle«.[21]

Aber das war sie nicht: Mammoth-Höhlenforscher, die *Adventure* kannten, stellten fest, dass sie keine Karten benötigten. Die Beschreibung war so genau, dass sie aus dem Gedächtnis den Weg fanden. Ein ehemaliger Mitarbeiter von Will Crowther, der sich an die topografischen Einzelheiten erinnerte, die auf den Computern von Bolt Beranek and Newman gespeichert waren, sagte 1985, dass »Adventure's Colossal Cave, zumindest bis zu einem gewissen Punkt, mit der Höhle in Kentucky übereinstimmt und dass die Beschreibung und die Geologie der ersten Levels konsistent und genau sind.«[22]

Wie die Fluoreszenzfarbe, mit der Höhlenforscher den Verlauf unterirdischer Bäche nachzeichnen, so färbte die Version der Höhlenkultur von *Adventure* das gesamte Netz. Höhlenforscher suchen nach Verbindungen, die sie durch systematisches Erkunden, durch gemeinsame Anstrengungen im Team und die Bereitschaft, immer weiter in die Dunkelheit vorzudringen, entdecken, wohl wissend, dass wenn das Ende auftaucht, es unter Umständen nur ein kleiner Ort ist, oder ein Spalt im Fels, so eng, dass nur der Wind hindurchdringen kann. Das Spiel ist eine Anleitung zum Nachbau der Mammoth Höhle; diese Anleitung ist ein Feuerwerk an bleistiftengen Gängen, Vorräumen zu größeren Hallen und Gruben. *Adventure* und das Abenteuer darin, kann nur mithilfe einer Landkarte bestanden werden, so wie auch nur die in Höhlen überleben können, die den Weg zurück kennen. In seiner Geschichte der Computerkultur vergleicht Steven Levy *Adventure* mit der Kunst des Programmierens selbst. Er schreibt, dass »die tiefen Abgründe, die man in der *Adventure*-Welt erforschte, den grundlegenden, obskursten Ebenen der Maschine glichen, in denen man sich bewegte, wenn man Assembler-Code hackte. Bei beiden Aktivitäten konnte es einem schwindlig werden, wenn man versuchte, sich zu erinnern, wo man sich gerade befand.«[23]

Ich erzähle Ihnen die Geschichte der Mammoth Höhle von Stephen Bishop, Patricia Crowther und ihrem Mann Will – der in der Zeit, als er ihre Abenteuer in Code festhielt, untröstlich war und dem Erlebnis damit ein Denkmal setzte –, um Sie daran zu erinnern, dass *jedes* technische Objekt, sei es eine Landkarte oder ein Computerspiel, letztendlich ein menschliches Artefakt ist. Seine Archäologie ist immer auch seine Anthropologie. Die berühmteste Archäologin, welche die Mammoth-Höhlen erforscht hat, Patty Jo Watson, hat aus den Getreidekörnern, die im Verdauungstrakt von Leichen entdeckt wurden, die dank der konstanten Temperatur und Luftfeuchtigkeit in der Höhle erstaunlich gut konserviert wurden, auf eine ganze Agrarwirtschaft geschlossen. Um ein Volk zu verstehen, müssen wir wissen, wie es sich ernährt hat. Um ein Programm zu verstehen, müssen wir seine Macher kennen – nicht nur, wie sie programmiert haben, sondern auch für wen und warum.

Wenn man bei *Adventure* ein halbes Dutzend Weggabelungen hinter sich gelassen hat, erscheint ein magisches Wort an der Höhlenwand. In der echten Mammoth Höhle gibt es viele eingeritzte Botschaften – Patricia hat die wichtigste entdeckt –, aber das »Wort«, das in *Adventure* auftaucht, »XYZZY«, ist Wills Erfindung. Er fügte es für seine Schwester Betty Bloom hinzu, die nach seiner Scheidung zu ihm zog. Sie war eine der ersten Testerinnen von *Adventure* und bekanntermaßen etwas ungeduldig. Wenn man das magische Wort eintippt, transportiert es den Spieler blitzschnell an eine andere Stelle im Spiel und überspringt die mühsamen Schritte auf dem Weg dorthin. Bloom zufolge[24] war XYZZY, das Will als »zizzy« aussprach, ein Familienpasswort. Seine Töchter sollten es benutzen, wenn sie sich beim Spielen verirrten oder ihre Identität nachweisen mussten. Es ist das erste Zauberwort oder der erste Schummelcode, der in einem Computerspiel benutzt wurde.

Die erste Wissenschaftlerin, die sich ernsthaft mit *Adventure* auseinandersetzte, war Mary Ann Buckles, die das Spiel mit Volksmärchen, Ritterliteratur und den ersten Filmen verglich. Sie argumentierte, dass die wachsende kulturelle Bedeutung der Computertechnologie, die *Adventure* repräsentierte, zu einer Demokratisierung der Computernutzung führen würde, »analog zur Demokratisierung des Lesens durch die Verbreitung des Buchdrucks«.[25]

Der Literaturkritiker Espen Aarseth schrieb über das Genre der sich immer weiter verzweigenden digitalen Literatur, welches *Adventure* auslöste. Er nannte *Adventure* »einen mythologischen Urtext, der überall und nirgends zu finden ist.«[26] Es schuf ein Genre von Abenteuerspielen, die von Textschnittstellen zu visuellen Schnittstellen mutierten, wobei Crowthers seltsames und fesselndes Zusammenspiel von Beschreibungen (`In der Nähe befindet sich eine glänzende Messinglampe`) und klaren Befehlen in der zweiten Person (`Hol die Lampe`) beibehalten wurde. Daraus entwickelte sich eine textbasierte Physik, die in virtuellen Räumen überall im frühen Internet verwendet wurde. Mit der Zeit sprachen sogar Menschen, die keine Ahnung von Höhlenabenteuern hatten, diese Sprache.

Adventure ist in Erinnerung geblieben, es wurde gefeiert, heiliggesprochen und persifliert. Crowther, der nie ein weiteres Spiel entwickelt hat, gilt heute als der J. D. Salinger der interaktiven Fiktion. Aber auch der familiäre Kontext, aus dem *Adventure* hervorging, sollte dabei beachtet werden: Will Crowther schrieb den Code, nachdem sich seine Frau von ihm hatte scheiden lassen, mit der er die Höhle kartiert hatte, in der *Adventure* spielt. Es wurde von seiner Schwester getestet, für die er das »Zauberwort« des Spiels erfand. Es wurde für die Töchter entwickelt, die er nur an Wochenenden und in den Ferien sah, und er schrieb es, weil er Patricia vermisste, zumindest aber, weil sie ihm die Liebe zur all umhüllenden Dunkelheit eingeflößt hatte.

Patricia Crowther war FORTRAN-Programmiererin am Haystack Radio Observatorium, als sie ihr Studium am MIT abschloss. Wie viele Frauen in technischen Berufen verließ sie die Computerbranche, um ihre Kinder großzuziehen – und natürlich, um Höhlen zu erkunden. Als sie Ende der 70er in ihren Beruf zurückkehrte, hatte sich alles verändert. Sie ging wieder zur Uni, belegte alle Informatikkurse, welche die Indiana University in Pennsylvania anzubieten hatte, und nahm schließlich eine Stelle als Dozentin an. In ihren Kursen, die oft von Hunderten von Studenten besucht wurden, sah sie viele Studentinnen, aber es war die letzte Generation von Frauen, die in nennenswerter Zahl das Fach belegten. In der Generation nach Grace Hopper und ihren Zeitgenossinnen vollzog die Professionalisierung des »Software-Engineering« einen grundlegenden Wandel in der Geschlechterdemografie der Computerbranche. Ab 1984 begann die Zahl der Frauen zu sinken,[27] die in den Vereinigten Staaten einen Abschluss in Informatik anstrebten, und sie ist bis heute weiter gesunken – ein Rückgang, der in diesem Maße in keinem anderen Berufsfeld zu beobachten ist.

Der Honeywell 316, der Mikrocomputer an Wills Arbeitsplatz, der zu einem Router für das frühe Internet werden sollte, hat noch eine weitere Besonderheit, oder wenn man so will, einen etwas zweifelhaften »claim to fame«: Honeywell stellte ein Modell für Frauen her. Mit einem eingebauten Sockel und einem integrierten Schneidebrett wurde er 1969 im Weihnachtskatalog von Neiman Marcus als Honeywell »Küchen-Computer« verkauft. Er kostete 10 000 Dollar, wurde mit einer Schürze geliefert und um seine Bedienung zu erlernen, benötigte man zwei Wochen Programmierunterricht. Das Bild im Katalog zeigt eine Frau in einem langen, geblümten Kleid, die auf dem Computer einen Korb mit Lebensmitteln auspackt, als wäre er eine Erweiterung der Küchenarbeitsplatte. »Wenn sie doch nur so gut kochen könnte, wie der Honeywell rechnen kann«[28] heißt es in dem Werbetext, was implizit bedeutete, dass der Computer »mehr Autorität, Macht und Intelligenz hat, *als sein weiblicher Benutzer.*«[29] Und das geschah ausgerechnet in Pats eigenem Umfeld.

Während das Spiel von Patricias Ex-Mann immer beliebter wurde, waren es Männer, die sich um vernetzte Terminals versammelten, um es bis spät in die Nacht zu spielen. Es waren Männer, die Höhlenpläne auf Notizblöcke kritzelten, die vom elektrischen Schein des Bildschirms beleuchtet wurden. Es waren Männer, die nach jedem langen Kriechgang irgendwann benommen im Tageslicht auftauchten. Und trotz allem, was Patricia geleistet hat, ist sie in den vielen Erzählungen der Geschichte von *Adventure* eine Hintergrundfigur geblieben. Obwohl sie es war, die die unterirdische Welt, die Will mit seinem Spiel populär gemacht hat, kartografiert und eine Landkarte daraus gemacht hatte. Obwohl sie den physischen Sprung ins Unbekannte gewagt hatte, den nur wenige wagen würden, ist ihre Anwesenheit ein gespenstischer Umriss dessen, was sie hätte sein können. Obwohl man sie eigentlich klar sehen konnte, blieb sie im Verborgenen und wurde versteckt. Das Gleiche könnte man über viele Frauen in der frühen Ära der Datennetze sagen.

Es ist typisch, dass die erste kollektive Erfahrung des vernetzten Jahrhunderts das Computerspiel *Adventure* ist. Es ist eine Geschichte darüber, wie sehr Menschen Software beeinflussen und wie weitreichend die Auswirkungen davon sein können. Und Höhlen waren schon immer virtuelle Welten, die ersten Orte, an denen Menschen die ontologische oder metaphysische Entkörperung erlebten, die wir heute so sehr mit der Projektion unserer Selbst auf den Bildschirm assoziieren. Im flackernden Licht des Feuers oder beim Zittern eines Röhrenmonitors sehen wir über das real Existente hinaus. Symbole auf rohem Granit, auf Leinwand, auf Code: all das erhellt die Dunkelheit.

In der Höhle gibt es eine Lampe. Weißt du, was du tun musst?

```
LAMPE HOLEN
```

Gut. Jetzt halte sie gut fest, wir müssen sie mitnehmen. Wir nehmen sie mit durch die verwinkelten Gänge, bis sie sich auf die andere Seite hin öffnen und wir endlich die Schrift an der Wand sehen können, ein 100 Jahre altes Gekritzel. Es ist unser Zauberwort, unser Schummelcode, unsere Abkürzung durch die Nacht. Im Karbidlicht kann man es kaum lesen: *Auch wenn Frauen unsichtbar waren, heißt das nicht, dass sie nicht da waren.*

KAPITEL SIEBEN

RESOURCE ONE

Es regnet in Kalifornien. Der Regen sprengt die Dämme, das Wasser strömt über den Boden. In den Marin Headlands nördlich von San Francisco pulsieren die brackigen Gezeitenebenen, Reiher bewegen sich kreischend durch die Gräser und ich warte an einer überfluteten Bushaltestelle, Regentropfen auf meiner Brille. Sherry Reson fährt in einem alten Camry vor, öffnet die Fahrertür gerade so weit, dass ein Schopf lockiger Haare herausschaut, und winkt mir zu.

Wir fahren die Straße hinauf zu ihrem Haus, einem schiefergrauen, verwitterten Bungalow. Auf dem Weg dorthin berichtet sie mir aufgeregt von der Gruppe, die um ihren Esstisch versammelt ist. Als wir ankommen, essen sie schwammigen Feta, dicke Bohnen und Spinatsalat aus Holzschüsseln. Während ich mich meiner nassen Jacke entledige, blicken sie fröhlich von ihrem Gespräch auf. Sie haben sich ausgetauscht über die letzten Jahre. Erst vor kurzem haben sie wieder Kontakt zueinander aufgenommen, aber vor 40 Jahren lebten sie alle zusammen, mit 100 anderen Träumern, Hippies und Bilderstürmern in einer technikaffinen Kommune in San Francisco namens Project One.

Sie erklären mir, dass Project One ein senfgelbes 7800 Quadratmeter großes Lagerhaus in der South of Market war. Sie schliefen in handgefertigten Wohnbuchten, die jeweils 30 Meter breit waren. Zu ihren Gemeinschaftssitzungen versammelten sie sich im fünften Stock. Die endeten regelmäßig entweder in Geschrei und Tränen, oder auch in Musik und Gelächter.

Die teilweise vergipsten Türen waren mit Mosaikmustern gefliest, es gab einen Whirlpool zum gemeinsamen Baden. Einige Bewohner lebten in einer Art Puppenhaussiedlung in kleinen Häusern aus Sperrholz und Rigipsplatten, die mit Nagelpistolen zusammengebaut worden waren. Die Kinder der Kommune wurden von einem ehemaligen Marinesoldaten mit einem langen Bart gehütet; er führte sie durch die Stadt und stellte sie buddhistischen Äbten, tibetischen Rinpoches, Sikh-Gurus und taoistischen Priestern vor.

Der Schriftsteller Charles Raisch nannte Project One ein »Pueblo in der Stadt«, ein Dorf, das sich von der Erde schält und nach innen gekehrt wird, bis sich seine Ränder Spitze an Spitze treffen. »Fünfzig Leute von uns sind beim Sonnenbaden auf dem Dach und grillen«, schrieb er einmal. »Es gibt sieben Truthähne, vier Bands und ein behelfsmäßiges Buffet von der Größe einer Bowlingbahn mit Rosen aus dem Müllcontainer.«[1]

In Sherrys Haus treffe ich vier ehemalige Bewohner von Project One, die aus allen Ecken der Bay Area stammen: Außer Sherry sind das Pam Hardt-English, Mya Shone und Chris Macie. Pams Schlafplatz bei Project One war ein Hochbett mit luftdurchlässigen Wänden aus rotem, durchsichtigem Plastik drumherum. Mya schlief auf einer Holzpalette, nachdem sie aus New York City angekommen war, nur mit ihren Kleidern auf dem Leib und dem Traum, eine Vollzeitrevolutionärin zu werden. Sherry erbte ein kleines Haus mit weißen Stufen und einer Eingangstür. Sie kochten auf Kochplatten, teilten sich ein Bad und arbeiteten in dem Gebäude, das sie ihr Zuhause nannten und das voller politischer Organisationen, Künstlerateliers und Produktionsstätten war. Aber selbst in einem Lagerhaus voller Dokumentarfilmer und Aussteiger, die von *Hair* inspiriert waren, war ihr Büro noch ungewöhnlicher als die meisten anderen: Mittendrin, in einem durchsichtigen Kasten aus bruchfesten Polycarbonatplatten, stand ein riesiger Rechner, so groß wie zehn Kühlschränke.

Der Computer, ein Scientific Data Systems 940, war einer von insgesamt 57 dieser Art weltweit. Er war mit Abstand das Wertvollste in diesem Gebäude, ein absoluter Schatz für diese Gruppe von Hippies. Pam, Sherry, Chris und Mya waren nur einige der wechselnden Betreuer des Geräts, allesamt beteiligt an diesem gemeinschaftlichen Computerzentrum, das sie auch Resource One nannten.

Wie der Honeywell 316 war auch der SDS-940 eine durchaus ernstzunehmende Hardware und ein wichtiger Bestandteil im Rückgrat des frühen Internets: 1969, als das der beste Computer war, den man für Geld kaufen konnte, wurde ein SDS-940 in Stanford zu einem der ersten Hosts des ARPANET. 1972, als Project One den SDS-940 erwarb, war er dann eher ein Golf als ein Porsche, aber er war immer noch ein 150 000 Dollar teurer Großrechner – weit jenseits der Möglichkeiten von einer Gruppe von Mittzwanzigern, die für zehn Nickel pro Quadratmeter in einer stillgelegten Süßwarenfabrik wohnen. Und doch stand er da, verkabelt von autodidaktischen Elektrikern, die »große Nudeln«[2] aus industriellen Stromleitungen in ihren behelfsmäßigen Reinraum schleppten. Das alles hatten sie Pam zu verdanken.

Pam Hardt-English ist eine leise und wohlüberlegt sprechende Brünette mit der gelehrten Aura einer Frau, die Geheimnisse zu hüten weiß. An der University of California in Berkeley, einem Hotspot der Antikriegs- und Free-Speech-Bewegung, wurde sie gleichsam zum Leben erweckt und entdeckte ihre Berufung. »Die Uni streikte die meiste Zeit über«,[3] erinnert sie sich. Sogar die Informatikabteilung organisierte sich, und als die Vereinigten Staaten Kambodscha bombardierten, »kamen alle Computerleute zusammen«, erzählte sie 1972 einem Dokumentarfilmer. »Viele von ihnen waren das erste Mal bei so etwas dabei, es war wirklich aufregend. Wir fingen an, über den Aufbau von Kommunikationsnetzen zu sprechen.«[4] Im Sommer 1970 verließen sie und zwei weitere Informatikstudenten von Berkeley, Chris Macie und Chris Neustrup, die Uni und zogen bei Project One ein. Sie machten es sich zur Aufgabe, die Counterculture oder das sogenannte linke Gegenmilieu zu vernetzen.

In gewisser Weise war sie das eigentlich bereits. Die Bay Area war überschwemmt von Untergrund-Zeitungen und Häusern, mit Kork-Pinnwänden und Zu-Verschenken-Kartons in den Vorgärten. Auf der Rückseite der Zeitung *Berkeley Barb* fanden sich Anzeigen für Widerstandsorganisationen; und eine Gruppe namens Haight-Ashbury Switchboard hatte in den späten 60ern sogar einen ausgeklügelten Telefonbaum aufgebaut, der menschliche »Telefonzentralen« miteinander verband, um verzweifelten Eltern dabei zu helfen, ihre umherziehenden Hippiekinder aufzuspüren. Daraus entwickelte sich ein informelles Netz von Telefonzentralen in der Bay Area, die ein bestimmtes Anliegen unterstützten, von denen eine, die Telefonzentrale von San Francisco, ihre Büros bei Project One hatte. Mit ein paar Telefonen und Kisten voller Karteikarten koordinierte sie umfangreiche Gruppenaktionen, um schnell auf Vorfälle, wie zum Beispiel die Ölkatastrophe von 1971 in der Bucht von San Francisco, reagieren zu können – eine frühe Version der Art von Selbstorganisation, die heute so leicht über die sozialen Medien machbar ist.

Resource One knüpfte an diese Bemühungen an und übernahm sogar das Firmengerüst des San Francisco Switchboard. Als Pam und die beiden Chrises in das Lagerhaus einzogen, planten sie, ein gemeinsames Informationsabfragesystem für alle bestehenden Telefonzentralen in der Stadt zu entwickeln und ihre verschiedenen Ressourcen in einer Datenbank zu verknüpfen, die mit stundenweise bezahlter Computerzeit laufen sollte. »Unsere Vision war es, Technologie für die Menschen zugänglich zu machen«, erklärt Pam. »Es war eine sehr leidenschaftliche Zeit. Und wir glaubten, alles sei möglich.«[5] Aber so eine Datenbank nur mit stundenweise bezahlter Computerzeit aufzubauen, war viel zu einschränkend. Wenn sie ihre politischen Anliegen in ein Computersystem für die Menschen einbringen wollten, mussten sie es von Grund auf neu aufbauen. Sie brauchten ihre eigene Maschine.

Das war lange vor dem Personal Computer, wie wir ihn kennen, und auch lange vor dem Mikrocomputer. Resource One hatte ein Großrechnersystem im Visier, einer, der von Experten in großen Installationen betreut wurde. Ein Rechner, der sich aus den Bemühungen früher Programmiererinnen wie Grace Hopper oder Betty Holberton entwickelt hatte. Pam erstellte eine Liste von Institutionen und Unternehmen, von denen sie annahm, dass sie einen überzähligen Großrechner besitzen könnten. Nach einer ganzen Reihe von Telefonaten und vielen Gesprächen, kam sie schließlich mit der TransAmerica Leasing Corporation ins Geschäft, die einige SDS-940 in einem Lagerhaus verstauben ließ, von denen einer drei Jahre lang intensiv in Stanford im Einsatz gewesen war. Sie überzeugte TransAmerica, indem sie eine Schnittmenge der gemeinsamen Interessen fand: Der Computer war als steuerlich absetzbare Spende mehr wert, als wenn er ungenutzt in einer Lagerhalle veraltete. So kam es, dass der SDS-940, gewissermaßen ein

Volkscomputer, zu dem alle Zugang haben sollten, im April 1972 auf der Ladefläche eines Sattelschleppers an Project One geliefert wurde.

Während in jenem Sommer die anderen Mitglieder der Kommune den eineinhalb Meter hohen Whirlpool auskleideten, installierte die Resource-One-Gruppe Schrankgestelle und Trommellagereinheiten. Keiner der Beteiligten hatte jemals auch nur annähernd etwas Vergleichbares gemacht – selbst der leitende Elektriker lernte Stück für Stück. Die Software wurde von Grund auf neu geschrieben, um die Werte der Gegenkultur auf Betriebssystemebene in den Computer zu kodieren. Das *Resource One Generalized Information Retrieval*-System, ROGIRS, von dem Hacker Efrem Lipkin geschrieben, wurde für die Switchboards im Untergrund als Plattform für ihre alternative Wirtschaft entwickelt. Sobald die Maschine in Betrieb war, wurde sie zum Herzstück des kostenlos zugänglichen Untergrundnetzes in Nordkalifornien, ein Vorgeschmack auf die wichtige kulturelle Bedeutung des Internets, Jahre bevor die meisten Menschen davon hörten.

»An verschiedenen Punkten in deinem Leben sind verschiedene Dinge wichtig«, sagt Pam zu mir. Das Leben bei Project One war ausgelassen, geradezu verwirrend intensiv, höchst ideologisch und alles andere als bequem. Um ihren Anteil an der Miete zu bezahlen, arbeitete sie nachts in einem Medizinlabor und wusch Bechergläser. Wenn sie zurückkam, war es permanent kalt, die Betonböden und hohen Decken bekam man einfach nicht warm. Auf einem eisigen Wasserbett schlief sie selten mehr als ein paar Stunden pro Nacht. Diese Askese war Teil der Gemeinschaftskultur, ein Opfer im Dienste der kollektiven Ziele des Hauses. »Mein Bruder kam, um bei mir zu wohnen, weil er keine Arbeit finden konnte«, erinnert sie sich, »er ging sofort wieder zurück an die Uni, um zu graduieren, und sagte: ›so kann ich nicht leben, die Toilette von anderen Leuten putzen und nachts erfrieren!‹ Aber das war mir egal, denn ich war einfach so in das vertieft, was ich tat.«[6]

Dass es Pam gelang, TransAmerica den SDS-940 aus dem Kreuz zu leiern, ist immer noch beeindruckend. Ein Artikel im *Rolling Stone* aus dem Jahr 1972 nannte es »eine der größten Betrügereien der Neuzeit«[7] und zitierte einen Resource-One-Mitbewohner, der behauptete, dass Pam, so sanftmütig sie auch schien, Blut aus einer Rübe quetschen könne. Auf einem Foto zu diesem Artikel von Annie Leibowitz lehnt Pam über die offene,

Draht-umwickelte Rückseite der SDS-940-Konsole, die große Brille schief auf der Nase, und grinst von einem Ohr zum andern. Keine andere Gruppe, weder in San Francisco noch anderswo, hätte es jemals geschafft, eine so leistungsfähige Hardware in die Hände zu bekommen, geschweige denn sie zu betreiben. »Pam war sehr zielstrebig«, erinnert sich Lee Felsenstein, ein Mitaussteiger, der dem Computer zu Resource One folgte. »Sie hatte diese Art, ihr Gesicht zu verziehen und auf ihrer Unterlippe zu kauen, sicherlich ein Zeichen von innerer Anspannung.«[8]

»Pamela war so ziemlich die einzige Person, die ich je gekannt habe«, schrieb Jane Speiser, eine langjährige Project-One-Bewohnerin, »die in der Lage war, eine Liste mit 53 Personen zu erstellen, die kontaktiert werden mussten, um ein Projekt zu verwirklichen, und die sich dann tatsächlich hinsetzte und jede einzelne dieser Personen, eine nach der anderen gründlich und akribisch und unbeugsam kontaktierte, per Telefon, per Post oder persönlich, bis sie am Ende der Liste angelangt war. Selbst wenn es drei Monate dauerte, sie tat nur das und sonst nichts. Sie war ein Mensch von absolut unglaublicher Entschlossenheit. Es gab keine andere Chance, einen Computer (und die Kosten für seine Installation und Wartung) für eine Gruppe von Freaks der Gegenkultur zu beschaffen.«[9]

Nach der Beschaffung, als der Computer da war, sammelte Pam fast drei Jahre lang Spenden, um ihn betriebsbereit zu halten. Es gab hohe Stromrechnungen für die 20 Tonnen schweren Klimaanlagen, die den Computer vor dem Schmelzen bewahrten. Die Mitarbeiter mussten ihren Lebensunterhalt bestreiten und es musste ständig zusätzliche Hardware gekauft und auch gewartet werden. Ironischerweise kam ein Großteil der Finanzierung von Resource One aus dem Establishment: Die Bank of America unterstützte das Projekt in der Hoffnung, sich mit den jungen Leuten, die den Status quo so ernsthaft auf den Kopf stellten, gutzustellen – oder sie zu überwachen, je nachdem, wen man fragt. Pams Vision, die analoge Gegenkultur San Franciscos zu digitalisieren, war nicht billig. Ihr schwebten Fernschreiber-Terminals in jeder Telefonzentrale, in Buchläden, Bibliotheken und in Project One selbst vor, die alle zu einem dezentralen Netzwerk mit gemeinsamen Ressourcen und Informationen zusammengeschlossen werden sollten. »Wenn die Leute etwas brauchten«, sagt sie, »konnten sie es eintippen und erhielten es. Wenn sie Hilfe brauchten, ein Auto teilen wollten oder etwas benötigten, konnten sie das bekommen.«[10]

Im Grunde hat sie sich das Internet vorgestellt.

Lassen wir sie selbst sprechen

In der Informatik gibt es einen Ausdruck: garbage in, garbage out – also Müll rein, Müll raus. Wenn man ein Gerät mit Unsinn füttert, wird es ihn verarbeiten, ohne zu urteilen, und die Befehle genau so ausführen, wie man sie ihm diktiert. Füttert man es mit Wahrheit, tut es dasselbe. Um was für ein Signal es sich genau handelt, ist dem Gerät egal. Die Bedeutung ist *unsere* Sache als Bediener; der Computer ist ein Spiegel, der uns selbst reflektiert. Wer immer ihn benutzt, formt die Welt nach seinem Bild. Das könnte der Grund sein, warum die wichtigste Zeitschrift der Gegenkultur, der *Whole Earth Catalog*, auf dem Cover jeder Ausgabe immer denselben Spruch druckte: access to tools – *Zugang zu Werkzeugen.*

In dem Jahr, als Resource One seinen Computer installierte, verkündete Stewart Brand, dass »die Hälfte oder mehr der Computerwissenschaft aus Köpfen besteht«.[11] Brand war inspiriert von der Ansammlung zukunftsorientierter Forschungslabors in der Bay Area, von den Hackergruppen, die sich nach Feierabend in Universitätskellern zum Spielen trafen, und von der Szene, die sich bei Resource One entwickelte. Er schrieb über die Informatik als das Reich der Mystiker, der Weisen, der Spinner oder, wie er es formulierte, der »großartigen Männer mit ihren fliegenden Geräten, Pfad-finder, welche die Spitze der Technologie auskundschaften.«[12] Mit dieser Sprache wurde ein neues archetypisches Bild des Computernutzers in die Welt gesetzt. Nicht die fleißige Programmiererin, wie Grace, oder der Softwareingenieur in Anzug und Krawatte, sondern der wildäugige, strubbelköpfige Hacker, der immer ein Mann war.

Als Resource One den gespendeten Computer endlich in Betrieb nehmen konnte – die defekte Trommelspeichereinheit konnte dank Pams Spendensammelaktion für 20 000 Dollar ersetzt werden –, wandten sie sich an eine Vollversammlung der Telefonzentralenbetreiber der Bay Area. Sie schlugen ihren ehrgeizigen Plan vor: die Telefonzentralen zu vernetzen, einen Index aller Informationen zu erstellen und sie jedem, der ein Fernschreiber-Terminal hatte, zugänglich zu machen. Doch sie stießen auf taube Ohren. Die Idee machte keinen praktischen Sinn: Ein Fernschreibgerät kostete 150 Dollar Miete im Monat, sie klapperten und surrten und waren *laut*. Die Telefonzentralen waren menschliche Systeme, die ad hoc organisiert wurden, um den organisatorischen Bedürfnissen derjenigen zu dienen, die sie bedienten. Die Hippie-Operatoren ordneten ihre Sachen in Kisten und hefteten Zettel an die Wand, jeder an seine eigene. Die Idee eines hierarchischen Mastersystems gefiel niemandem, weder praktisch noch ideologisch.

Resource One hatte eine Bibliothek ohne Bücher gebaut. Efrem Lipkin schlug vor, die Switchboards zu vergessen und irgendwo ein eigenes Fernschreiber-Terminal zu installieren. Wenn es gut zugänglich war, würde es vielleicht Leute geben, die es nutzen würden. Im August 1973 richtete Resource One einen Außenposten in einem Plattenladen für Studenten in Berkeley namens Leopold's ein, es war ein Treffpunkt für Künstler, Musiker und Revolutionäre. Efrem und Lee Felsenstein sorgten dafür, dass ein ausgedienter Fernschreiber, das Teletype Model 33 ASR, der nach einem intensiven Einsatz bei einer lokalen Timesharing-Firma etwas abgenutzt war, wieder instandgesetzt wurde. Damit sich das Gerät in seine neue Umgebung einfügte, packte es Lee in eine Pappschachtel, die mit Schaumstoff gepolstert war, um das Surren zu dämpfen, und malte mit der Hand die Worte »Community Memory« auf die Seite.

Sie erwarteten, dass die meisten Berkeley-Peaceniks, ähnlich wie die Betreiber der Telefonzentrale, diese Art von Hardware mit Skepsis betrachten und stattdessen, wie schon seit Jahren, das analoge Schwarze Brett an der Wand dahinter benutzen würden. Computer wurden mit Reinräumen und Laborkitteln verbunden, Symbole einer »reglementierten Ordnung«, die »von den Mitgliedern der Gegenkultur mit Angst und Abscheu«[13] betrachtet wurden. Die kulturell schwierige Aufgabe, den Menschen ihre Berührungsängste mit Community Memory zu nehmen, fiel größtenteils Jude Milhon zu, einer berüchtigten Hackerin und Schriftstellerin. Sie wurde später als St. Jude bekannt, Schutzpatronin der »Cypherpunks«, einer Computersubkultur, die sich mit Fragen der Verschlüsselung und des Urheberrechts befasste.

In den 80ern und 90ern war sie Mitherausgeberin der einflussreichen Technologiezeitschrift *Mondo 2000*. Jude war die Freundin von Efrem und sie hatte Lee kennengelernt, nachdem sie eine Sex-Anzeige in der *Berkeley Barb* aufgegeben hatte (es waren schließlich die 70er-Jahre). Das Trio verstand sich prächtig.

Jude fütterte die Community-Memory-Datenbank mit Provokationen, um die Benutzer an den Bildschirm zu locken. Sie postete Proto-Crowdsourcing-Fragen, wie etwa:

WO BEKOMME ICH EINEN GUTEN BAGEL IN DER BAY AREA (INSBESONDERE IN BERKELEY) / WENN DU EINEN TIPP HAST, HINTERLASSE DIE INFORMATION HIER IM COMPUTER.

Unter dem Tisch verband ein Modem mit einem Telefonhörer das Terminal auf der anderen Seite der Bucht mit einer Datenbank auf dem Computer bei Resource One. Es dauerte nicht lange, bis die Pinnwand mit Papier und Stecknadeln überflüssig wurde. Eine Person antwortete auf Judes Bagel-Frage – DU KANNST FRISCHE BAGELS IM HAUS DER BAGELS IN DER GEARY STRASSE BEKOMMEN – dann eine andere. Ein Dritter bot ihr die Telefonnummer eines Mannes aus der Gegend an, der ihr beibringen konnte, wie man selbst welche macht. Community Memory wurde zu einem kostenlosen Kleinanzeigenmarkt, in dem Dichter und Mystiker ihre Waren neben Mitfahrgelegenheiten, Mitbewohnern und Schachspielen anboten. Community Memory wuchs auch dank der unerwarteten Nutzungsmöglichkeiten: Es gab pseudonymes Geschrei, verrückte Sprüche, Zitate der Rockband Grateful Dead. Es hatte seine eigenen, teils ziemlich schrägen Persönlichkeiten. Ein Typ, der sich Doc Benway nannte, in Anlehnung an eine Figur aus William Burroughs Buch *Naked Lunch*, nutzte den Dienst als Redepult, von wo aus er seine alternative Realität vehement publik machen konnte. Doc wurde zur Kultfigur – A DAY TRIPPER IN THE SANDS OF THIS FECUND DATABASE (Ein Tagesausflügler am Sandstrand dieser fruchtbaren Datenbank) – mit einer eingeschworenen Anhängerschaft. Jude und andere begannen, mit ihm Jazzmusik zu spielen. Community Memory zeigte lange vor dem Internet, wie vernetzte Computer lokale Bindungen stärken und eine eigene Kultur schaffen können. Indem es Menschen, Bagels und Witze miteinander verband, nahm es die Eigenheiten der Onlinecommunity um ein

Jahrzehnt vorweg. »Wir öffneten die Tür zum Cyberspace und sahen, dass es ein gastfreundliches Territorium ist«,[14] erklärte Lee. Dafür ist Community Memory ausgiebig gefeiert worden. Im Museum für Computergeschichte, in dem auch Lee Felsensteins Veröffentlichungen aufbewahrt werden, gibt es ein Terminal und in mehreren Geschichtsbüchern dieser Ära wird Community Memory in den höchsten Tönen gelobt, als »lebende Metapher«, »ein Zeugnis dafür, wie die Computertechnologie im Guerillakrieg der Menschen *gegen* Bürokratien eingesetzt werden kann.«[15] Dem möchte ich zwei Wahrheiten entgegenhalten: Es wäre unmöglich gewesen, das zu schaffen, wenn Pam Hardt-English den SDS-940 nicht gegen alle Widerstände in die Hände der Gegenkultur gebracht hätte.

Und es ist nicht der Grund, warum ich im strömenden Regen nach Mill Valley gekommen bin.

Das Verzeichnis der Sozialdienste

Zurück bei Sherry gehen wir hinüber ins Wohnzimmer, in eine gemütliche, beigefarbene Ecke, in der niedrige Sofas stehen. Ich setze mich auf den Fußhocker eines Sessels, von dem Sherry sagt, dass er wie geschaffen für mich sei, weil ich groß bin. Der Tee wird kalt, bis sich alle hinsetzen. Sherry richtet mir einen Teller mit Essen. Es fühlt sich unprofessionell an, bei unserem Gespräch zu essen, aber sie hat darauf bestanden, Gastgeberin zu sein, und sie hat diese Gruppe extra für mich eingeladen, deswegen esse ich zwischen den Fragen Paprikastückchen mit den Fingern und glutenfreie Reiscracker. Ihrer aller Erinnerungen, so hat sie versprochen, werden in der Gemeinschaft zuverlässiger sein.

Bei Project One diente ihr Wohnraum oft als inoffizieller Treffpunkt für die Gruppe von Frauen, die Sherry als ihre engsten Freundinnen in der Lagerhauskommune betrachtete. Sie kochte Essen für alle und sie lagen auf ihrem Wasserbett und sprachen über die unerschöpflichen Liebesdramen im Lagerhaus, die Machtkämpfe in den Gemeinschaftssitzungen und die Revolution. Sie alle gaben einen Teil von sich selbst in das Gebäude, in das liebevolle Chaos des kollektiven Traums, den sie mir beim Tee beschreiben. »Als ich bei Project One war, hatte ich nie Angst«, erzählt Pam der Gruppe. »Ich ging meinen eigenen Weg. Nichts hat mich je belastet oder gestört. Als ich dann ging, hatte ich das Gefühl, dass mich jeder verletzen könne. Ich hatte keinen Schutz mehr. Ich hatte nie Angst empfunden, bevor ich Project One verließ.«[16]

Pam verließ das Lagerhaus 1975. Sie hatte das Gefühl, dass sie alles getan hatte, was sie tun konnte. Das SDS-940 war zu diesem Zeitpunkt sicher installiert und etabliert. Das Community-Memory-Terminal war in ein Geschäft in der Innenstadt von Berkeley verlegt worden und auch die Mission Branch der öffentlichen Bibliothek von San Francisco verfügte über ein solches Gerät. Aber vielleicht war es mehr als nur das Gefühl der Vollendung, das zu ihrem Auszug führte; als De-facto-Frau in der ursprünglichen Resource-One-Gruppe »fand sich Pam, ohne dass sie es wollte, in der Rolle der ›Bienenkönigin‹ wieder, und andere versuchten, die Lösung ihrer emotionalen Probleme auf sie abzuladen«, so Lee Felsenstein in einer E-Mail. »Das war vielleicht der Hauptgrund dafür, dass sie die Gruppe so abrupt verließ – es war der Erwartungsdruck von so vielen von uns, uns wie eine Mutter zu behandeln.«[17]

Die übrigen Frauen übernahmen den Staffelstab. Mya, Sherry und ihre Freundin Mary Janowitz, die für eine andere Project-One-Organisation namens Ecos arbeitete (»Das kam in diesem Gebäude einer Regierungsbehörde noch am nächsten«,[18] erklärt Sherry.), legten ihre Mittel zusammen, um gemeinsam an einem neuen Projekt zu arbeiten, das den Resource-One-Computer über Gemeinschaftsexperimente hinaus in Richtung sozialem Engagement führen sollte. Keine von ihnen hielt sich für technikbegabt. Mary hatte als Soziologiestudentin in Barnard gelegentlich Daten für Lochkarten eingegeben, was sie erdrückend langweilig fand und Myas technische Leidenschaften erstreckten sich auf Videokunst. Im Gegensatz zu Pam, die von der Informatikabteilung in Berkeley kam, hatte keine von ihnen Programmieren studiert. Aber sie erkannten, dass der Computer wertvoll war und dass er einige vorhandene Bedürfnisse in der Gemeinde erfüllen konnte. Alles, was sie brauchten, war ein Problem, das sie lösen konnten.

Später, als alle auf der Türschwelle Höflichkeiten austauschten, wandte sich Chris an mich. »Am Anfang waren es nur Männer«, sagte er herzlich und schloss den Reißverschluss seiner Barbour Jacke. »Hippies mit ihren alten Damen, Blumenmädchen. Und dann, zwei Jahre später, beherrschten die Frauen alles.«[19] Diese Veränderung lag zum Teil am Engagement der Frauen von Resource One – Pams Fundraising und Projektmanagement und an dem Projekt, das die anderen Frauen nach ihrem Weggang in Angriff nahmen.

Sie fanden die perfekte Anwendung für den Computer von Resource One durch Charlie Bolton, der bisweilen im Gebäude herumhing. Bolton erzählte ihnen, dass die Sozialämter in der Bay Area keine einheitliche, stadtweite Datenbank für weiterführende Hilfsangebote oder Überweisungen zu Ärzten nutzten; er hatte persönlich beobachtet, wie sich die Sozialarbeiter der verschiedenen Ämter auf ihre eigenen Rollkarteien verließen. Die Überweisungen, die sie ausstellten, waren in der ganzen Stadt qualitativ sehr unterschiedlich, und die Menschen wurden nicht immer mit den Diensten in Verbindung gebracht, die sie brauchten, selbst wenn es diese Dienste gab. Chris Macie, der Resource One zusammen mit Pam gegründet hatte und nach ihrem Ausscheiden blieb, programmierte ein neues System zur Informationsbeschaffung für das Projekt, und die Frauen begannen, Sozialarbeiter in ganz San Francisco anzurufen. Sie fragten, ob die Agenturen an einem Vertrag interessiert wären, der ihnen Zugang zu einer ständig aktualisierten Datenbank mit Informationen zu Überweisungen geben würde. Die Antwort war ein klares Ja. Die Frauen von Resource One hatten ihre Aufgabe gefunden: den Computer zu nutzen, um den am meisten benachteiligten Menschen in der Stadt den Zugang zu medizinischen und sozialen Dienstleistungen zu ermöglichen.

Ihr Social Services Referral Directory war dort erfolgreich, wo die Bemühungen um eine Vernetzung der Bay Area Switchboards gescheitert waren, und zwar aus einem einfachen Grund: Es berücksichtigte tatsächlich seine Nutzer. Sozialarbeiter hatten keinen einfacheren Zugang zu Computerterminals oder Fernschreibern als die Hippies, welche die Telefonzentralen betrieben, also wurde die Datenbank einfach auf Papier verteilt. Gegen eine bestimmte monatliche Gebühr erhielten die teilnehmenden Einrichtungen per Post Briefumschläge mit alphabetisch geordneten Loseblattsendungen, mit denen sie ihre eigenen, knallroten Ordner mit Verzeichnissen der sozialen

Dienste stets auf dem Laufenden halten konnten. Die zentrale Datenbank selbst wurde von Mya und später von Mary mit dem SDS-940 verwaltet. Sie trugen dort die Daten ein, die Sherry durch Anrufe bei den örtlichen Einrichtungen sammelte. Jeder Eintrag enthielt wichtige Informationen: welche Sprachen gesprochen wurden, das Thema der Dienstleistung und weitere Details. »Wir wollten, dass die Sozialarbeiter besser arbeiten konnten«,[20] erklärt Sherry.

Joan Lefkowitz, ein 17-jähriges Hippie-Kid mit Janis-Joplin-Frisur und Löchern in den Knien ihres Overalls, stieß zu der Gruppe, als Mya die Gruppe verließ, und vervollständigte damit das rein weibliche Team. Joan hatte zu Project One gefunden, nachdem ihr ein Fremder in einem Bioladen in Santa Barbara gesagt hatte, sie solle an das Fenster des Lagerhauses klopfen, wenn sie in San Francisco ankäme, und sagen: »Jeremiah Skye hat mich geschickt.« Sie nahm den Job für die Mitarbeit an dem Verzeichnis an, weil er ihre Liebe zur Elektronik mit zukunftsorientiertem Handeln verband. Wie Sherry verbrachte sie ihre Tage am Telefon: Sie kontaktierte San Franciscos Sozialarbeiter, Hotlines zur Suizidprävention, Obdachlosenheime, Seniorenzentren, Gemeindegruppen und Telefonzentralen. »Es kam mir wirklich so vor, als würde man die Instrumente genau dafür einsetzen, wofür sie gedacht waren, nämlich für die Bedürfnisse der Menschen«, erzählt sie mir über Skype, während eine Katze auf ihrer Schulter sitzt. »Sie haben einen Weg gefunden, Technologie auf eine Art und Weise zu nutzen, die das Leben der Menschen wirklich berührt, und das erschien mir einfach richtig sinnvoll und cool.«[21]

Mit täglich Dutzenden von Anrufen hielten die Frauen das Verzeichnis auf dem neuesten Stand und stellten die Seiten zusammen, indem sie sie von Hand in alphabetisch geordnete Stapel auf den Boden legten. Jeden Monat fürchteten sie sich vor der Aufgabe, mit Hunderten von Briefumschlägen zur Post zu gehen, von denen jeder mühsam von Hand beschriftet wurde. Wie Joan es ausdrückt, haben die »Frauen das Programmieren nicht selbst gemacht – wir haben nur den ganzen Rest der Arbeit erledigt«.[22] Dieses Verzeichnis war die nützlichste Informationsquelle, welche die Sozialdienste in San Francisco bis dato zur Verfügung hatten. Jeden Monat wurde das Paket mit den aktualisierten Einträgen größer, bis es schließlich Adressen in der gesamten Bay Area umfasste und zwei Ordner mit einer Dicke von jeweils acht Zentimetern füllte. Jede Bibliothek der Stadt hatte ein Exemplar, ebenso wie alle Büros des Sozialamts. Als Sherry, Mary und Mya schließlich aus dem Project One ausschieden, um in den nächsten Lebensabschnitt zu wechseln, gaben sie das Verzeichnis an United Way weiter. Schließlich gelangte es in die öffentliche Bibliothek von San Francisco, welche die Datenbank in ihren Katalog aufnahm und bis 2009 pflegte.

Obwohl dieses Verzeichnis, das Social Services Referral Directory, nicht in die vorherrschenden Mythen über San Francisco aufgenommen wurde, als Ort, an dem Hacker und Hippies zusammenkamen, um die Zukunft zu gestalten, war es in praktischer Hinsicht durchaus von großer Bedeutung. Das Verzeichnis verband einen unsichtbaren und zumeist nicht technikaffinen Teil der Bevölkerung – Sozialarbeiter und bedürftige Familien – bis weit ins 21. Jahrhundert hinein. Es ist nicht klar, ob die Hacker, Außenseiter und »großartigen Männer«, über die Stewart Brand so enthusiastisch schrieb, etwas Ähnliches wie das Social Services Referral Directory erfunden oder aktiv unterhalten hätten, das ein wenig glamouröses, dafür arbeitsintensives Gemeinschaftsprojekt war. Da die Schnittstelle eher ein Dreiringordner als ein Fernschreiber war, blieb seine wahre Natur als digitales Objekt für alle unsichtbar. Außer für diejenigen, die es pflegten, und obwohl die Datenbank nur für diejenigen ausgedruckt wurde, die *keinen* »Zugang zu Werkzeugen« hatten.

Heute sind die Gebäude im ehemaligen Lagerhausviertel South of Market immer noch voller junger Menschen, die hart an ihrer Vision von Morgen arbeiten. Sie nennen es jetzt SoMa. Niemand schnorrt sich eine Mitfahrgelegenheit – heutzutage fahren die Autos selbst. Statt eines einzigen Computers, dessen Gewicht mit dem des Heizkessels auf dem Dach konkurrierte, an dessen Installation sich die meisten Mitarbeiter von Project One mit gleicher Deutlichkeit erinnern, gibt es Computer in jeder Tasche und auf jedem Schreibtisch. Es gibt Glühbirnen in South of Market, die intelligenter sind als der Resource One Computer. Die klügsten Köpfe der Informatik sind immer noch hier – oder zumindest die privilegiertesten –, aber jetzt verfeinern sie Algorithmen, um Waren und Dienstleistungen über ein Netzwerk zu verkaufen, von dem ihre Hippie-Vorfahren nur träumen konnten, langhaarig und auf den Kasten zeigend (es ist eine elektronische Pinnwand, sagten sie; es wird uns bei der Revolution helfen, sagten sie). Hätten zu den Gründungsmythen der Technologiekultur dieser Stadt, die den Rest der Welt so sehr beeinflusst, auch Dinge wie das Verzeichnis für die Sozialdienste gehört, hätte diese Revolution vielleicht einen anderen Beigeschmack gehabt.

Die Frauen von Resource One waren es gewohnt, bei den wöchentlichen Konsenssitzungen, wo sich alle im Gebäude trafen, übergangen zu werden. Sherry und Mary erinnern sich an einen Mann, der eine Waffe im Gebäude aufbewahren wollte, und an die langwierigen Debatten mit denjenigen, die ihr Veto einlegten. »Entscheidungen mit hundertprozentigem Konsens mit über hundert Leuten zu treffen – von denen einige ziemlich verrückt waren –, war ermüdend«, sagt Joan. Sie haben eine Lösung gefunden. Jedes Mal, wenn eine von ihnen unterbrochen wurde, meldeten sich die anderen zu Wort. Sie legten sich diese Strategie im Voraus zurecht, bestimmt während eines langen Gesprächs auf Sherrys Bett. »Wir sagten: ›Moment mal, ich habe nicht verstanden, was so und so gesagt wurde.‹ Oder wir sagten: ›Warte mal, lass sie erst mal ausreden.‹ Das haben wir füreinander getan«, erinnert sich Sherry. »Man wirkt so dem Dominanzverhalten entgegen. Manchmal reicht das schon, um jemanden aufzuwecken.«[23]

Das Social Services Referral Directory ist einer der frühesten Versuche, Computer für soziale Zwecke einzusetzen, und es zeigt, was passiert, wenn der Prozess der technologischen Entwicklung und Umsetzung für unterschiedlichste Gruppen von Menschen zugänglich gemacht wird. Als die Frauen von Resource One – Radikale, Feministinnen und Organisatorinnen – ihre gemeinsamen Werte in die Maschine einbrachten, war das Ergebnis ein Produkt, das ihrer Umgebung zugutekam. Sie nahmen die Werkzeuge, die von männlichen Hackern als weltverändernd angepriesen wurden, und wandten sie vor Ort an, damit sie im Hier und Jetzt Gutes bewirken. Das ist nach wie vor eine radikale Idee und es war nicht das erste Mal, dass Frauen ein so starkes Interesse am Nutzen in die Technologie einbrachten: Pionierinnen wie Grace Hopper und Betty Holberton, die an der Verfeinerung und Systematisierung von Programmiersprachen arbeiteten, machten ihr Handwerk einer breiteren Öffentlichkeit zugänglich und öffneten auch

Nicht-Programmierern die Tür zu dieser Welt, um zu verstehen, was Computer alles ermöglichen. Und das sollte sich bald wiederholen immer und immer wieder, denn die Vernetzung von Computern eröffnete Frauen neue Möglichkeiten, Pionierarbeit auf unbekanntem Terrain zu leisten. Auf diese Weise halfen sie uns allen, das Informationszeitalter zu verstehen.

KAPITEL ACHT

NETWORKS

Ich warte auf den Flughafenbus in Marin, der Regen macht keine Anstalten endlich aufzuhören. Ich muss unentwegt an Resource One und ihren SDS-940 denken und versuche mir vorzustellen, wie es wäre, einen Computer wie diesen in meinem Haus zu haben. Er hatte nur einen 64k-Speicher – viele Größenordnungen weniger als das Telefon in meiner Tasche, das ich schon manches Mal unachtsam fallen gelassen und einmal sogar durch die Waschmaschine gejagt habe – aber ich merke, dass ich total neidisch auf Resource One bin. Sie hatten diesen Computer, bevor alles so kompliziert wurde. Der SDS-940 war freistehend und nur mit ein paar Terminals in der Bucht von San Francisco verbunden: mehr Möbel als Accessoire. Von San Francisco aus fliege ich zurück nach Los Angeles und schalte meine Geräte dankbar in den Flugmodus, um eine Stunde Pause von den ständigen Benachrichtigungen zu haben.

Computer wurden ab Ende der 60er miteinander verbunden, aber erst Anfang der 70er – als die Frauen von Resource One ihr Verzeichnis für die Sozialämter in der Bay Area verteilten und das Community-Memory-Terminal die langhaarigen Kreativen in die Freuden elektronischer Bulletin Boards einführte –, nahm eine erste Skelettversion des Internets, wie wir es heute kennen, so langsam Gestalt an. An mehr als einem Dutzend verschiedener Standorte in den USA, von denen die Hälfte in Kalifornien lag, wurden kühlschrankgroße Großrechner wie der SDS-940 über Telefonleitungen und Router miteinander verkabelt, um Ressourcen, Zeit und Nachrichten zu teilen. Dieses Proto-Internet, das ARPANET, wurde von der Advanced Research Projects Agency des Verteidigungsministeriums finanziert. Es ging dabei nicht um sozialen Austausch – zumindest so lange nicht, bis die ersten E-Mails aufkamen –, sondern es ging vor allem um die gemeinsame Nutzung von Ressourcen. Vor dem ARPANET übertrug jeder, der Daten von einem Computer auf einen anderen übertragen wollte, dies mit einem Stapel gelochter Karten oder einer Rolle Magnetband. Menschen bewegten sich immer noch leichter als Daten. Ein Historiker drückt es so aus: bevor Computer per Fernbedienung zu steuern waren, »war es für einen Wissenschaftler, der einen weit entfernten Computer nutzen musste, wahrscheinlich einfacher, in ein Flugzeug zu steigen und zur Maschine zu fliegen, um sie persönlich zu bedienen.«[1] Das ARPANET änderte das grundlegend, indem es eine Gruppe leistungsstarker »entfernter Computer« miteinander verband. Mit einem Zugang zum Netz konnte ein Wissenschaftler am MIT Programme auf einem Computer in Kalifornien genauso einfach laufen lassen, als wäre er selbst im Raum und würde die Tasten drücken.

Das ARPANET war ein Paketvermittlungsnetzwerk, wie es das Internet heute noch ist: dadurch, dass Informationen in mundgerechte »Pakete« aufgeteilt und in gemessenen Hüpfern über das Netzwerk gesendet wurden, vermied das ARPANET, dass es zu systemweiten Ausfällen kam. Wenn ein Knotenpunkt im Netzwerk ausfällt, werden die Pakete einfach umgeleitet und setzen sich bei Ankunft wieder zusammen. Die ersten Nutzer des ARPANET waren seine Erbauer: Mathematiker, Informatiker und Ingenieure an Orten wie Bolt Beranek and Newman, wo Pat Crowther ihre Höhlenkarten druckte und Will Crowther Router-Code schrieb; MIT; Carnegie Mellon; UCLA; und oben in Nordkalifornien Berkeley, Stanford und das Stanford Research Institute in Menlo Park. Diese Leute haben alle zum Design des frühen Internets beigetragen, indem sie neue Protokolle vorgeschlagen, Fehler behoben und Funktionen hinzugefügt haben. Da das Militär und die höchsten Ränge der akademischen Informatik von Männern dominiert waren, liegt es nahe, dass all diese Leute, die ersten Benutzer des Internets, Männer mit Hochschulbildung waren.

Außer natürlich, dass sie es nicht waren.

Eine junge Frau namens JAKE

Sie trug ihr Haar zurückgekämmt, weit auf der linken Seite gescheitelt und wählte für ihren ersten Arbeitstag einen schicken Businessanzug, sogar mit hohen Schuhen. Aber als sie das Augmentation Research Center Labor im Stanford Research Institute betrat, fiel sie immer noch auf wie ein bunter Hund. Man schrieb das Jahr 1972 und so sahen zu der Zeit die großartigen Männer aus: Ihre Haare waren ebenso so lang und wild wie ihre ungepflegten Bärte, sie saßen in Beanbags und »sahen ein wenig aus wie ungemachte Betten«.[2] Diejenigen, die Schreibtischstühle hatten, rollten auf dem nackten Boden des riesigen, offenen Büros herum, das sie Bullpen nannten, also der Bereich, in dem sich Pitcher beim Baseball einwerfen, sie machten einen Lärm wie Flipperautomaten und tauschten sich ohne eine erkennbare Hierarchie untereinander aus. Der Name der Neuen war Elizabeth Feinler, aber alle zu Hause in West Virginia nannten sie Jake.

Jake fragte sich, in was um Himmels willen sie da hineingeraten war.

Sie war die Erste in ihrer Familie, die studiert hatte. Während ihres Masterstudiums an der Purdue University war sie so arm, dass sie die wilden Eichhörnchen aß, die ihr Freund für sie jagte, und sie kaufte für fünf Cent pro Stück Hühner, die aussortiert worden waren, weil sie für die Experimente der Lebensmittelforschungsabteilung ungeeignet waren.[3] Sie hatte über Umwege nach Stanford gefunden: Nach dem Chemiestudium hatte sie einen Job bei einem Abstract Service in Columbus angenommen und wissenschaftliche Papiere und Patente in einer riesigen Chemiedatenbank zusammengestellt, eine der größten Datenbanken der Welt. Sie war fasziniert von der schieren Menge an Informationen, und auf den ersten Blick schien es eine Sisyphusaufgabe zu sein, sie zu einer effizient nutzbaren Datenbank zu machen. Als ihr klar wurde, dass sie mehr am Informationsmanagement als an der Chemie interessiert war,[4] nahm sie einen Job an der Stanford University an und half Wissenschaftlern bei der Recherche – sie sammelte Nachdrucke und lief in verschiedenen Bibliotheken herum, anschließend fasste sie ihre Ergebnisse auf Karteikarten zusammen, ähnlich wie es Suchmaschinen heute tun.

An der Stanford University arbeitete Jake in einem Kellerlabor. Es dauerte nicht lange, bis ein Kollege aus dem Obergeschoss, Douglas Engelbart, gelegentlich in ihr Büro kam, um sich Rat zu holen, wie er Dinge effizient organisieren konnte. Engelbart hatte Ende der 60er ein Computersystem namens NLS (oNLine System) erfunden, einen Vorläufer des modernen PCs, sowohl was die Form als auch die Philosophie dahinter betraf, es war das erste System, das eine Maus und eine Tastatur im Design integrierte. NLS war so visionär, dass der erste öffentliche Vortrag, den Engelbart darüber hielt, in der Tech-Geschichte als »die Mutter aller Demos«* bekannt ist. Im Augmentation Research Center, dem Institut über Jakes Büro in Stanford, arbeitete Engelbarts Team von Ingenieuren und Informatikforschern an der Gestaltung der Zukunft. »Er kam runter und fragte: ›Was machst du?‹«, erinnert sich Jake. »Und ich sagte: ›Was machen all diese Leute da oben, die auf Fernseher starren?‹«[5]

Im Vergleich dazu erschien Jake ihre eigene technische Forschungsarbeit langweilig. Eines Tages, als Engelbart in ihr Büro kam, fragte Jake ihn nach einem Job. Er sagte ihr, dass er ihr im Moment keinen anbieten könne, aber er behielt sie im Hinterkopf. Sechs Monate später kam er zurück. »Ich habe jetzt einen Job«, verkündete er. Es hatte nichts mit Karteikarten zu tun; stattdessen führte Engelbart Jake in die wilde neue Welt des vernetzten Computings ein. Von da an gab es kein Zurück mehr.

Im Herbst 1969 hatte eine von Engelbarts Maschinen das erste Übertragungssignal zwischen zwei Host-Computern im ARPANET empfangen. Die Verbindung brach jedoch auf halbem Weg ab[6] und die erste Internet-Nachricht `LOGIN` wurde auf das etwas prophetisch klingende `LO` (sieh) verkürzt. Als Jake 1972 zu Engelbarts Team stieß, war Stanford einer von etwas über 30 Knotenpunkten im wachsenden nationalen ARPANET. Es beherbergte auch das Network Information Center, das NIC, eine zentrale Anlaufstelle für ARPANET-Angelegenheiten (jeder, der damals am ARPANET beteiligt war, nannte es »Nick«, wie der Name eines alten Freundes mit einem etwas speziellen Ruf). Engelbart bot Jake das NIC an und sagte ihr, dass

* Es lief auch auf einem SDS-940 – und gemäß diversen Berichten war es genau das Gerät, das schließlich bei Resource One gelandet ist.

das Büro pünktlich für eine wichtige Demonstration für das Verteidigungsministerium ein Resource Handbook für das ARPANET vorbereiten müsse. »Ich sagte: ›Was ist ein Resource Handbook?‹ Und er sagte: ›Ehrlich gesagt, ich weiß es auch nicht, aber wir brauchen eins in sechs Wochen.‹«[7]

Jake hat es herausgefunden. Da das ARPANET ursprünglich als Netzwerk für den Austausch von Ressourcen für Wissenschaftler gebaut wurde, sollte das Handbuch auflisten, welche Maschinen, Programme und Personen an den verschiedenen Standorten im Netzwerk vorhanden waren. »Es war ziemlich offensichtlich, was ich tun musste«,[8] erinnert sich Jake. Um das Handbuch zusammenzustellen, nahm Jake Kontakt auf mit jedem einzelnen Host-Standort im entstehenden Internet – sie rief Ansprechpartner zu Technikfragen und Systemadministratoren im ganzen Land an –, um genau zu dokumentieren, was an den einzelnen Standorten verfügbar war. Jeder Host-Standort war anders. Hochschulen und Universitäten nutzten ihre Host-Computer für alle möglichen Dinge; für manche war es nur ein zufälliger Nebeneffekt, dass ihre Maschine »online« war. Anderen war es komplett egal. Die Host-Computer waren nicht immer stabil. Am MIT »bedienten die Kids die Maschine«,[9] erinnert sich Jake. Coole Bachelorstudenten, die das »beste Spiel der Stadt« kannten, schlichen sich oft nachts ins Netz, um herumzualbern. Trotz all dieser Herausforderungen[10] wurde das Resource Handbook, das Jakes Büro produzierte, zur ersten Dokumentation der technischen Infrastruktur des Internets; mit 1000 Seiten war es eine Bestandsaufnahme aller Knotenpunkte, Institutionen und Personen, die das ARPANET am Laufen hielten.

Das Zusammenstellen des Resource Handbook machte Jake sofort zu einer Autorität im ARPANET. Letztendlich baute sie das Network Information Center von einem Zwei-Personen-Betrieb zu einem Elf-Millionen-Dollar-Projekt aus und übernahm die Verantwortung für alle wichtigen organisatorischen Bereiche im wachsenden Netz. Zusammen mit einem überwiegend weiblichen Team erstellte sie das ARPANET-Verzeichnis, das zusammen mit dem Resource Handbook quasi als die »elektronischen Gelben und Weißen Seiten« des frühen Internets fungierte. Überdies verwaltete sie das Register für alle neuen Hosts, indexierte die wichtigsten Gespräche über das Netz, betrieb die Referenzabteilung des NIC – eine Hotline für das

Internet, bei der es Tag und Nacht klingelte – und schlug Protokolle vor, die bis heute zu den Kernwerkzeugen des Internets gehören.

Dies geschah natürlich nicht alles über Nacht. Als Jake in Stanford anfing, war das ARPANET ja immer noch relativ klein. »Wir haben eine Weile im Hintergrund herumgeeiert«, erklärte Jake, »bis das Netz plötzlich wie verrückt expandierte.« Jakes Team war dafür verantwortlich, das ARPANET gut organisiert zu halten, während es wuchs. Im Jahr 1974 übernahm das NIC die Aufgabe, das Host-Verzeichnis des ARPANETs, die »Host-Tabelle«, zu pflegen. Jedes Mal, wenn eine neue Institution dem Netz beitreten wollte, musste sie zunächst Jakes Büro kontaktieren, um sicherzustellen, dass ihr Hostname noch nicht vergeben war und dass ihre Hardware den Netzwerkrichtlinien entsprach. Die Host-Tabelle des NIC hielt das Internet am Laufen und lange bevor kommerzielle Unternehmen wie GoDaddy und Network Solutions die Verwaltung von Internetadressen kontrollierten, war Jake, die streng frisierte Frau aus West Virginia mit einem Master in Chemie – zwar eigentlich am falschen Platz, aber glücklich unter Hippies und Hackern – Chefbibliothekarin, Internet-Managerin und Flugverkehrskontrolle in einem.

Jake Feinler in ihrem Büro beim Network Information Center

Jake war eine der wenigen Frauen, die am ARPANET beteiligt waren. Da es vom Militär finanziert und von Ingenieuren auf höchstem akademischem Forschungsniveau eingerichtet wurde, war die technische Seite des Netzes von Männern dominiert. Frauen kamen eher von den Nischen aus ins Spiel: Vor Jake fanden einige den Weg über die Informatik in die Vernetzung von Computern (Ellen Westheimer, die bei Bolt Beranek and Newman arbeitete, der Firma in Massachusetts, welche die ersten Router des ARPANET entworfen hatte, veröffentlichte eine frühe Version der Host-Tabelle, und Peggy Karp bei der MITRE Corporation in Bedford, Massachusetts, schlug als erste vor, sie zu standardisieren).[11] Jakes weibliche Kollegen am NIC stammten aus ganz verschiedenen Fachrichtungen. Mary Stahl, eine Frau auch aus West Virginia, die Jakes Halbbruder geheiratet hatte, kam in den Anfangstagen als Forschungsassistentin dazu; sie hatte Kunst studiert und zuvor Kinder unterrichtet. Einer der Programmierer im NIC-Team, Ken Harrenstein, war taub, und seine Dolmetscher für Gebärdensprache, fast ausschließlich Frauen, arbeiteten doppelt und gaben nebenbei Daten für die NIC-Datenbanken ein. Keine hatte eine technische Ausbildung, sie alle lernten das notwendige Handwerkszeug nebenbei. Ihr Beitrag zur Vernetzung lag weniger im technologischen als vielmehr im organisatorischen Bereich. »Es gab damals nicht viele Frauen, die echte Programmiererinnen waren. Viele, die an der Vernetzung mitarbeiteten, hatten einen Abschluss in Ingenieurwissenschaft, sie kamen aus der Elektrotechnik oder der Physik«, sagt Jake, »aber Frauen können hervorragend mit Informationen umgehen, weil sie sehr gut darin sind, auf Details zu achten.«[12]

Dennoch waren sie Außenseiter. Jake erinnert sich lebhaft daran, wie sie gebeten wurde, bei einem Treffen mit hochrangigen Militärs Kaffee zu machen, oder wie das erste Mal, als sie sich an ein NLS-Terminal im Rechenzentrum setzte, »jemand kam und mich anschrie: ›Sekretärinnen dürfen die Maschinen nicht benutzen‹«. Solche Erfahrungen knabberten an ihrem Selbstvertrauen. »Ich war sicher, dass es irgendwo einen riesigen Stecker am Himmel gab, den ausgerechnet ich eines Tages kaputt machen würde«,[13] befürchtete sie. Im Laufe der Zeit entwickelte sie Strategien, damit umzugehen. Wenn sie aufgefordert wurde, Kaffee zu machen, antwortete sie schlagfertig: »Oh, ich mache ihn gerne dieses Mal – vielleicht machen Sie ihn dann das nächste Mal?« Und was ihre Sorge betraf, eines Tages die Maschine kaputt zu machen, erkannte sie irgendwann, dass Engelbarts komplexes System den hohen Tieren des Verteidigungsministeriums mehr Angst einflößte, als einer Sekretärin oder jeder anderen Frau, die gewohnt war, mit Tastaturen umzugehen. »Es war schwieriger, Leute in den höheren Rängen dazu zu bringen, sie zu bedienen«, entdeckte sie, »weil sie befürchteten, dass sie sich blamieren könnten.«[14]

Genau wie frühere Generationen von menschlichen Computern zusammenarbeiteten und das Netzwerk der Zukunft vorwegnahmen, verkörperten die frühen weiblichen Informationsspezialisten des Internets eine weitere Funktion, die später dann vom System selbst übernommen wurde: die Suche. Lange bevor es Suchmaschinen gab, die für uns heute selbstverständlich sind, war das NIC das Google seiner Zeit. Und Jake war sein menschlicher Algorithmus, die einzige Person, die genau wusste, wo alles aufbewahrt wurde. Ohne die Dienste des NIC war es fast unmöglich, sich im ARPANET zurechtzufinden; Host-Sites warben nicht für ihre Ressourcen, die sich oft veränderten, da sich Maschinen und Konfigurationen änderten. Dies machte es neuen Benutzern schwer, sich zurechtzufinden und legte die ganze Verwaltungsarbeit in die Hände von Jakes Büro. »Wenn man nicht wusste, wo man mit Fragen hingehen sollte«, sagte sie, »kam man zum NIC«.[15] Die Telefone ihrer Hotline klingelten 20 Jahre lang ununterbrochen, und als man dann auch noch E-Mails im Netz verschicken konnte, wurde sie von Anrufen absolut überschwemmt. Sie hatte Albträume, dass sie in dieser Flut möglicherweise etwas Wichtiges übersah. »Es hörte einfach nie auf. E-Mail war mein Kreuz, das ich tragen musste.«[16]

Jake hob alles auf, was nicht anderweitig archiviert wurde – ihre Freunde scherzten, dass ihr nie ein Stück Papier begegnete, das sie nicht mochte – und brachte alles zum NIC zur Archivierung und als Referenz. Dadurch war ihr Büro voller Bücher und Papiere, und ihr Schreibtisch war wie ein dichtes Brombeergestrüpp, voll mit losen Blätterhaufen. Er war so unordentlich, dass einer von Jakes Mitarbeitern einmal eine Reinigungskraft engagierte, um das Durcheinander in Angriff zu nehmen. »Das war das einzige Mal, dass ich mit jemandem, der für mich gearbeitet hat, richtig Krach bekommen habe. Ich sagte: ›Du kannst dein eigenes Büro aufräumen, so oft du möchtest, aber rühre meins nicht an‹«,[17] erinnert sie sich. Jakes Stapel, so unordentlich sie auch erscheinen mochten, waren ein geistiger Index für das Geschehen im Internet als Ganzes – und Jake war seine Chefkuratorin und Hüterin.

Die Bedeutung des NIC bei der Verwaltung des Informationsflusses im ARPANET ist leichter zu übersehen als die seiner Erbauer. Wenn Informationen reibungslos fließen, fühlt sich das so normal an, wie die Luft, die man atmet. Aber es erforderte eine enorme Menge an Arbeit, das NIC und das Netz am Laufen zu halten. Jake erzählt mir einen beliebten Witz aus dem Büro, über einen Otto Normalverbraucher namens Joe Smith. Jeder kennt Joe Smith, erklärt sie: Diese Person kennt Joe, jene Person kennt Joe, einfach jeder, sogar der Präsident kennt Joe. Eines Tages ist Joe Smith im Vatikan und jemand in der Menge fragt: »Wer ist denn der da oben?« Darauf die Antwort: »*Den mit der roten Mütze kenne ich nicht, aber der andere, das ist Joe Smith.*« Jake war der Joe Smith des Internets, erklärt sie: einerseits völlig anonym, aber gleichzeitig allgegenwärtig. Irgendwann begann sie, ihren eigenen Namen beim Korrespondieren wegzulassen, weil es sich einfach »lächerlich«[18] anfühlte. Ich frage Jake, wann sie zum ersten Mal erkannte, dass das Internet einmal so groß werden würde, dass ihr Job unmöglich zu schaffen sein würde. Sie zögert keine Sekunde. »Das war mir fast von Anfang an klar«, sagt sie. »Ich dachte immer wieder, ›Warum mache ich das bloß?‹«[19]

Das Augmentation Research Center arbeitete rund um die Uhr. So riesig die Maschinen waren, so winzig waren die Computerkapazitäten. Es konnte Stunden dauern, ein Programm zu kompilieren, besonders, wenn das Netz voller Time-Sharing-Benutzer war. Um die Dinge zu beschleunigen, arbeiteten Forscher in 24-Stunden-Schichten, wichtige Datenbank-Updates führten sie in der Nacht durch und schlürften dabei Kaffee, Cola und das koffeinhaltige Mountain Dew, um bis zum Sonnenaufgang durchzuhalten. »Wir versuchten einfach, Dinge aufzubauen, Sachen zu erledigen«, sagt Jake, »und die Maschinen waren tagsüber so ausgelastet, deswegen gab es eine ganze Gruppe von Leuten, die nachts im Netz arbeiteten und versuchten, ihre Arbeit zu erledigen.«[20] Manchmal schliefen sie an ihren Schreibtischen direkt über den Terminals ein, nur Jake und die anderen Frauen des NIC zogen sich in den Damenraum zurück, um sich auszuruhen. »Dort gab es eine

Couch« in einem Vorraum, erklärte sie. »Das war damals ein Gesetz – für Frauen musste es Sofas geben.«[21]

Ähnlich wie Grace Hopper im Rechenzentrum von Harvard bei Howard Aiken im Zweiten Weltkrieg unter Druck Besonderes leistete, zog Jake zusammen mit den besten ihrer Mitarbeiterinnen anstrengende Nachtschichten durch. »Manchmal arbeitete ich die ganze Nacht durch und auch den ganzen Tag über. Um fünf Uhr morgens wurde es immer ein bisschen haarig«, sagt sie. Das lag daran, dass um fünf Uhr morgens die Telefone des NIC in Betrieb gingen, um Anrufe von der Ostküste zu empfangen, das NIC blieb bis Mitternacht erreichbar. Während es nur ein Telefon gab, als Jake anfing, hatte das NIC bei ihrem Weggang im Jahr 1989 sechs Telefone, die von Anfragen aus dem ganzen Land überflutet wurden. Es war die zentrale Hotline für das ganze Internet: Jakes Mitarbeiter am Reference Desk leiteten Anrufer an den qualifiziertesten Ansprechpartner weiter, lasen Standardantworten aus Listen von FAQ vor oder besorgten Informationen aus der wachsenden Bibliothek des NIC. Doch es reichte nie aus, um mit den Nachfragen Schritt zu halten.

Jake nutzte das ARPANET selbst, um auf dem neuesten Stand des Netzwerkgeschäfts zu bleiben. Über ihr vernetztes Terminal stand sie in Kontakt mit Kollegen im Rechenzentrum – durch bildschirmbasierte Chats, die sie »Linking« nannten – und auch mit Standorten im ganzen Land. Oft sprach sie mit Menschen, die sie nie persönlich getroffen hatte. Sie beteiligte sich an technischen Diskussionen zu den »Request for Comments« (RFC), einem fortlaufenden, internen Memo, das von Forschern im ARPANET gemeinsam verfasst wurde. Die ersten RFCs waren Printmemos. Als sie das NIC dann online stellte, wurden sie zu einer Art gemeinsamen Treffpunkt, ähnlich wie ein Bulletin Board. Als immer klarer wurde, wie wichtig die RFCs waren, bearbeiteten Jake, ihre Kollegin Joyce Reynolds und eine Gruppe von ARPANET-Forschern, die sich selbst Network Working Group nannten. So wurden die RFCs schließlich zu den offiziellen technischen Notizen des Internets. Sie definierten Konventionen, die wir heute noch verwenden. Die RFCs sind Relikte aus einer Zeit, als das Internet noch so klein war, dass fast jeder Benutzer, der online war, nur an einem einzigen Gespräch teilnahm. Das wurde natürlich schnell unmöglich, aber zu dieser Ausbreitung – dieser widerspenstigen, unkontrollierbaren Explosion von Informationen, Verbindungen und Menschen – hat Jake ihre bedeutendsten Beiträge geleistet.

Da blieb nicht viel Zeit für Anderes. Es war schwer für Jake, außerhalb der Arbeit Freundschaften zu pflegen, insbesondere, als die Aufgaben des NIC wuchsen und sie permanent unterwegs war, um ARPANET-Aktivitäten zwischen Washington und den wichtigsten Host-Sites des Landes zu koordinieren. Für viele in der Computertechnik arbeitende Frauen war es in jener Zeit fast unmöglich, Privatleben und Karriere in Einklang zu bringen. »Ich wollte eigentlich immer heiraten«, sagt sie, »aber ich hatte keine Zeit dafür.«[22] Trotzdem gab es nichts Schöneres, als um fünf Uhr morgens nach einer langen Nacht im Rechenzentrum Pancakes zu essen oder mit einer Gruppe von Hackern in einem chinesischen Restaurant zu sitzen und an einem reich gedeckten Tisch zu streiten, wo es die besten Teigtaschen gab – an der Ost- oder an der Westküste. Als sie 2012 als erste Frau in die Internet Hall of Fame aufgenommen wurde, erkannte sie, wie ihre Hartnäckigkeit und ihr Glück sie an einen besonderen Ort gebracht hatten, zu einem wirklich entscheidenden Moment in der Geschichte. »Das Internet machte einfach einen Heidenspaß«, sagt sie. »Da ich so früh eingestiegen bin, hatte ich mehr Spaß, als ich mir jemals hätte träumen lassen.«[23] Zur Feier von Netzwerk-Meilensteinen – etwa den ersten hundert Hosts, oder dem erfolgreichen Wechsel von einem Protokoll zum anderen – veranstalteten sie Partys im Konferenzraum. Einmal brachte Jake für alle im NIC, während der Hochsaison im Frühling, Krabben und frischen Spargel mit. »Sie wollte eine Krabben-Party haben«,[24] sagt Mary Stahl lachend.

»Es war wie meine Familie«,[25] erinnert sich Jake.

WHOIS Jake Feinler?

Jakes Projekte beim NIC wurden zunehmend wichtiger. Für das frühe ARPANET, das lediglich eine Sammlung von Host-Adressen war, die von verschiedenen Personen im ganzen Land genutzt wurden, war das Resource Handbook des NIC in einem sehr konkreten Sinne das einzige Werkzeug zur Navigation. Es war zwar noch auf Papier gedruckt, aber es war trotzdem der erste Internetbrowser. Mit einem durchsuchbaren und erreichbaren, sozialen Onlinenetzwerk nahm das ARPANET-Verzeichnis, Jakes »Gelbe Seiten«, unsere heutige Zeit um Jahrzehnte vorweg. Jedes dieser einfachen und zukunftsweisenden Tools wurden schließlich Teil des ARPANET, und die Aufgaben des NIC wurden in das Netz selbst integriert. Wie Grace Hopper mit ihrem automatischen Programmieren, ersetzte Jake sich selbst durch eine Maschine.

Während das ARPANET-Verzeichnis parallel zum Netz wuchs, traf Jake wichtige Entscheidungen, wie es gehandhabt werden sollte. Eine davon war recht philosophisch: Da die frühe Internet-Gemeinschaft eine so ungewöhnliche Mischung aus Leuten vom Militär, Informatikern und ein paar studentischen Quereinsteigern war, bestand Jake darauf, dass nur Namen und niemals formale Titel in das Verzeichnis aufgenommen werden sollten. Die militärischen Ränge stets auf dem neuesten Stand zu halten, wäre eine schwierige Aufgabe gewesen und, was noch wichtiger war, die 70er waren turbulent – es war die Zeit, in der die Kommunarden bei Project One einen Volkscomputer forderten, also Computerzugang für alle. Im ARPANET kam es durchaus vor, dass ein »Hacker-Kid« mit einem Nobelpreisträger sprach, oder jemand, der gegen den Vietnamkrieg protestierte, sprach mit Leuten vom Militär, die gerade aus dem Krieg zurückgekehrt waren.«[26] Diese Gruppenzugehörigkeiten aus den Gelben Seiten herauszuhalten, ebnete allen den Weg und schuf einen egalitären Geist im Internet, der über Jahrzehnte hielt und die Entwicklung von Gemeinschaften über Distanzen hinweg ermöglichte.

Als das Verzeichnis auf Papier zu groß wurde, um es manuell zu aktualisieren, beschloss Jake, einen Personenfinder direkt in das Netzwerk zu integrieren. Sie richtete einen neuen Server bei NIC namens WHOIS ein. »WHOIS war wahrscheinlich einer unserer größten Server«, erklärt sie. »Wir hörten auf, das Verzeichnis herauszugeben, das im Wesentlichen das Telefonbuch des Netzwerks war. Stattdessen haben wir alle diese Informationen unter WHOIS eingestellt. Wenn man also ›WHOIS Jake Feinler‹ eingab, bekam man meinen Namen, meine Adresse, meine E-Mail-Adresse, meine Zugehörigkeit im Netzwerk und so weiter.«[27] Es war das ursprüngliche Benutzerprofil. Das Personal vom NIC hielt die WHOIS-Datenbank mit den aktuellen Kontaktinformationen auf dem neuesten Stand und ermöglichte es den Menschen, einander online zu finden. WHOIS existiert immer noch: Es hat sich im Laufe der letzten 40 Jahre weiterentwickelt, aber es bleibt ein Kernprogramm des Internets. Das »WHOIS« verfolgt, wer für eine bestimmte Domain, Website oder Dienst verantwortlich ist. Dies hilft uns dabei, im Auge zu behalten, wer welche Ressourcen online kontrolliert. Ein Dienstprogramm, das an Bedeutung gewinnt, da die Quellen von Informationen wohl absichtlich immer weiter in der anonymen Dunkelheit des Netzes zu verschwinden scheinen. WHOIS tut nichts weniger, als das Internet demokratisch zu halten,[28] wie ein Experte bemerkt.

Das Gleiche geschah mit der Host-Tabelle. Als Jakes Büro am Network Information Center 1974 die Verantwortung für die Führung und Verwaltung des zentralen Registers des ARPANET übernahm, war es nur eine Textdatei: ein einfaches ASCII-Dokument, das die Namen und numerischen Adressen jeder Maschine im ARPANET auflistete, und das Hosts direkt vom NIC herunterluden. Aber als das Netz wuchs, drohte die Anzahl der Hosts den dafür in der Host-Tabelle vorgesehenen Platz zu sprengen, und die Datei selbst wurde für einige kleinere Hosts zu groß. Nicht alle Standorte lieferten genaue Informationen an das NIC. Jakes Kollegin Mary Stahl, die sich von der Forschungsassistentin zum Host-Master hochgearbeitet hatte, beschreibt das manuelle Prüfen und Bearbeiten von Hunderten Adressen in der Host-Tabelle zweimal pro Woche als »einen wahnsinnig anstrengenden Job« und einen undankbaren obendrein. »Niemand sagte: ›Oh super gemacht, klasse Host-Tabelle‹«, sagt sie und lacht. »Es ging immer nur darum, was falsch war.«[29] Anfang der 80er wurde deutlich, dass das »umständliche und ineffiziente«[30] System einer zentralisierten Host-Tabelle immer problematisch bleiben würde.

Die RFCs explodierten mit Vorschlägen über alternative Systeme, um einen Überblick über alle Hosts im Netz zu behalten. Die meisten waren sich einig, dass das neue System hierarchisch sein sollte. Obwohl es in der Natur des Internets zu liegen schien, auf dezentrale Weise zu wachsen, war man sich weitgehend einig, dass ein vernünftiges Namens- und Adressierungssystem unerlässlich wäre, um ein Abgleiten ins Chaos zu verhindern. Man einigte sich auf ein System von Nationalstaaten: Sie würden die Hosts in separate

Bereiche oder »Domains« unterteilen. Wie sich die Hosts innerhalb jeder Domain organisierten, lag bei ihnen, solange sie sich an ein standardisiertes Adressformat hielten, das heute jedem Onlinenutzer vertraut ist: Host-Adressen würden als `host.domain` gelesen, und Benutzer an jedem Host sollten sich als `user@host.domain` identifizieren, das Online-Äquivalent einer Postanschrift mit Postleitzahl. Aber wie sollten diese Domains heißen? Jake schlug vor, sie in generische Kategorien aufzuteilen,[31] basierend auf dem Standort der Computer: Militär-Hosts könnten als Endung `.mil` haben, Bildungseinrichtungen `.edu`, Regierungs-Hosts `.gov`, Organisationen `.org` usw. Kommerzielle Unternehmen waren noch nicht Teil des Internets, aber um es zu vervollständigen, diskutierten Jake und ihre Kollegen zwischen `.bus` für Business oder `.com` für kommerziell. Jake bevorzugte .bus, aber es gab einige Hardwarekomponenten, die das Wort verwendeten, deswegen einigten sie sich auf `.com`. Dass wir heute diese Domain am häufigsten verwenden, sagt etwas darüber aus, was aus dem Netzwerk geworden ist.

Jake war keine Informatikerin im akademischen Sinn, aber sie verstand, wie man komplexe Systeme sinnvoll strukturiert. Ihre praktischen Beiträge zum Internet betrafen alle den Aufbau einer Organisationsstruktur, um dem System die bestmögliche Chance zu geben, trotz des schnellen und unstrukturierten Wachstums nicht auseinanderzufallen. Sie stellte eine Gruppe von Frauen ein und bildete sie fort. Sie machten Überstunden, um sicherzustellen, dass die wichtigsten Navigationswerkzeuge des Netzwerks – das Handbuch, das Adressbuch und die Landkarte – auf dem neuesten Stand und korrekt waren. In diesen frühen Tagen war es unglaublich spannend, Ressourcen über ein Netzwerk zu teilen, aber mit der Verbindung von akademischen und militärischen Interessen, der natürlichen Neigung der Menschen, das Internet für soziale Zwecke zu nutzen, und der schieren Komplexität, das neue System online zu halten, hätte die Begeisterung darüber sehr leicht an ihre Grenzen stoßen können. Jake verbrachte ihre gesamte Karriere damit, das junge Internet ordentlich, sauber beschriftet und unter Kontrolle zu halten. Ohne das NIC hätte das sehr leicht schiefgehen können.

Das Internet ist eine lustige Angelegenheit. Damals wie heute ist es eine *Sache*: ein infrastrukturelles Rückgrat von unermesslicher Komplexität, ein Gerüst um das moderne Leben herum, das stärker geworden ist, als das

Gebäude selbst, das unter seinem Gewicht zu zerfallen droht. Und dennoch glauben wir trotz seiner inhärenten Physis – der Router, der Verbindungen, der Telefonmasten, an denen Kabel hängen, und der Glasfaserkabel, die das Meer durchqueren – weiterhin, dass das Internet flüchtig ist, eine Wolke. Das Phänomen lässt sich bis zu seinen Ursprüngen zurückverfolgen, bis zur Zeit von Jake. Die Hardware wurde ursprünglich für einen klaren Zweck gebaut: um Computing-Ressourcen zwischen Universitäten und unabhängigen Rechenzentren zu teilen. Aber das Internet als Kommunikationsmedium hat sich praktisch von selbst, *aus eigenem Willen,* geschaffen und den Computer von einem Rechengerät zu einem Kasten voller Stimmen verwandelt. Jake, die sich von Anfang an um E-Mails kümmerte, konnte die Zukunft nur so wahrnehmen, wie sie war: als ein Informationszeitalter. Und Information ist, wie man so sagt, Macht.

In manchen Kreisen wurde der Einfluss des NIC als bedrohlich empfunden und sogar angefochten. »Ich denke, es gab viele, die uns nicht gut gesonnen waren«, sagt Mary Stahl, »vor allem, weil das NIC diese Macht hatte. Wir waren die Quelle der Daten.« Einige in der technischen ARPANET-Gemeinschaft wehrten sich gegen seine Rolle als zentrales Archiv für alle wichtigsten Dokumente über das Netz: »Sie wollten nicht, dass das NIC das Alpha und Omega ist, weil wir keine richtigen Techniker waren.«[32]

Das Entstehen einer solchen Macht kommt einem langsam bekannt vor. Die Arbeit des NIC am Anfang war offensichtlich administrativ: Eine Sekretärin dachte darüber nach, wie die neu verfügbaren Computing-Ressourcen des ARPANET auf Papier gebracht werden sollten, um seine Geldgeber zufriedenzustellen, und dann zeichnete sie seine Koordinaten und Kontakte auf. Dass diese Informationen selbst eine so überdimensionale Bedeutung erlangen und zur de-facto-Währung des vernetzten Jahrhunderts werden würden, war genauso unerwartet, wie die weltverändernde Kunst des Programmierens eine Generation zuvor. Wieder waren es Frauen, die das Alltägliche erhoben, sie identifizierten die fehlende menschliche Komponente eines komplexen, technologischen Unterfangens. Es ist ein wenig wie Jakes Erkenntnis über jene Männer vom Militär, die nie zuvor eine Tastatur berührt hatten: Niemand kennt das System besser als die Betreiber, die Bibliothekare und Sekretärinnen. »Der Hauptzweck des Internets war es,

Informationen hin und her zu schieben«, sagt Jake. »Es musste also jemanden geben, der die Informationen organisierte.«[33] Wer sonst als die Frauen, die bereits hier waren und die Anrufe auf dem einen Telefon entgegennahmen, dessen Telefonnummer jeder auswendig wusste?

Radia

Es gibt verschiedene Arten von Informationen oder genauer gesagt verschiedene Spezifizierungsstufen davon. Jake beschäftigte sich mit dem Feingranulat: den Menschen, Orten und Dingen des ARPANET. Gegen Ende unseres Gesprächs erzählt sie mir von den Menschen, die ihrer Meinung nach den größten Einfluss auf das junge Netzwerk hatten. Es gab natürlich die Ingenieure, dann gab es Menschen wie sie, die mit einem völlig anderen beruflichen Hintergrund dazu kamen und die Informationsseite bearbeiteten. Und dann gab es die Menschen, die frühzeitig betonten, wie wichtig es sei, »die beste Folge von Protokollen zur Bewältigung des Datenverkehrs zu entwickeln. Mit anderen Worten, das Netzwerk selbst zu entwerfen.«[34] Als sie dies erwähnt, frage ich mich, ob sie an eine Frau denkt, die sie kennt – eine Frau, die sie damals zu Zeiten des NIC kennengelernt hat, bei einem Besuch einer anderen ARPANET-Host-Site. Ich frage mich, ob sie an Radia Perlman denkt.

Gerade als Jake Feinler daran dachte, in den Ruhestand zu gehen, machte Radia Perlman sich daran, die Kapazität des Netzwerks massiv zu steigern, um die ganze Welt zu erreichen. Wie Jake verbrachte auch sie ihre Karriere damit, einfache Lösungen für funktional komplexe Probleme zu entwickeln, Lösungen, die man parallel zum Wachstum des Netzes skalieren konnte. Radia, die ihr langes graues Haar in der Mitte gescheitelt trägt und mit einer seligen, lächelnden Ruhe spricht, hasst es, wenn man sie die »Mutter des Internets« nennt. Trotzdem kann sie den Titel nicht loswerden.

In den frühen 70ern war Radia eine von nur 50 Frauen in einem Jahrgang von fast 1000 Studenten am MIT. Im gemischten Studentenwohnheim war sie die einzige Frau, eine Kuriosität. Sie sah nie andere Frauen in ihren Mathematikkursen. Wenn sie auf dem Campus in einer Gruppe eine andere

Frau sah, dachte sie nur: »Ui, diese Person sieht hier fehl am Platz aus«,[35] bis ihr einfiel, wie fehl am Platz sie selbst aussehen würde, wenn sie sich selbst sehen könnte. Bei Radias erstem Programmierjob wollten die männlichen Programmierer »freundlich sein und mich beeindrucken«, indem sie zum Beispiel um sie herum saßen, während sie arbeitete, und ihr alles zeigten, was sie falsch machte. Dieses Verhalten verunsicherte sie so sehr, dass es sogar ihren beruflichen Weg beeinflusste: Als junge Studentin entwarf sie ein System, wie man Kindern Programmieren mithilfe von Berührung beibringen konnte und schuf dabei unabsichtlich das Feld des tangible Computings. Sie gab die Idee dann auf, weil sie befürchtete, dass sie, wenn sie lauter »süße, kleine Kinder« um sich herum hätte, nie mehr als Wissenschaftlerin ernst genommen worden wäre.

Jake Feinler traf Radia zum ersten Mal, als sie das MIT besuchte, den ARPANET-Host-Site, wo die Anfangssemester die Computer bedienten. Obwohl Radia damals eine junge Studentin war, blieb sie Jake in Erinnerung, weil sie eine feministische Aktion im AI-Rechenzentrum inszenierte, wo sie neben den vorwitzigen männlichen Programmierern arbeitete. »Sie befreite gerade die Toiletten«, erinnert sich Jake. »Die Frauen mussten zu einer Toilette ein paar Stockwerke nach unten gehen, die Männertoiletten dagegen waren auf der gleichen Etage wie die Computer. Ich fand das Konzept interessant, die Toiletten zu befreien.«[36] Radia erzählt mir, es sei nichts besonders Revolutionäres gewesen, sie habe nur Schilder aufgehängt, »auf denen stand, ›diese Toilette diskriminiert nicht nach Geschlecht, Größe oder anderen irrelevanten Eigenschaften‹«. Sie war die einzige Frau im Rechenzentrum, aber sie musste die Schilder trotzdem abnehmen. Viele Jahre später, als sie eine angesehene Mitarbeiterin bei Intel war, sagte sie Besuchern: Sie habe ihre eigene, private Toilette. Die waren beeindruckt, bis einer von ihnen sah, wie sie ganz normal in die Damentoilette ging. »Je höher Sie aufsteigen, desto weniger Frauen gibt es«,[37] sagt sie.

Radias Mutter war Computerprogrammiererin in der Ära der Lochkartenmaschinen. Sie schrieb in der Zeit, als sie für die Regierung arbeitete, einen der frühesten Assembler. Als Radia klein war, half ihr ihre Mutter bei Mathe- und naturwissenschaftlichen Hausaufgaben, aber Radia erbte ihre Liebe zur Hardware nicht. »Ich wollte nichts mit Computern zu tun haben«, sagt Radia. Sie bevorzugte Logikrätsel und Musik, und obwohl sie in der Schule brillierte, fantasierte sie insgeheim, dass irgendwann ein Junge sie in Mathe und Naturwissenschaft übertrumpfen würde. »Mein Plan war, mich in ihn zu verlieben und ihn zu heiraten«, sagt sie. Das ist nie passiert. Stattdessen war sie die Beste in ihrer Klasse.

Radias allererster Kontakt mit Computern war in der Highschool ein Programmierkurs, der außerhalb der Schule stattfand. Ein engagierter Lehrer hatte ihn für sie organisiert. Sie entdeckte, dass alle ihre Mitschüler seit ihrem siebten Lebensjahr Radios auseinandernahmen und schicke Computer-Wörter wie »Input« kannten. Sie hatte das Gefühl, dass sie das nie aufholen könnte. »Ich hatte noch nie etwas auseinandergenommen«, sagt sie. »Ich hätte Angst gehabt, dass ich es kaputt mache oder einen Stromschlag bekomme.«[38] In ihrem Informatik-Einführungskurs am MIT bekam sie ihr erstes Programm von dem Dozenten mit einem wütenden Kommentar zurück. Sie hatte einen schlimmen Fehler gemacht, sie hatte den Computer in eine Schleife geschickt und Unmengen an Papier verschwendet. Bis heute bezeichnet sich Radia als Spätzünderin, und obwohl sie schließlich auch das Programmieren beherrschte, gab sie es in den 70ern auf. Ihr wurden immer wieder dieselben Mythen erzählt, die uns allen erzählt werden, was man braucht, um ein guter Ingenieur zu sein: Man muss bereits in jungen Jahren Elektrogeräte auseinandernehmen und ein sehr fokussiertes, fast besessenes Interesse für technische Details haben. »Sicherlich sind solche Menschen sehr wertvoll«, sagt sie mir, »aber sie sind nicht in der Lage die Dinge zu tun, die jemand wie ich tun kann.«[39]

Radia entwirft Routing-Algorithmen: die mathematischen Regeln, die den Datenfluss in einem Netzwerk bestimmen. Sie stieg in dieses Feld ein, als sie das Graduiertenstudium abbrach, um bei Bolt Beranek and Newman zu arbeiten, wo sie sich in Netzwerke verliebte, aber von ihren Kollegen konsequent ignoriert wurde. Einmal hielt sie eine komplette Präsentation über die Lösung eines schwierigen, bis dahin ungelösten Routing-Problems, worauf der Leiter des Meetings verkündete, dass es ein schwieriges, ungelöstes Routing-Problem gäbe, das bitte alle versuchen sollten zu lösen – genau das Problem, zu dessen Lösung sie gerade eine Präsentation gehalten hatte. Sie war verletzt, aber nicht überrascht. Zum Glück sprach sie nach dem Meeting ein Vertreter der Digital Equipment Corporation (DEC) an. »Er sagte: 'sind Sie eigentlich beruflich glücklich?‹ Und ich sagte: ›Ich denke schon.‹ Worauf er sagte: 'sie wurden gerade komplett ignoriert, hat Sie das nicht gestört?‹ Ich sagte: ›Nein, ich bin es gewohnt, dass mich alle ignorieren.‹«[40]

Er bot ihr sofort einen Job an.

Als sie in den 80ern bei DEC arbeitete, war es noch so normal, dass Programmierer in ihren Kabinen Kette rauchten, dass Radia drei Jahre brauchte, um zu merken, dass sie gegen den Rauch allergisch war. »Ich hatte immer eine fürchterliche Erkältung«, sagt sie. »Wo immer ich hinging, nahm ich einen Abfalleimer und eine große Box mit Taschentüchern mit, und ich musste mir ständig *widerlich* die Nase putzen – mit diesem schrecklichen lauten Niesen, das man überall im Gebäude hören konnte. Einmal bin ich in ein Zimmer gekommen und habe geniest, und jemand sagte: ›Oh, Radia ist da.‹«[41] Als sie schließlich zum Arzt ging und feststellte, dass sie gar nicht krank war, drohte sie damit zu kündigen, aber stattdessen schickte man sie zur Uni. Als sie zurückkam, hatte DEC das Rauchproblem »durch ein Memo behoben, das besagte, Zitat: ›Nicht im Gebäude rauchen‹, Zitat Ende«,[42] sagt Radia und lacht. Zurück im Job erfand sie Protokolle, die einen unaustilgbaren Einfluss auf die Robustheit und Stabilität aller Computernetzwerke hatten.

»Algorhyme«

Radia denkt konzeptionell, und wenn sie ihre Herangehensweise an ihre Arbeit beschreibt, klingt sie sehr wie Betty Holberton von den sechs ENIAC-Frauen, die Probleme gerne Stück für Stück anging und sie von verschiedenen Positionen rundherum betrachtete wie ein Radar. Radia nennt es »heraustreten aus der Komplexität einer bestimmten Implementierung, um Dinge auf eine neue Art und Weise zu sehen«.[43] Indem sie unwichtige Details entfernt und sich immer nur auf einen Aspekt konzentriert, sagt sie, könne sie die einfachsten Lösungen für komplexe Probleme finden. Und aufgrund ihrer frühesten Erfahrungen mit dem Programmieren schätzt sie Benutzerfreundlichkeit über alles. »Ich versuche, Dinge zu entwerfen, die jemand wie ich gerne verwenden würde«, erklärt sie, »das heißt, es *funktioniert einfach von selbst* und man muss überhaupt nicht darüber nachdenken«.[44]

Im Jahr 1985 arbeitete Radia bei DEC. Zu dieser Zeit wurde das Ethernet – eine Technologie zur Vernetzung von Computern innerhalb eines Gebäudes – zu einem weltweiten Standard, der einige der komplexeren Protokolle überflüssig zu machen drohte, auf die sich Radia spezialisiert hatte. Ethernet konnte jedoch nur etwa gut 100 Computer verbinden, bevor die Informationspakete, die im Netzwerk unterwegs waren, zusammenstießen und einander unterbrachen, ähnlich wie bei einer schlechten Telefonkonferenz. Das bedeutete, dass es nie wirklich skalierbar war. Radias Manager beauftragte sie damals, »eine Zauberbox zu erfinden«,[45] welche die Einschränkungen vom Ethernet beheben würde, ohne auch nur einen zusätzlichen Bit an Speicherplatz zu beanspruchen, egal, wie groß das Netzwerk war. Er erließ diesen Beschluss an einem Freitag, direkt, bevor er sich in einen einwöchigen Urlaub verabschiedete. »Er dachte, das würde schwer werden«,[46] sagt Radia. Noch in der gleichen Nacht wachte Radia mit einer Lösung auf. »Mir wurde klar, oh wow – das ist trivial«, sagt sie. »Ich weiß *genau*, wie es geht, und ich kann beweisen, dass es funktioniert.«[47]

Wie alle top Innovationen war es ganz einfach. Die Pakete konnten nicht alle auf demselben Pfad reisen, ohne sich dabei gegenseitig zu stören. Es mussten also ganz bestimmte Pfade zwischen jedem Computer im Netzwerk vorhanden sein. Diese Pfade durften keine Schlaufen bilden – es durfte keine Rückreise auf dem Weg zwischen Punkt A nach Punkt B geben. Radias Algorithmus erstellte automatisch Routen für jedes Paket auf der Grundlage eines Spanning Tree, einer Art mathematischen Grafik, die Punkte miteinander ohne Redundanzen verbindet. Damit löste sie nicht nur das Ethernet-Problem, sondern es war auch unendlich skalierbar und selbstheilend: Wenn ein Computer im Netzwerk ausfällt, wie das bei Computern immer mal wieder vorkommen kann, dann bestimmt das Spanning Tree Protocol automatisch eine neue Route für das Paket. Diese Idee trägt Radias unverkennbare Handschrift. Sie entwirft Systeme, die mit minimalem Eingriff durch selbstkonfigurierendes und selbst-stabilisierendes Verhalten funktionieren. Dieser Ansatz macht ein großes Computernetzwerk wie das Internet möglich. Wie sie 2014 sagte: »Ohne mich würde das Internet tot zusammenbrechen, wenn man es nur anhaucht«.[48]

Radia nahm den Rest des Wochenendes frei, nachdem sie das Spanning Tree Protocol erfunden hatte. Sie verfasste die Spezifikationen am Montag und Dienstag. Ihr Manager war immer noch im Urlaub, und da dies lange vor der Zeit war, in der Leute stündlich ihre E-Mails lesen, konnte Radia ihre Errungenschaft nicht mit ihm teilen. Da sie sich auf nichts anderes konzentrieren konnte, beschloss sie, ein Gedicht zu schreiben. Sie ging in die Bibliothek, um die erste Zeile von »I think that I shall never see / A poem lovely as a tree« aus einem Joyce-Kilmer-Gedicht zu finden, das ihre Mutter geliebt hatte. »Die Bibliothekarin erinnerte sich auch vage an das Gedicht«, sagt sie, aber sie konnten nur eine kurze Referenz dazu in einer Enzyklopädie finden. Also rief Radia ihre Mutter an, die ehemalige Programmiererin, die ihr während ihrer Kindheit bei Mathematik- und naturwissenschaftlichen Hausaufgaben geholfen hatte, und bat sie, es aufzusagen. Ihre Mutter hatte ein eisernes Gedächtnis. »Sie sagte ›Natürlich‹ und sagte es mir am Telefon vor.«[49] Daraus adaptierte Radia ihren Spanning-Tree-Algorithmus zu einem Gedicht:[50]

Algorhyme
I think that I shall never see
A graph more lovely than a tree.
A tree whose crucial property
Is loop-free connectivity.
A tree that must be sure to span
So packets can reach every LAN.
First, the root must be selected.
By ID, it is elected.
Least-cost paths from root are traced.
In the tree, these paths are placed.
A mesh is made by folks like me,
Then bridges find a spanning tree.

Algorhyme

Ich denke, dass ich niemals seh'
Einen Graph so schön wie einen Baum.
Ein Baum, dessen wichtigstes Merkmal
Schleifenfreie Konnektivität ist, überall.
Ein Baum, der sicherstellen muss,
Dass jedes LAN darin Platz findet, ganz gewiss.
Zuerst wird die Wurzel ausgezählt,
Nach ID wird sie ganz flugs gewählt.
Der günstigste Pfad von der Wurzel zum Ziel,
Im Baum wird er gebaut, das ist das Spiel.
Ein Netz wird durch Leute wie mich erstellt,
Dann finden Brücken einen Baum, der uns gefällt.

Als ihr Manager am folgenden Montag wieder zur Arbeit kam, fand er zwei Dinge auf seinem Bürostuhl: die Spezifikationen des Spanning Tree Protocol und das Gedicht, das in Netzwerktechnikerkreisen mythische Dimensionen angenommen hat. Viele Jahre später vertonte Radias Sohn *Algorhyme,* und Radia und ihre Tochter, die Opernsängerin und Geigerin ist, führten es im Lincoln Laboratory des MIT auf. Was das Spanning Tree Protocol (STP, dt.: Spannbaum-Protokoll) betrifft, so hat es das Ethernet von einer begrenzten, lokalen Technologie in etwas transformiert, das viel größere Netzwerke unterstützen konnte, und es ist heute fundamental für die Art und Weise, wie Computer vernetzt sind. Es ist Radias berühmtester, wenn auch nicht ihr einziger, Beitrag zur Vernetzung im Internet. Ihre Arbeit mag für den Benutzer, der jeden Tag damit arbeitet, unsichtbar sein, aber sie ist genauso unsichtbar, wie Gesetze unsichtbar sind oder Verkehrsregeln in einer belebten Stadt: Sie lenken den Informationsfluss auf einer Ebene, die jenseits unserer bewussten Wahrnehmung liegt. »Wenn ich meinen Job richtig mache«, erklärt sie, »sieht man ihn nie.«[51]

KAPITEL NEUN

COMMUNITIES

Ich schaue gerne aus dem Fenster, wenn ich fliege. Es hat etwas Kontemplatives von oben zu betrachten, wie ordentlich strukturiert die Welt ist; zu sehen, wie sich selbst große, chaotische Städte in nachvollziehbare Systeme auflösen; zu sehen, wie sich deren unsichtbare Regeln durch einen ausreichend großen Blickwinkel erschließen. Selbst Los Angeles, eine Stadt ohne ein rational vorgegebenes Raster, ergibt von oben betrachtet einen Sinn: Es ist eine Ansammlung von Stadtzentren, die radial nach außen wachsen, bis sich ihre Ränder berühren und sich in die zusammenhängende städtische Umgebung einfügen, das, was Außenstehende oft als Zersiedelung verachten. Wie der Architekturkritiker Reyner Banham feststellte, führt das Ausdehnungsprinzip der Bewohner von L.A., das auf einem einfachen Grundelement beruht – Auto plus langer Boulevard –, zu einer schwindelerregenden, fast geologisch studierbaren Anhäufung von Gemeinden, die sich alle überlagern und verflechten. »Ich habe Autofahren gelernt, um Los Angeles im Original zu lesen«,[1] schrieb er 1971.

Das Internet hat sich auf ähnliche Weise entwickelt: Viele Punkte wuchsen dabei gleichzeitig. Es ist nicht mehr möglich, das Internet im Original zu lesen, obwohl es Relikte gibt, die eine Ahnung seiner Entstehung zulassen: so wie zum Beispiel die RFCs, in denen die ARPANET-Pioniere die Regeln für das Internet ausheckten; sie sind online archiviert, denn Jake rettete sie zusammen mit Hunderten anderer Dokumente vor der Mülldeponie. Oder die Eingeweide des Nachrichtenkorpus von Community Memory, die als doppelseitige Ausdrucke auf Endlospapier in einem Museumsarchiv aufbewahrt werden. Doch so, wie sich die Dörfer von Los Angeles in ihrer fröhlichen Gleichzeitigkeit ineinander verstricken, ist vieles von dem, was an den ersten Vorposten der Internetkultur so wunderbar war, verloren gegangen.

Die E-Mail war die »Killer-App« des ARPANET: Dank der Einführung von Sofortnachrichten wurde das ursprünglich für die akademische Forschung konzipierte Netz in kürzester Zeit zu einem Kommunikationsmedium, in dem die gemeinsame Nutzung von Ressourcen und militärischen Anwendungen von sozialem Geplauder in den Hintergrund gedrängt wurde. »Als würde man mit einem Panzer eine Spritztour machen«,[2] wie ein Historiker anmerkt. Dies scheint überall der Fall zu sein, wo und wie auch immer Computer miteinander verbunden sind: Wir gehen online, um Informationen zu finden, aber vor allem gehen wir online, um uns *gegenseitig* zu finden.

In den späten 70ern und frühen 80ern wechselte das ARPANET den Besitzer: von der Defense Advanced Research Projects Agency (DARPA) zur Defense Communications Agency und schließlich zur National Science Foundation, bis es Anfang der 90er für die kommerzielle Nutzung geöffnet wurde. Gleichzeitig entstanden im ganzen Land und in der ganzen Welt weitere Kommunikationszentren, die durch die Einführung des Personal Computers beflügelt wurden. Wie bei Community Memory handelte es sich um elektronische Pinnwände. Das waren jedoch nicht öffentlich zugängliche Terminals mit Münzeinwurf, sondern diese nächste Generation von Bulletin Boards wurde von den ersten Nutzern mit Mikrocomputern und Modems von zu Hause aus über eine Serversoftware namens Bulletin Board System (BBS) aufgerufen.*

Ein Modem moduliert und demoduliert eine Trägerwelle bevor und nachdem sie durch eine Telefonleitung gesendet wird. Es handelt sich um eine relativ alte Technologie – AT&T setzte den Standard dafür in den frühen 60ern – und selbst das Modem, welches das Leopold's mit Resource One verband, war eigentlich nur ein verkappter Telefonhörer. Als schnellere

---

* Diese Bequemlichkeit war kein Zufall. Die beiden Männer, die 1978 die ursprüngliche BBS-Software geschrieben haben, taten dies, weil ihr Mikrocomputerclub in Chicago auch während der harten Schneestürme im Mittleren Westen Newsletter verschicken wollte.

Modems mit Chips aufkamen, filterten die ersten BBS-Benutzer ihre Wellen durch das feinere Sieb ihrer selbst gebauten Proto-PCs und riefen Außenstellen in ihrem eigenen Vorwahlbereich an. Die Kosten für Ferngespräche fungierten wie ein natürlicher Zaun und sorgten dafür, dass jedes BBS stark lokalisiert blieb, zumindest während der Hauptverkehrszeiten, wenn sich die Telefonrechnungen leichter summierten. Eifrige Systemadministratoren, oder »Sysops«, verbesserten den ursprünglichen Code und entwickelten eine beeindruckende Bandbreite von Varianten für die frühe PC-Hardware. Wie sein Vorgänger, die Korkpinnwand, begann auch das BBS als Tauschsystem; und wie das Community Memory entwickelte es sich zu einer eigenen Welt.

Einige Gemeinden erkannten den Wert und investierten in Gemeinschaftsnetze oder FreeNets, also lokal zugängliche Hotspots für Informationen zur eigenen Gemeinde und für den nachbarschaftlichen Dialog. Viele davon entstanden im amerikanischen Westen, wo die Distanzen größer und die Konnektivität begrenzt war, wie Big Sky Telegraph, ein BBS-Netzwerk in ländlichen Schulhäusern in Montana, die Telluride InfoZone, eines der ersten internetbasierten lokalen Informationssysteme der Welt, und das Boulder Community Network, das bis heute aktiv ist. Nachdem die Wildnis von Colorado und Utah »ihr Herz berührt« hatte, entwickelte Madeline Gonzales Allen zwei dieser Netze. Sie war eine Systemingenieurin, die ihren Job bei AT&T aufgab, um Gemeinschaftsnetze aufzubauen, und war von der Vision beseelt, dass »Gemeinden oder auch andere Gemeinschaften zusammenkommen und selbst entscheiden, wie sie das entstehende, öffentliche Internet zum eigenen Nutzen einsetzen wollen«,[3] anstatt es wenigen Auserwählten zu überlassen.

Ungeachtet der FreeNets waren bis zur Verbreitung des World Wide Web in den späten 90ern lokale Einwähl-BBSs die häufigste Art, wie Menschen mit ihren PCs »online« gingen. Während das ARPANET seinen langen Weg in zivile Hände zurücklegte, füllten BBSs die Lücke. Das betrifft fast 20 Jahre der Netzkultur. In dieser Zeit florierten in den Vereinigten Staaten etwa 150 000 einzelne BBSs. Selbst als das FidoNet aufkam, ein Meta-Netzwerk, um alle BBSs zu einer nationalen Gemeinschaft von Gemeinden zu verbinden, blieb doch der lokale Charakter jedes einzelnen BBS-Netzwerks erhalten.

Es wäre vermessen zu behaupten, dass Frauen in dieser Kultur besonders stark vertreten waren. In einem fünfteiligen Dokumentarfilm über BBS[4], dem ausführlichsten Dokument über seine Ursprünge, das es bislang gibt, ist ein überwiegender Prozentsatz der Teilnehmer männlich. BBS war wie CB-Funk: eine Utopie für Bastler. Einige Sysops machten es sich zur Gewohnheit, ihre Boards in den Monaten nach Weihnachten für neue Benutzer zu schließen, so unerträglich war der jährliche Ansturm von 12-jährigen Jungen mit brandneuen Modems.

Aliza Sherman, eine Entwicklerin, die einige der ersten Websites für Frauen erstellt hat (Cybergrrl.com, Webgrrls.com und Femina.com), erzählt eine wunderbare Geschichte darüber, wie sie in jener Zeit online ging. Das war im Jahr 1987, als sie gerade ihr erstes Modem gekauft hatte. Sie stöberte in einem BBS in der Gegend von New York City, als ein Satz auf ihrem Bildschirm erschien: `Willst du chatten?` Sie sprang von ihrem Stuhl auf und dachte, dass ihr Computer direkt mit ihr sprach. Als sie sich wieder beruhigt hatte, stellte sie fest, dass die Nachricht von einem echten Menschen stammte, einem 14-jährigen Jungen aus Brooklyn. Das war genauso verblüffend, wenn nicht sogar noch verblüffender: »Sie verstand zum ersten Mal wirklich, dass es auf der anderen Seite der Telefonleitung nicht nur Computer, sondern auch Menschen gab.«[5] Diese Menschen waren Jungs im Teenageralter.

YOYOW

Es gab Onlinebereiche speziell für Erwachsene. In Sausalito entstand aus demselben Techno-Idealismus der Bay Area, der ein Jahrzehnt zuvor Community Memory und Resource One angetrieben hatte, The WELL, ein BBS für Intellektuelle an der Westküste. Es war ein Gemeinschaftsprojekt von Larry Brilliant, einem Epidemiologen mit einer Computerkonferenz-Firma, und Stewart Brand, dem Herausgeber der *Whole Earth Review*. Brand war bekannt als eine Art Verbindungsmann – fast eine ganze Generation lang hatte die Gegenkultur den *Whole Earth Catalog* nach Solaröfen, Komposttoiletten und radikalen Büchern durchforstet – und er war bekannt als

Schöpfer von bahnbrechenden Technologien. »Alles, was Software tut, ist die Verwaltung von Symbolen«,[6] schrieb er 1984.

BBSs hatten den Ruf, ein Reich für Nerds zu sein, aber The WELL war anders. Fans der *Whole Earth*-Publikationen meldeten sich an, um mit den Autoren und Redakteuren über Themen ihres Lieblingsmagazins zu plaudern und erwarteten dabei ein Gesprächsniveau, dem Brand und seine Mitarbeiter gerne nachkamen. The WELL bot eine Mitgliedschaft per Abonnement an. Die Community wurde von einem technischem Support-Team versorgt, das Fragen beantwortete und Probleme löste, die sich aus der abschreckend komplexen, reinen Textschnittstelle ergaben. Diese Plattform hieß PicoSpan und ihr Erlernen erforderte einige Ausdauer.

The WELL war einzigartig in der Welt des BBS, und das galt auch für seine Mitarbeiter. Stewart Brand »wollte ein Experiment machen«, erzählt mir Nancy Rhine, eine frühe WELL-Mitarbeiterin. »Er wollte sehen, was passiert, wenn Menschen, die ein Talent zum Aufbau von Gemeinschaften im realen Leben haben, dazu übergehen, dies in virtuellen Welten zu tun.«[7] Nancy war eine dieser Personen: Sie kam von *The Farm* in die Bay Area. *The Farm* war eine Kommune im ländlichen Tennessee, die 1971 von einer Gruppe von Hippies gegründet wurde. Die meisten der Gründungsmitarbeiter von The WELL kamen von *The Farm*: Leute, die ihre Sachen packten und nach mehr als zehn Jahren biologischer Landwirtschaft, Gruppenehe, Hausgeburt und LSD in den Westen gingen.

Naomi Pearce, eine Tech-Publizistin, welche die Gemeinschaft in den späten 80ern entdeckte, erzählt, als sie beitrat »war es, als hätte jemand buchstäblich eine Tür geöffnet. Als wäre ich eine Weile in meiner kleinen Wohnung gewesen und jemand öffnet die Tür und da ist plötzlich der Rest der Welt.«[8] Naomi ist ein Deadhead, so wie viele der damaligen Nutzer von The WELL. Die Fans von Grateful Dead waren frühe Nutzer, die lange vor dem Internet schwarz hergestellte Medien in Untergrundnetzwerken verkauften und tauschten. Eine besondere Würze dieser Kultur. Bis heute nennen sich die WELL-Nutzer »WELLbeings« und senden einander »Beams« zur moralischen Unterstützung. The WELL hatte die spritzige Frische eines boomenden Landes, neu entdeckt von Pionieren, oder den Schwung einer Nation, die gerade ihre Verfassung im Nachglühen einer Revolution schuf. Das, was einem Gesetz in dieser Gemeinschaft noch am nächsten kam, war ein von Stewart Brand überliefertes Axiom: *You Own Your Own Words*. Oder, wie die WELLbeings sagen, YOYOW.[9]

Als die National Science Foundation, die das ARPANET vom Militär geerbt und mit einem schnelleren Backbone neu aufgebaut hatte, Anfang der 90er erstmals damit experimentierte, ihre kommerziellen Beschränkungen für das Internet aufzuheben, wurde The WELL zu einem der ersten kommerziellen Internetanbieter. Nancy Rhine trug an verschiedenen Stellen zu diesem wachsenden Unternehmen bei: Sie war verantwortlich für die Buchhaltung, trug zur Erstellung des Handbuchs bei, nahm Anrufe entgegen und kümmerte sich um den Support für internationale Nutzer. Sie war Mitglied in einer elektronischen Kommune geworden, aber sie bemerkte einen großen Unterschied zwischen The WELL und ihrem Leben auf *The Farm*, die übrigens bis heute für ihre Schule für natürliche Hebammenkunst bekannt ist. Die WELL-Gemeinschaft mag über die ganze Welt verteilt sein, aber sie war überwiegend männlich. »WELL stand für Whole Earth ›Lectronic Link, aber es repräsentierte nicht die ganze Erde«, sagt Nancy. »Die Gaußsche Verteilungskurve hätte wahrscheinlich vor allem aus 30-jährigen, weißen Männern bestanden.«[10]

Echo

Nicht jeder ist ein 30-jähriger, weißer Mann und nicht jeder liebt Grateful Dead.

Stacy Horn, eine Studentin im höheren Semester in New York City am allerwenigsten. Als sie sich Anfang der 80er zum ersten Mal bei The WELL einwählte, machte sie einen großen Bogen um die Deadheads. Es gab genug andere Gespräche, die sie interessierten: Mit all den Journalisten, Ex-Hippies und Hobby-Computerprogrammierern[11] war das Anwählen von The WELL wie ein Besuch in Kalifornien für den Preis eines Ferngesprächs. Nur einen Tastendruck von ihrer Wohnung in Manhattan entfernt, fühlte sie sich bei dieser Gruppe von Fremden mit leuchtenden Augen eindeutig so, als sei sie an der Westküste. Aber sobald sie den Nervenkitzel überwunden hatte – und die Telefonrechnung für den ersten Monat bedachte – fühlte sich Stacy fehl am Platz. Wie jeder New Yorker, der in Kalifornien Urlaub macht, tat ihr die Sonne gut, aber ihr Herz war woanders.

Stacy war im Interactive Telecommunications Program der NYU eingeschrieben, einem Graduiertenprogramm für kreative Technologien, das teils Rechenzentrum, teils Thinktank war. Ein paar Nachmittage in einem BBS konnte man als Hausaufgaben durchgehen lassen. Sie studierte zwar Informatik, aber wenn sie online ging, wollte sie nicht *darüber* sprechen. Stacy wollte über Literatur, Filme, Kultur und Sex sprechen. Sie suchte einen Ort zum Flirten, Tratschen und Diskutieren. Sie wollte ein paar Frauen um sich haben und Freunde, die man auch im wirklichen Leben treffen konnte. Vor allem aber wollte sie etwas, das sich wie New York City anfühlte – mehr Techno-Hipster als Techno-Hippie. »Ich kann niemandem Beams schicken«, beschwerte sie sich 1998 in ihrem Buch *Cyberville*. »Das ist einfach nicht mein Stil. Dafür kann ich wunderbar mit Selbsthass kommunizieren.«[12]

1988 wurde Stacy von einem Freund auf The WELL gefragt, wann sie denn ihr eigenes BBS für die Ostküste gründen würde. Der Gedanke war ihr noch gar nicht gekommen, aber die relative Sicherheit der Graduiertenschule ging dem Ende zu und sie hatte noch keine Zukunftspläne. In der Zeit, die sie brauchte, um eine Antwort zu tippen, hatte sie sich entschieden: Sie wollte The WELL für New Yorker gründen. Sie dachte sich auf der Stelle einen Namen aus. Sie wollte es »East Coast Hang-Out« nennen. Echo. Stacy war – wie sie sagte – kein »Technikfreak«. Und sie war auch keine Geschäftsfrau. Aber sie konnte gut mit Menschen umgehen und die technischen Dinge konnte man lernen. In der Zeit bei The WELL hatte sie die Grundlagen gelernt: Onlinegemeinschaften entstehen spontan, wenn zwei oder mehr Personen feststellen, dass sie sich für dieselbe Sache interessieren. Die Leute gehen online, um sich zu informieren, sie bleiben wegen der netten Gesellschaft. Kein Mensch postet in eine Leere, wir tauschen uns aus, in guten wie in schlechten Zeiten. Stacy dachte sich, wenn sie New Yorker in ein BBS locken und sie zum Reden bringen könnte, würden sie auch bleiben. Vielleicht wären sie sogar bereit, für dieses Privileg bezahlen.

Sie ließ ein Wahlfach an der Uni sausen und schrieb einen Businessplan. »Ich war wirklich keine Visionärin«, sagt sie. Es war offensichtlich, dass Computerkonferenzen ein Riesenerfolg werden könnten, denn jeder, der sie ausprobierte, wurde süchtig danach. »Man musste sich nur hinsetzen und loslegen und es machte auf Anhieb Spaß. Man konnte das sofort *sehen.*«[13] Aber Stacys Gewissheit teilten bei Weitem nicht alle. Im Jahr 1988 hatten sich außer den Techno-Hippies der Bay Area und den kleinen, jugendlichen Tyrannen auf BBS noch nicht viele Leute hingesetzt und es *tatsächlich* getan. Websites entstanden erst drei Jahre später und einen vernünftigen Browser, um sie zu betrachten, gab es erst 1993. Verbindungen zum Internet-Backbone waren noch weitgehend beschränkt auf Regierungsbehörden, auf Privatunternehmen, die mit der Regierung zusammenarbeiteten, und auf Universitäten.

Als Stacy mit ihrer Geschäftsidee zur Bank ging, »machten sich die Leute *ganz offen* über mich lustig. Sie sahen mich an, als sei ich der größte Loser der Welt. Wie absurd zu glauben, dass Menschen über ihren Computer Kontakte knüpfen wollten.«[14] Sie ließ sich davon nicht beirren. Stattdessen nahm sie jeden Cent ihrer Ersparnisse und machte sich daran, Echo von Grund auf aufzubauen. Jeden Abend ging sie in die Stadt, dorthin, wo sich interessante Menschen trafen: auf Partys, Vernissagen, in Museen und Konzerte. Sie durchkämmte Bars. Sie sprach Fremde an, einen nach dem anderen, um sie für ihre junge Onlinecommunity zu gewinnen. Einige hatten bereits einen Computerzugang, aber nur wenige besaßen ein Modem, das damals mehr als 100 Dollar kostete. Stacy musste sie davon überzeugen, »etwas zu tun, das für sie, genauso wie für die Banker, *absolut verrückt* klang«.[15]

Abgesehen vom Geld, stellte sich auch die Frage nach den nötigen Computerkenntnissen: Während The WELL auf PicoSpan lief, baute Stacy Echo mit Unix, einem Betriebssystem, das Programmierern vertrauter war als den Künstlern und Schriftstellern, die sie umwarb. Sie ging dieses Problem mit demselben gesunden Menschenverstand an, den sie auch bei ihrer Rekrutierung auf der Straße bewiesen hatte. Unix als etwas Cooles zu verkaufen, mag schwierig sein, aber man kann Unix lernen. Sie begann, neue Benutzer zu Ad-hoc-Computerkursen in ihre Wohnung in Greenwich Village einzuladen. Ihre Schüler lernten in Stacys Wohnzimmer Unix-Befehle und Dateistrukturen. Direkt daneben stand Echo selbst, das nur ein Server und ein Stapel von Modems mit 2400 Baud Datenübertragungsgeschwindigkeit war, aufgestapelt in roten Aluminiumregalen neben Papierstapeln und Spielzeugfiguren von Godzilla, Gumby und Ed Grimley.

Wo sie mit ihren technischen Fähigkeiten an ihre Grenzen stieß, halfen Freunde aus. Ein Hacker, der sich selbst Phiber Optik nannte, führte pro bono Fehlerbehebungen am Server von Echo durch; als er später wegen Cyberkriminalität im Gefängnis landete, bekam er einmal pro Woche Besuch von Echo-Benutzern, die *Phree Phiber Optik*-Buttons trugen. Manchmal stürzte Echo ab, ja manchmal wurde es so schlimm, dass Stacy und ihre Handvoll Teilzeitmitarbeiter nervös aufsprangen, wenn das Telefon klingelte. *Hau ab*,[16] schrien sie ins Telefon. *Uns geht's zum Kotzen*. Aber es war immer lustig. Stacy steckte kleine Spielzeugüberraschungen in die Rechnungen, »wie diese kleinen Figuren in Popcorntüten«,[17] bis ein Vertreter der amerikanischen Post zu ihr kam und sie über die Türsprechanlage eindringlich bat, damit aufzuhören. Sie hatten die Sortiermaschinen der Post verstopft.

Echo wurde größer und entwuchs schließlich den privaten Wohnräumen und zog in ein richtiges Büro in Tribeca, einem Viertel, in dem Stacy schon unterwegs gewesen war, als es noch eine »verlassene, leere, zeitentrückte, vergessene Ecke von Manhattan«[18] war. 1994 hatte Echo dann zwei Angestellte und 35 Telefonanschlüsse, und der Benutzerstamm war von ein paar hundert interessanten Leuten, die sie in Bars aufgelesen hatte, auf ein paar tausend angewachsen, die in der *Village Voice* und der *New York Times* von Echo gelesen hatten. Stacy erregte allmählich die Aufmerksamkeit der Presse, und das keinen Moment zu früh – in den mageren Anfangsjahren hatte sie ihre Ersparnisse fast komplett aufgezehrt.

Sie verdankt es dem damaligen Vizepräsidenten Al Gore, dass sie Echo vor dem Abgrund retten konnte. »Clinton und Gore sprachen überall von einer Datenautobahn«,[19] erinnert sie sich. Gore setzte sich mit seinem High Performance Computing Act von 1991 für eine nationale Telekommunikationsinfrastruktur ein – sein Vater, ein US-Senator aus Tennessee, hatte eine Generation zuvor die Gesetzgebung zum Bau des Interstate Highway System unterstützt. Als das Gesetz von Gore Jr. verabschiedet wurde, trug es maßgeblich zur Entwicklung vieler wichtiger Internet-Technologien bei und hatte gleichzeitig auch einen tiefgreifenden kulturellen Effekt: Es brachte das Internet zum Kaffeeautomaten in den Büros. Stacy sagt, plötzlich »hatten die Leute das Gefühl, dass es da draußen etwas *Wichtiges* gab. Und dass sie etwas verpassen und zurückbleiben, wenn sie nicht rechtzeitig auf den Zug aufspringen«.[20] Die weit verbreitete Angst, etwas zu verpassen, erleichterte den Vertrieb von Echo. »Sie kennen doch die Informationsautobahn, von der Sie immer wieder hören«, sagt sie. Nun, Echo ist eine Station auf diesem Weg.

Echo vereinte mehrere soziale Funktionen in einer relativ einfach zu bedienenden Plattform, die wir heute als soziales Netzwerk bezeichnen würden. Die Nutzer meldeten sich mit ihrem echten Namen an, konnten dann aber unter einem beliebigen Pseudonym Nachrichten in »Konferenzen« zu einer Vielzahl von Themen veröffentlichen. Echo stellte E-Mail-Konten zur Verfügung. »Yos«, Echtzeit-Chats, erschienen wie Sofortnachrichten mit drei eindringlichen Pieptönen.

Die ersten Nutzer von Stacy waren Theaterautoren, Schauspieler und Schriftsteller. »Als die Computerleute online gingen und sahen, dass wir über Opern und nicht über Computerspiele sprachen«, erklärte Stacy 2001, »gingen sie wieder.«[21] Marisa Bowe, eine langjährige Echo-Nutzerin, hat die Leute auf Echo als witzige, bissige und intelligente Menschen in Erinnerung. »Es gab eine Gruppe von Leuten, die sich auf Partys notorisch unwohl fühlten«, sagt sie, »aber online konnte man sehen, wie brillant sie waren.« Künstler, Liberale, Programmierer – also Leute, die »tatsächlich mit Menschen reden konnten«[22] –, einige Medientypen und eine starke, nicht-religiöse, jüdische Gruppe: die New Yorker Intelligenzia. Als Echo seinen Höhepunkt erreichte, waren auch mehrere Prominente dabei, wie die Zeitschriftenautoren Rob Tannenbaum und James Walcott, der Drehbuchautor William Monahan und sogar John F. Kennedy Jr., der unter dem Namen »Flash« postete. Stacy half ihm bei der Einrichtung seines Kontos in ihrer Wohnung, als 1000 ungläubige Yos auf ihrem Bildschirm auftauchten.

Stacy nannte ihre Benutzer liebevoll Echoids. Der prägnante, schräge Name passte zu einer Gruppe von Ostküsten-Klugscheißern, die ihre Onlinecommunity als virtuellen Salon betrachteten, aber auch gerne mal über das Fernsehen plauderten. Während die Gründer von The WELL (Stewart Brand und Larry Brilliant) beide in der Tech- und Kulturszene der Westküste bekannte Größen waren, war Stacy Horn nur ein »Punkrock-Vorstadtmädchen, das noch nicht viel auf die Reihe gekriegt hatte«[23] – bis sie Echo gründete. Und an genau dieser Stelle begann der Unterschied zwischen den beiden Gemeinschaften: »Westküste/Ostküste, Junge/Mädchen, Nacht und verdammter Tag«, schrieb sie 1998.

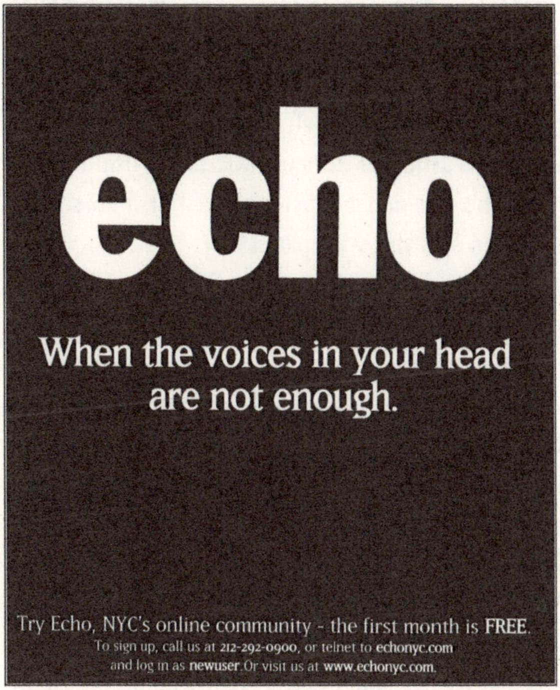

Journalisten, die in den 90ern über Echo berichteten, konzentrierten sich in der Regel auf den einzigartigen New Yorker Flair. »Manchmal verstehen Neulinge nicht, dass es nicht böse gemeint ist, wenn andere Echoids ihre Ansichten angreifen und ihre Argumente gnadenlos auseinandernehmen, ohne auch nur ›Hallo‹ zu sagen«,[24] heißt es in einem *Wired*-Profil von 1993. »Aber ganz im Gegenteil. Es ist nur diese spezielle New Yorker Art zu sagen: ›Willkommen in unserer Welt!‹« Die Quintessenz des Echo-Lieblingsthemas war *I Hate Myself.* Hier meldeten sich die Echo-Nutzer manchmal täglich zu Wort, um die Liste ihrer eigenen Verfehlungen zu komplettieren: »Ich hasse mich dafür, dass ich ein verdammter Süchtiger bin«, schrieb ein Benutzer im

Februar 1992. »Ich hasse mich dafür, dass ich meine Chiasaat habe sterben lassen«, witzelte ein anderer.[25]

Und keine von ihnen sagt dir, wie spät es ist

Stacy Horn hatte einen Werbespruch für Echo. Sie verwendete ihn in Printanzeigen, und als das Internet aufkam, setzte sie ihn auf die Titelseite der Echo-Website: »Echo hat den höchsten Anteil an Frauen im Cyberspace – und keine von ihnen sagt dir, wie spät es ist«.

Heutzutage machen Frauen in sozialen Netzwerken wie Pinterest, Facebook und Instagram den Hauptanteil aus, aber in den 80ern gab es kaum einen Onlinedienst mit einem nennenswerten Frauenanteil oder einen Onlinedienst, der sich um Frauen bemühte. Zu der Zeit, als Stacy Echo gründete, lag deren Anteil im gesamten Internet nur bei 10 bis 15 Prozent. Bei Echo machten Frauen jedoch fast die *Hälfte* der Nutzer aus. »Mein Erfolg war zum Teil darauf zurückzuführen, dass ich die Einzige war, die es versuchte«,[26] erklärt sie. Genau wie bei der Anwerbung ihrer ersten Nutzer ging sie überall auf Frauen zu und befragte sie informell zu ihren Onlineerfahrungen. Wenn sie noch nie online gewesen waren, fragte sie, was sie davon abhielt, und sie hörte genau zu, was die Frauen antworteten. Sie richtete diplomatische Bitten an Frauengruppen vor Ort und schenkte den Herausgeberinnen der Zeitschrift *Ms.* eine eigene Echo-Konferenz, auf der es zu einem intensiven, offenen Austausch über Menstruation und Körperbehaarung kam, welche die Echo-Männer in ehrfürchtigem Schweigen lasen, bevor sie sich mit Fragen einmischten, die ihnen wahrscheinlich schon seit Jahren durch den Kopf gingen. Sie rief ein Mentorenprogramm ins Leben und machte 1990 die Mitgliedschaft bei Echo für Frauen sogar völlig kostenlos.

Stacy kümmerte sich in einer ganz persönlichen Art um die Dinge. Noch während ihres Studiums an der NYU hatte sie als Telekommunikationsanalystin für den Ölkonzern Mobil gearbeitet und war dafür verantwortlich gewesen, dass die regionalen Mobil-Büros mit den Datenzentren in Princeton und Dallas verbunden waren. Als sie von den Möglichkeiten der

Onlinenetzwerke erfuhr, versuchte sie, ihre Leidenschaft bei ihrer Arbeit für Mobil einzubringen. Sie war davon überzeugt, dass die Mitarbeiter, die an den nationalen Datennetzinstallationen arbeiteten, weniger Fehler machen würden – dass weniger Informationen durch die Maschen fallen würden und verloren gingen –, wenn alle in Echtzeit miteinander besprechen könnten, was sie gerade taten. »Wir hatten diese Meetings, bei denen alle Mitarbeiter der Telekommunikationsabteilung an einem langen Konferenztisch saßen«, sagt sie, »nur ich und ein paar Männer. Ich stand auf und versuchte, für die Idee der sozialen Vernetzung zu werben ... und jedes Mal, wenn ich das tat, versuchten sie, mich zum Schweigen zu bringen. Ich habe es immer und immer wieder versucht, aber sie haben mir einfach nicht zugehört.«[27]

Zu dieser Zeit arbeitete Hillary Clinton daran, die Gesundheitsreform im Kongress durchzubringen. Stacy beobachtete sie in den Nachrichten, wie sie sich wegduckte und auswich, als Räume voller Männer versuchten, ihr Projekt zu untergraben. Sie sah so unerschütterlich aus. »Sie war schon damals eine Meisterin darin, einfach abzulenken und nicht wütend zu werden«,[28] erinnert sich Stacy. Dieses Vorbild beeindruckte sie zutiefst: Wenn Clinton es auf nationaler Ebene schaffte, mit der Gleichgültigkeit der männlichen Kollegen umzugehen, dann musste Stacy es doch auch schaffen, ihren Chefs bei Mobil zu beweisen, dass sie im Unrecht waren. Als Mobil die Büros ihrer Gruppe nach Virginia verlegte, beschloss sie, in New York zu bleiben. Ihre Abfindung deckte die Kosten für die ersten Echo-Server ab und die Erfahrungen, die sie gemacht hatte, wurden zu einem Wegweiser für ihre eigene Unternehmenskultur. Stacy war die einzige Frau in der Vorstandsetage gewesen, sie wollte sicherstellen, dass sie nicht die einzige Frau im Chatroom war.

Sie hat nicht immer gewonnen. Als sich Aliza Sherman – die Entwicklerin, die dachte, ihr Computer würde mit ihr sprechen, als sie das erste Mal online ging – bei Echo anmeldete, konnte sie sich nicht mit dessen Kultur anfreunden. Wie Stacy, die auf The WELL von Deadheads umgeben war, passte es einfach nicht zu ihr, deswegen löschte Aliza ihr Konto wieder. Stacy rief sie persönlich an. »Hier ist Stacy Horn«, erinnert sich Aliza an ihre Worte, »ich habe gesehen, dass du gegangen bist, aber wir brauchen mehr Frauen hier, also bitte geh nicht. Was kann ich tun, damit du bleibst?«[29] Später schickte ihr Stacy einen Brief. Aliza verließ Echo trotzdem, aber sie behielt den Brief. Er ist ein Memento an eine Zeit, in der jede Frau im Internet zählte.

Stacys Ex-Mann beschrieb sie immer als einen zwei Meter großen Buddha, eine unerschütterliche Kraft im Streben für das Gute in einer sich verändernden Welt. »Damals«, so Stacy, »schrieben Journalisten, ich hätte Echo gegründet, um einen sicheren Ort für Frauen im Netz zu schaffen. So ein Bullshit! Ich wollte mehr Frauen zu Echo bringen, um es besser zu machen.«[30]

Embraceable Ewe

Die größten Konferenzen von Echo – mit Themen zu Kultur, Medien, Tod – waren wie griechische Agoras im Cyberspace: offen zugängliche Versammlungen, bei denen sich jeder Gehör verschaffen konnte, sofern er oder sie laut genug sprach. Obwohl diese Konferenzen oft die erste Anlaufstelle für neue Benutzer waren, wo sie auf erfahrene Echo-Nutzer stießen, wusste Stacy, dass selbst die demokratischsten öffentlichen Räume ihre Grenzen haben. »Ich spreche anders, wenn ich mit meinen Chorfreunden zusammen bin, ich spreche anders, wenn ich mit meinen Schlagzeugfreunden zusammen bin«, erklärt sie, »und in einer Frauengruppe spreche ich über Dinge, über die ich in einer gemischten Gruppe nicht sprechen würde.«[31] Wenn Echo eine Erweiterung der realen Welt sein sollte, die eine Vielzahl von emotionalen Bedürfnissen erfüllt, musste es sowohl öffentliche als auch private Bereiche geben.

Dies ist einer der interessantesten und vorausschauendsten Aspekte des Designs von Echo. Manchmal mag man es, sich auf einer Party vor einem fremden Publikum zu einem bestimmten Thema zu profilieren, während man beim Abendessen mit fünf oder sechs Freunden wahrscheinlich eher persönliche Meinungen austauscht oder über private Dinge redet. Diese beiden Arten der Kommunikation schließen sich nicht gegenseitig aus; im Gegenteil, sie ergänzen sich perfekt. In der heutigen Landschaft der sozialen Medien ist in privaten Facebook-Gruppen, Slack-Kanälen, Gruppentext-Threads und Direktnachrichten genauso viel los, wie in unseren öffentlichen Feeds. Wir brauchen auch online eine gewisse Privatsphäre; Stacy hat das früh erkannt. Wenn zum Beispiel jemand in einer öffentlichen Konferenz nervte, war es wahrscheinlicher, dass die Stammgäste die Party lieber zu sich nach Hause verlegen wollten, als dass sie sich ganz abmeldeten.

Stacy baute von Anfang an die Option von privaten Konferenzen in Echo ein und die Nutzer nahmen die Idee gerne auf: Es gab eine private AA-Gruppe für trockene Alkoholiker und eine für Nutzer unter 30 Jahren. Die Sexkonferenz war für User ab 21 Jahren. Die Biosphäre, benannt nach einem hermetisch abgeriegelten, biologischen Experiment in Arizona, war privat um der Privatheit willen. Eine andere, Women in Telecommunications (WIT), war eine reine Frauenecke von Echo. Stacy hatte sie geschaffen. Es war ein Lieblingsprojekt von ihr und sie gewährte neuen Nutzerinnen nur dann Zugang zu WIT, wenn sie vorher mit ihnen telefoniert hatte, um sich zu vergewissern, dass sie wirklich Frauen waren. Kein perfektes Verfahren, aber dennoch eine Kontrolle, die man sich heute kaum noch vorstellen kann.

WIT war Echos »Powder Room«, der Ort, an dem sich die weiblichen Echo-Nutzerinnen zurückzogen und sich unterhielten, wobei sich die Bandbreite der Themen von Ratschlägen zu Sex, über Politik, Dating bis zu persönlichen Traumata erstreckte. In einem Thread mit dem Titel »Belästigt dich jemand auf Echo?« meldeten Frauen Fälle von Missbrauch und Belästigung und tauschten sich über ihre schlechten Erfahrungen mit Online-Fieslingen aus. Nicht jeder mochte den »Powder Room«; einige Echo-Nutzerinnen empfanden ihn als schmierig; sie fanden, er stünde zu sehr im Gegensatz zu dem schwarzen Humor, der sie überhaupt erst zu Echo gebracht hatte. Mit Stacys Segen gründeten deswegen ein paar von ihnen BITCH, einen Treffpunkt, zu dem man nur auf Einladung gelangte, für Frauen mit einer gewissen Einstellung: Manche nannten es »WIT mit Lederjacke«.[32] Marisa Bowe, die »die zuckersüße Supernettigkeit von WIT verabscheute«, verglich BITCH mit einer »schäbigen, dunklen Spelunke an der Lower East Side«. Wenn Echo ein digitaler Abdruck von New York war, dann musste jede Ecke der Stadt irgendwo ihre Analogie haben, und manchmal braucht eine Frau einfach nur einen Drink und will über irgendeinen Mist reden, um Dampf abzulassen. Stacy richtete eine analoge Konferenz für die Jungs ein, MOE – Men on Echo –, die von den Gesprächen auf WIT und BITCH ausgeschlossen waren. Damit wurden zwar deren Klagen über die Bevorzugung von Frauen zum Verstummen gebracht, aber transgender Echo-Nutzer waren weiterhin außen vor.

Dieses Problem wurde erst 1993 deutlich sichtbar. In jenem Jahr beantragte Embraceable Ewe, eine Transfrau, den Zugang zu WIT. Niemand wusste so recht, wie man damit umgehen sollte. Diese Frage war neu im Cyberspace und weibliche Echo-Nutzer tauschten auf WIT ihre Meinungen dazu aus. Einige sagten, man solle sie in die Gruppe lassen. Eine stimmte zu, unter der Bedingung, dass sie Gespräche über Prämenstruelles Syndrom (PMS) meiden sollte; eine andere fragte daraufhin, warum dieselbe Bedingung nicht auch für Frauen in der Postmenopause gelten solle. Wieder andere argumentierten, dass WIT ein Raum für Frauen sei, die als Frauen *aufgewachsen seien* und dass eine Transfrau, die zumindest einen Teil ihres Lebens von den systemischen Vorteilen des Patriarchats profitiert habe, das nicht teilen würde. Das Gespräch entwickelte sich zu einer ausgiebigen Betrachtung des Geschlechts im Cyberspace, die erste von vielen, die noch folgen sollten. Jemand schlug vor, eine weitere private Onlinekonferenz für Transfrauen zu gründen. »Das klang verdächtig nach getrennt, aber gleich«,[33] dachte Stacy besorgt.

Echo war eine Hochburg für New Yorker Linke und Künstler. Es gab eine LGBT-Konferenz, die Lambda hieß. Es ist erschütternd zu lesen, wie heftig die Echo-Nutzer über die Embraceable-Ewe-Frage debattierten, denn es zeigt, wie sehr sich das Verständnis für das Transgender-Thema in den letzten zwei Jahrzehnten verändert hat. Ein weiterer Aspekt, der für heutige Leser vielleicht auch unsichtbar ist, ist die Tatsache, dass sich immer mehr Menschen als Frauen ausgeben. Die sozialen Räume des textbasierten Internets waren voll von Leuten, die das Geschlecht gewechselt hatten. So führte der Mangel an Frauen im Netz dazu, dass sich immer wieder Männer als Frauen ausgaben. Aliza Sherman erörtert dieses Phänomen in einem persönlichen Erfahrungsbericht, den sie für das Women's Internet History Project aufgenommen hat. »Damals war das wirklich seltsam: So viele Männer gaben sich online als Frauen aus. Sie hatten eigene Websites, und man dachte, sie seien Frauen, aber in Wirklichkeit waren es Männer. Ich werde jetzt nicht auf die möglichen Gründe dafür eingehen, aber es war wirklich schwer, echte Frauen mit eigenen Websites zu finden.«[34]

Das Phänomen geht auf einige der frühesten sozialen Treffpunkte im Internet zurück, textbasierte Fantasy-Spiele namens Multi-User-Dungeons oder Multi-User-Domains. In MUDs wurde das Spiel mit der Geschlechtszugehörigkeit gefördert; die meisten MUDs boten für neue Charaktere eine lange Liste von Geschlechtsoptionen* an. Pavel Curtis, der Entwickler eines der bekanntesten sozialen MUDs, Lambda-MOO, stellte fest, dass die sexuell aggressivsten weiblichen Charaktere oft von Männern gespielt wurden, die »neugierig waren, wie die andere Hälfte lebt und wie es sich anfühlt, in einer Gemeinschaft als weiblich wahrgenommen zu werden«.[35] Die Medientheoretikerin Allucquére Rosanne Stone nannte dies »Computer-Crossdressing«. In einem Aufsatz von 1991 berichtet sie über folgenden Fall: Julie war eine beliebte Persönlichkeit in einem Message-Board, die sich als Mann mittleren Alters entpuppte. Dieser Mann wurde zufällig beim ersten Mal, als er online ging, für eine Frau gehalten, und er war so fasziniert von der Art und Weise, wie Frauen miteinander sprechen, wenn keine Männer anwesend sind, dass er die Scharade mehrere Jahre lang aufrechterhielt und eine komplette fiktive Persona für sein weibliches Alter Ego aufbaute. Dies geschah in den 90ern regelmäßig in BBSs, Listservs, Multi-User-Domains und anderen Chat-Plattformen.

»In den Netzen«, schreibt Stone, »wo die Verankerung einer Persona in einem physischen Körper bedeutungslos ist, benutzen Männer routinemäßig weibliche Personae, wann immer sie wollen«.[36] Das gilt natürlich in beide Richtungen. In der relativen Unübersichtlichkeit des textbasierten Internets konnte jeder eine neue Identität ausprobieren, was kreative Vorteile mit sich brachte und vielen Menschen ermöglichte, die zuvor unsichtbare Geschlechterdynamik in einem Gruppenumfeld aus erster Hand zu erfahren. Frauen konnten männliche Pseudonyme wählen, um unangenehme Aufmerksamkeit oder Belästigungen zu vermeiden, und Trans-Personen konnten ihre Geschlechtsidentität in einem Umfeld zum Ausdruck bringen,

* Der beliebte MUD LambdaMOO bot elf Geschlechter an. Eine Figur konnte männlich oder weiblich sein, aber auch im Plural vorkommen, als eine Art Kolonie. Oder man konnte als Ego erscheinen, für die »ich« oder das königliche »wir« verwendet wurde. Figuren im Neutrum hatten ihre eigenen Pronomenkonventionen: »splat« benutzte Sternchen während »spivak«-Charaktere als »e«, »em«, »eir«, »emself« bezeichnet wurden.

wo sie sich sicher und frei fühlten. Eine praktische Auswirkung dieses Computer-Crossdressings war jedoch, dass die wenigen Frauen, die online waren, es viel schwerer hatten, sich gegenseitig zu finden.

Für viele Echo-Nutzer war der Nebeneffekt der Embraceable-Ewe-Debatte unglaublicherweise folgender: Wenn eine Transfrau WIT beitrat, musste sie damit rechnen, von Männern verfolgt zu werden, die sich als Frauen »ausgaben«, egal wer Embraceable Ewe war und ob sie nicht selbst einen sicheren Raum verdiente, denn die Schleusen waren damit offen. »Ich wusste nicht, was ich tun sollte«, erzählt mir Stacy. »Ich hatte Angst, dass, wenn ich sie hereinlasse, all diese Männer sagen: ›Ich bin eine Frau, lasst mich rein‹, und woher sollte ich wissen, wer eine Frau ist und wer nicht?«[37] Stacy wollte auf Echo so viele Formen der Kommunikation wie möglich zulassen. Für WIT bedeutete das, es sollte ein Ort sein, ohne männliche Voyeure.

»Ich kam mir vor wie der George Wallace [langjähriger demokratischer Gouverneur von Alabama und reaktionärer Hardliner, Befürworter der Rassentrennung] des Cyberspace«,[38] schrieb sie. Da sie nicht wusste, wie sie das Problem lösen sollte, teilte Stacy Embraceable Ewe mit, dass sie Zugang zu WIT bekäme, sobald sie ihre Geschlechtsumwandlung hinter sich habe. Einige Monate später zog Stacy diese Entscheidung wieder zurück – und bedauert bis heute, sie jemals getroffen zu haben –, aber Embraceable Ewe verließ Echo trotzdem. In den folgenden Jahren traten mehrere andere Transfrauen bei. Die Gemeinschaft wurde immer vertrauter mit diesem Thema. Echo-Nutzer, die sich bis dahin nie mit Transgender-Fragen beschäftigt hatten, begannen Verständnis zu entwickeln. »Der Cyberspace erleichtert es, *andere ausreden zu lassen*«,[39] schrieb Stacy. Trans-Echoids erzählten ihre Geschichten und sie wehrten sich: Warum sollte eine teure Operation erforderlich sein, um zu beweisen, wer man ist? Was ermächtigt medizinische Einrichtungen, das Geschlecht zu bestimmen? Echo passte seine Nutzerbedingungen an. »Die Echo-Nutzer waren nur in der Lage ein zaghaftes Verständnis und eine Einigung zu erzielen … dank einer Menge Worte, die Bände über Bände gefüllt hätten, über Jahre hinweg«, schrieb Stacy.

Perry Street

Als ich das erste Mal mit Stacy Kontakt aufnehme, ist sie gerade damit beschäftigt, Echo, das immer noch existiert, von einem Server auf einen anderen zu übertragen. Der Umzug einer 30 Jahre alten Onlinegemeinschaft ist wie der Transport von Sauerteig-Anstellgut: Echo ist eine lebende Kultur in einem Marmeladenglas. Sie ist empfindlich gegenüber der Unbill der Außenwelt und muss gefüttert und warmgehalten werden, um eine Verbindung zwischen dem Alten und dem Neuen herzustellen.

Der große Umzug fällt genau auf das Wochenende, an dem Stacy und ich uns eigentlich in New York treffen wollten. Am späten Abend vor unserer Verabredung zum Kaffee erhalte ich eine E-Mail: Der Umzug des Servers war eine Katastrophe, sie habe den ganzen Tag und den ganzen Abend gearbeitet, um das Problem in den Griff zu bekommen. Womöglich ging das noch so weiter. Eine Stunde später schreibt sie mir erneut. Also folgendes, beginnt sie. Dieser Umzug wird immer schlimmer.[40] Aus unserem Treffen wir leider doch nichts. Entschuldigend schickt sie mir ein paar Adressen: die ursprüngliche Wohnung in Greenwich Village, in welcher der Server von Echo zuerst beheimatet waren, und die Künstlerbar gleich um die Ecke, ein beliebter Treffpunkt von Echo-Nutzern.

Ich besuche beide Orte an einem frischen Herbstmorgen. Ich bin mir nicht sicher, was ich dort zu sehen oder zu empfinden hoffe, wenn ich sie betrachte. Obwohl das Internet ein physisches Rückgrat besitzt, an das man selten denkt, scheint es für die meisten von uns gleichsam grenzenlos von Gerät zu Gerät zu wabern. Die Summe der Erfahrungen, die es ermöglicht, lässt sich nicht durch die Betrachtung seiner Infrastruktur erschließen, und ein Kabel sagt nichts über die Gespräche aus, die hindurchfließen. Während ich auf die Karte auf meinem Handy schaue, stehe ich in der Perry Street vor der Eingangstür des Wohnhauses, das einst das erste soziale Netzwerk der Stadt beherbergte. Und um ehrlich zu sein, spüre ich nicht viel.

Es ist ein schönes Gebäude. Wie viele in diesem Teil Manhattans sieht es teuer aus, mit Fenstern, die von Zierleisten mit Löwen und mythologischen Greifen eingerahmt sind. Die Straße ist von spindeldürren, blattlosen Bäumen und eisernen Straßenlaternen gesäumt; um mich herum wuseln sportliche Männer mit Hunden, ein paar vereinzelte Touristen, die sich von der Meute losgerissen habe, und Frauen mit Joghurteis in der Hand, die alle nichts von der Bedeutung dieses Ortes ahnen. Sollte es nicht wenigstens eine Gedenktafel geben? Wir machen das bei Gebäuden, in denen Dichter und Maler lebten oder starben. Warum nicht auch für Software und Server? Plötzlich bewegt mich der Gedanke doch: Hier lebte Echo, die Plattform, auf der New Yorker liebten und lachten, sich beschwerten und sich gegenseitig erzählten, wie sehr sie sich selbst hassten und warum.

Als wir es endlich schaffen uns zu unterhalten, erzählt mir Stacy eine Geschichte über die Perry Street. Sie hat einen unverkennbaren Long-Island-Akzent, dem man anhört, dass sie drei Jahrzehnte in Manhattan zur Miete gewohnt hat. Wenn sie spricht, kann man ihre Hervorhebungen in Kursivschrift hören. Als sie mir erzählt, wie sich ihr Viertel im Laufe der Jahrzehnte verändert hat, beugt sie sich gleichsam zur Akzentuierung in bestimmten Abständen nach vorn. »Es gab *Waschsalons*, *Feinkostläden*, und all das ist verschwunden«, sagt sie. »Ich muss eine *Ewigkeit* laufen, um zum Waschsalon zu kommen, eine *Qual.*«[41]

1990 gab es in Stacys Wohnung einen Server von Echo. Dank Al Gores Datenautobahn boomte das Geschäft, und da die Modems von Echo auf den lokalen Telefondienst angewiesen waren, überlasteten Stacys eingehende Anfragen alle Telefonleitungen in der Nachbarschaft. Die Telefongesellschaft war gezwungen Stacy eine eigene Standleitung zur Verfügung zu stellen. Nur in Manhattan verlaufen die Kabel generell unterirdisch – die Stadt ist einfach zu dicht bebaut und zu turbulent für oberirdische Telefonleitungen. Deswegen grub New York Telephone die Perry Street auf, und zwar die ganze Strecke von der örtlichen Zentrale bis zu Stacys Haustür. »Es war schon seltsam«, erzählt sie, »zu sehen, wie die Straßen von New York für etwas *aufgerissen* wurden, das ich gemacht hatte. Es war nicht nur ein Moment für mich, in dem ich stolz war, es war, als könnte ich in die Zukunft sehen und ich wusste, dass ich dabei mithelfe.«[42]

Stacys Nachbarn teilten ihren Stolz nicht. Ihr Telefonanschluss wurde unterbrochen, ihre Straße aufgerissen. Aber Stacy wusste, dass sie ihr später einmal dankbar sein würden, wenn die Perry Street das schnellste Internet in New York City hatte.

f2f

Laut einer systemweiten Umfrage, die um 1998 durchgeführt wurde, gaben 83 Prozent der Echo-Nutzer an, sich auch regelmäßig persönlich zu treffen.[43] Echo veranstaltete monatliche Treffen in der Künstlerbar und einmal im Monat ein Softballspiel im Central Park. Stacy startete eine Lesereihe für Echo-Nutzer namens Read Only. Sie organisierte öffentliche Vorträge, eine Filmvorführungsreihe und den Virtual Culture Salon, eine Veranstaltung, die alle zwei Monate zusammen mit dem Whitney Museum stattfand. Mitte der 90er war New Yorks »Silicon Alley« überschwemmt von Mixern, allerlei Treffen, Medienveranstaltungen und einem Dot-Com-Hype. Stacy war dabei die erste Person, die New Yorks Technologiepioniere miteinander vernetzte. Echo war, wie 1996 ein Redakteur des Onlinenewsletters *@NY* schrieb, »das Grundgestein der Silicon Alley«.[44]

Stacy hat das nie wirklich so gesehen. Die Echo-Nutzer vernetzten sich nicht – sie spielten Jazz zusammen, machten gemeinsam Entdeckungsreisen, gingen miteinander Segeln. Eine Gruppe von Echo-Nutzern im Norden des Landes traf sich einmal im Monat, um ein bestimmtes Rindfleischgericht zu essen.[45] Die Hausband von Echo, White Courtesy Telephone, spielte regelmäßig in Clubs der Lower East Side. Wenn die Echo-Nutzer Dichterlesungen oder Open-Mic-Auftritte hatten, stellten sie diese vorher online, damit alle informiert waren. Und wenn sie nach Hause kamen, loggten sie sich als Erstes wieder bei Echo ein, um sich auszutauschen. »Die stärksten virtuellen Gemeinschaften sind nicht rein virtuell«,[46] erklärt Stacy.

Das Verantwortungsgefühl füreinander in der Realität hat Echo zu einem angenehmen Ort gemacht: Es ist schwieriger, online grausam zu jemandem zu sein, wenn man damit rechnen muss, ihn vielleicht am Montagabend in der Künstlerbar zu treffen. Die Echo-Nutzer sahen sich regelmäßig genug, um sich als Menschen und nicht als Benutzernamen zu kennen. Versöhnungen gab es dann bei einem Bier oder einem freundschaftlichen Softballspiel. Echo war eine Gemeinschaft, die sich um sich selbst kümmerte, in guten wie in schlechten Zeiten.

Und wenn das mal nicht klappte, sprang Stacy ein. Als Moderatorin im wahrsten Sinne des Wortes setzte sie wirklich alles daran sicherzustellen, dass die Leute miteinander auskamen. Wenn Echo eine Kleinstadt wäre, dann wäre Stacy Bürgermeisterin, Sheriff und Fremdenverkehrsbüro in einem. Sie stellte die Regeln auf und passte auf, dass sich jeder daran hielt. Wenn sich jemand danebenbenahm, hatte sie die Autorität, ihn hinauszuwerfen. »Stacy war eine größere Autokratin, als es in diesen großen Unternehmen möglich wäre,« erzählt mir Howard Mittelmark, ein Romanautor, der seit 1989 bei Echo aktiv ist. »Sie konnte letztendlich sagen: ›Du – mach, dass du raus kommst.‹«[47]

»Das Unternehmen wurde von einer Frau gegründet, die Hälfte der Hosts waren Frauen, und allein dadurch, dass ich das getan habe, fühlte sich alles ab der ersten Minute anders an, wenn man sich einloggte. Frauen fühlten sich wohler.«

Das Schicksal, hinausgeworfen zu werden, traf nur die schlimmsten Übeltäter. Ein ganzes Kapitel in Stacys Buch ist dem Thema gewidmet, was Echo-Nutzer »die Angst« nannten: das beklemmende Gefühl, das eine wirklich abstoßende Person mit ihrem Onlineverhalten auslösen kann. Bei Echo gab es einmal einen Nazi und auch ein paar Leute, die andere sexuell belästigten. Marisa Bowe erinnert sich an einen Vorfall, bei dem ein junger Mann, »der sich für wirklich sehr subversiv hielt,«[48] in jeder Echo-Konferenz über Inzest schrieb. Stacy verbot ad-hominem Angriffe, aber da sich die Inzest-Posts nicht gegen eine bestimmte Person richteten, stellten sie keinen Verstoß gegen die Echo-Regeln dar. Marisa fand sie jedoch genauso unangenehm wie Vandalismus. »Wenn die Welt, in der man lebt, *nur* aus Sprache besteht«, ist das Posten von beleidigendem Material einfach so zum Spaß, »als würde man ein Gebäude bombardieren«.[49]

All dies ist uns auch heute noch vertraut. Im Internet tummeln sich immer noch Nazis, Trolle und Stalker. Und ein soziales Netzwerk mit nahtlosem Übergang ins alltägliche Leben kommt uns ganz normal vor. Genau das tun alle unsere sozialen Netzwerke: Wir laden unsere Freunde auf Facebook zu Partys ein und zeigen ihnen mit Fotos und Videos, was sie verpassen. Wir verfolgen in den sozialen Medien die Reisepläne, das Liebesleben und die Haustiere der anderen und wechseln mit Leichtigkeit vom realen Leben zum Onlineleben, wobei die Grenzen zwischen beidem verschwimmen und das eine zuweilen mit dem anderen verwechselt wird.

Stacy hat schon früh verstanden, wie wichtig die Menschen für das Netzwerk sind. Als Echos höchste Instanz unterstützte sie Diskussionen und ermutigte Echo-Nutzer, sich zu ihren Interessengebieten auszutauschen. Diese »Hosts« oder Gastgeber hatten freie Hand, die besondere kulturelle Atmosphäre ihrer Konferenzen selber zu gestalten. »Echo ist Echo wegen der Hosts«, schrieb sie 1998. »Die Beziehungen, die wir haben, werden durch das geformt, was wir erzählen. Die Hosts bringen uns dazu, uns gegenseitig alles zu erzählen«.[50] Damit Echo gedeihen konnte, erkannte Horn, dass es eine Kernbasis von mitteilungsfreudigen Nutzern brauchte. Howard Rheingold dokumentiert diese Strategie in seinem Buch *The Virtual Community: Homesteading on the Electronic Frontier* im gesamten Netz – ein Buch über virtuelle Gemeinschaften, in dem Echo übrigens mit keinem Wort erwähnt wird. Er berichtet von einem BBS in Frankreich mit bezahlten »Animateuren«,[51] die aus den aktivsten Benutzern ausgewählt wurden, bis hin zu den WELL-Hosts in seinem eigenen Leben. Er schreibt: »Ein Host spielt in WELL dieselbe Rolle, die von einem guten Gastgeber einer Party oder eines Salons erwartet wird: Neuankömmlinge begrüßen, Gäste miteinander bekannt machen, hinter den Gästen herräumen, Gespräche anregen und, wenn notwendig, Streitereien schlichten«.[52]

Wir alle sind jetzt Gastgeber, die Kommentarfelder unter unseren Instagram- und Facebook-Posts sind unsere eigenen persönlichen Konferenzen. Aber auch die formellere Konvention geht weiter: Reddit, die sogenannte »Titelseite des Internets«,[53] ist ein verherrlichtes Bulletin-Board-System, und jedes Subreddit – das, was Echo-Nutzer als Konferenz bezeichnen würden – hat seine Moderatoren, die redaktionelle Entscheidungen treffen und Gespräche leiten. Auch in Gemeinschaften wie Facebook und Twitter gibt es Moderatoren, nur wird diese Rolle nicht mehr von bestimmten Nutzern ausgeübt. Stattdessen arbeiten bezahlte Mitarbeiter im Verborgenen, oft im Ausland, entfernen von Hand anstößige Inhalte und reagieren auf Beschwerden über Missbrauch und Belästigung. Dass diese Aufräumarbeiten nach der Party zuweilen wichtiger werden als die Party selbst, ist eine unvermeidliche Folge der Größe des Internets. Das passiert, wenn man alle Menschen auf der Erde einlädt.

In der Regel gab es bei jeder Konferenz auf Echo einen männlichen und einen weiblichen Host, die für die kostenlose Nutzung des Dienstes dafür sorgten, dass die Dinge zivilisiert und interessant blieben. Die Tatsache, dass die Hälfte der Echo-Hosts Frauen waren, war ebenfalls eine bewusste Maßnahme. Stacy nannte es »cyberaffirmative action«.[54] Für sie war es wichtig, dass Frauen, die sich in Echo einwählen, auf andere Frauen stoßen, die schon mittendrin sind. Das Wissen, dass sie nicht in der Minderheit sind und dass die Administratoren nicht nur Männer sind, ermutigte Frauen, sich zu Wort zu melden, anstatt nur im Hintergrund zu bleiben. Auf diese Weise wurden sie Teil der Echo-Kultur. Die Männer mussten ihnen zuhören. »Ich erlebte, wie Frauen über Dinge sprachen, über die ich normalerweise keine Frauen sprechen höre«, erklärt Howard Mittelmark, »sie sprachen über Männer in einer Weise, wie sie es normalerweise mit mir nicht tun würden«.[55]

Auf seinem Höhepunkt hatte Echo etwa 46 000 Nutzer. Mehr als die Hälfte davon waren Zuhörer. Auch heute noch sind die meisten Menschen Zuhörer: Auf allen Social-Media-Plattformen hört eine große schweigende Mehrheit zu, liest mit, aber hält sich bedeckt. Das ist die soziale, dunkle

Materie des Internets, die Kraft, die uns alle zusammenhält. Diejenigen, die aktiv auf Echo gepostet haben – etwa ein Zehntel von Stacys Abonnenten – waren die eingefleischten Anhänger. Sie waren die Hosts, die Querdenker, die Umstürzler, der harte Kern. Obwohl Echo immer noch existiert und vor nicht allzu langer Zeit mit viel Brimborium erfolgreich auf einen Linux-Server umgestellt wurde, ist nur noch ein Bruchteil dieser Kerngruppe übrig.

Wie jede Familie haben auch die verbliebenen Echo-Nutzer viel zusammen durchgemacht. Es gab mindestens einen Todesfall. Die Echo-Nutzer gehörten zu den ersten, die erlebt haben, wie schwierig es ist, um jemanden zu trauern, dessen Worte wie Geister in der Maschine erhalten bleiben. Zwei Jahrzehnte Konversation sind eine erstaunliche Menge an emotionalem Material: Zeit, die damit verbracht wurde, zu diskutieren, zu streiten, sich zu versöhnen und zu flirten. Echo hat schon so manche Romanze erlebt und viele Echo-Nutzer haben es in den privaten Ecken des Dienstes sogar zu Cybersex gebracht. Und dann gibt es natürlich noch das interne Drama der unglücklich gelaufenen Affären.

Aber die Echo-Nutzer teilen darüber hinaus auch eine bedeutendere Kulturgeschichte. Während der berüchtigten Verfolgungsjagd von O. J. Simpson mit seinem Bronco im Jahr 1994, als die meisten Amerikaner die Hubschrauberaufnahmen in den Nachrichten sahen, posteten die Echo-Nutzer ihre unmittelbaren Reaktionen in Echtzeit. Stacy berichtet in ihrem Buch *Cyberville* über einen Teil dieses Threads, der sich liest, als ob eine Gruppe von Menschen über ein wichtiges kulturelles Ereignis live twittert, ein Jahrzehnt vor der Erfindung von Twitter. Echo-Nutzer nannte es »Simulcasting«, es war für das Medium selbstverständlich. Sie schrieben Kommentare bei Oscar-Verleihungen, während der Aussage von Anita Hill bei der Anhörung zur Bestätigung von Clarence Thomas 1991 als Richter am Supreme Court und während des Bombenanschlags auf das World Trade Center 1993. Am 11. September 2001 rannte Stacy um genau 8:47 Uhr zu ihrer Tastatur und tippte: `EIN FLUGZEUG IST GERADE INS WORLD TRADE CENTER GESTÜRZT.`[56]

Auf Echo wurde viel und lebhaft diskutiert. Die Leute tauschten sich aus über den Inhalt ihrer Kühlschränke, ihrer Geldbörsen und ihrer Taschen. »Das heißeste Thema war eine Zeit lang eine Diskussion über Shampoo«, schrieb Stacy. »Shampoo! Wer redet denn schon über Shampoo? Und trotzdem ist das Gespräch seltsamerweise irgendwie aufschlussreich.«[57] Details wie diese machten die Worte auf dem Bildschirm menschlich: Hier lebten New Yorker ihr Leben, aßen, beschwerten sich, wuschen sich die Haare, während die Welt um sie herum weiterging, so wie für uns alle.

Vor Kurzem hat Stacy das gesamte Archiv von Echo, das 20 Jahre ununterbrochene Gespräche dokumentiert, der Historischen Gesellschaft von New York geschenkt. »Irgendjemand im 22. Jahrhundert oder noch später wird zurückblicken auf diese Schatztruhe der Geschichte«,[58] sagt sie mir mit aufrichtigem Stolz. Das Vermächtnis von Echo mag nicht das sein, was es über die Zukunft der sozialen Medien vorausgesagt hat – obwohl es im Grunde alles vorausgesagt hat –, sondern das, was es über die Vergangenheit enthüllen wird. Es zeigt, wie echte New Yorker gelebt haben, ungeschminkt und unverändert durch den Lauf der Zeit danach. Es gibt einen Grund, warum Stacys Buch über Echo *Cyberville* heißt: Echo war eine Wahlgemeinschaft, deren Mitglieder oft etwas Besonderes hatten und die über Tastatur und Modem erreichbar war. Es hatte seine Anführer und Hierarchien, seine Polizisten und seine Widerlinge. Nicht alle kamen miteinander aus, aber die meisten blieben wegen des netten Miteinanders. Sie waren Bürger einer Stadt in der Stadt, in der man nur so gut oder so lebendig war, wie die eigenen Worte.

Stacy Horn verkaufte Echo ursprünglich an die New Yorker als eine örtliche Haltestelle auf der Datenautobahn, aber die Autobahn wurde durch die Stadt gebaut. Echo wurde zu einer dieser Raststätten an der Panoramastraße, voller Charakterköpfe und voller Geschichten, die seine Reisenden schrieben. Gelegentlich verirren sich Leute, meistens liegt es abseits der Landkarte, irgendwo im Zwischenraum zwischen der Vergangenheit des Internets, dem Wilden Westen der Farmen, und dem heutigen App-zentrierten Internet, das vieles ist, aber sicher kein Gespräch, in dem jemand umsonst oder frei schreibt. Die Echoids fahren manchmal auf die Autobahn, um große Städte wie Facebook und Twitter zu besuchen. Trotz all der Action in diesen glitzernden neuen Metropolen fühlt sich das alles seltsam vertraut an.

Um Echo heute beizutreten, füllt man auf der Echo-Website ein Formular aus und wartet darauf, dass Stacy einem per Post das Paket für neue

Nutzer schickt. Bei mir hat es eine Woche gedauert. Es enthält ein Begrüßungsschreiben, Absender Echo Communications Group, das recht originell mit den Worten anhebt: »Danke und herzlichen Glückwunsch! Sie sind dabei, einer handverlesenen, rechthaberischen, leicht dysfunktionalen Gemeinschaft namens Echo beizutreten«, bevor es weitergeht mit der Warnung: »Wir verwenden diese völlig veraltete Software, die wir seit Ewigkeiten nicht mehr aktualisiert haben. Sich auf Echo zurechtzufinden ist nicht wie im Internet. Aber halten Sie durch. Es lohnt sich.« Die Anleitung im Paket ist höchstwahrscheinlich auch für Millennials geeignet.

Echo ist immer noch ein BBS, das heißt, es ist nicht Teil des Internets. Der Zugriff erfolgt vielmehr über Telnet, ein Protokoll, mit dem ich mich direkt auf Stacys Server einwählen kann. Dazu muss ich ein Terminal öffnen, eine Befehlszeilenanwendung, die als eine Art textbasiertes Fenster mit Zugang zum Betriebssystem dient, und dann muss ich Echo mit folgendem Befehl aufrufen:

```
$ ssh claire@echo-nyc.com
```

Das Willkommenspaket für Echo enthält auch einen Spickzettel mit Unix-Befehlen. Um diese zu beherrschen, braucht man allein einen Nachmittag. Eigentlich kenne ich mich mit diesen Dingen ja aus, aber die Benutzung von Echo fühlt sich so an, wie Hacken manchmal in Filmen dargestellt wird. Aber irgendwann habe ich den Dreh dann raus: Wenn ich `j mov` eintippe, um an der Film- und Fernsehkonferenz teilzunehmen, und `sh 222`, um den 222. Artikel zu lesen, der dort gepostet wird, kann ich die laufende Diskussion über *Star Trek* auf Echo lesen, die sich über ein Jahrzehnt erstreckt. Wenn ich `0` eintippe – wie in: »Wer ist online?« – entdecke ich eine Handvoll Leute, die mit mir auf Stacys Server sind, wo es keine Werbung gibt und keine Clickbaits, die einen verlocken sollen, darauf zu klicken. Die Verwendung von Echo fühlt sich an, als würde man mit einem Messer durch die Desktop-Metaphern, durch die Illusionen, durch die Cloud schneiden. Es ist ein reiner Kanal, das skelettartige Herzstück der sozialen Medien.

Für diejenigen von uns, die mit der Semantik des World Wide Web aufgewachsen sind, sind Systeme wie Echo zutiefst kontraintuitiv, weil das Web unser einziger Bezugsrahmen dafür ist, wie digitale Informationen weltweit transportiert werden. Selbst nach all dem, was ich über das Reich der Texte von Echo gelernt habe, wandern meine Finger, während ich mit dem System verbunden bin, immer wieder zum Trackpad, so sehr bin ich an Point-and-Click-Schnittstellen gewöhnt. Aber Echo ist nicht im Internet – Stacy konnte es sich 1993 nicht leisten, den Sprung zu wagen – und seine »völlig veraltete Software« fühlt sich schockierend ungewohnt an. Da es keine Links, nichts zum Anklicken und keine URLs gibt, fehlt etwas Grundlegendes. Uns, die wir mit dem Umgang mit modernen Kommunikationsmedien vertraut sind, sind diese Dinge so selbstverständlich geworden, dass wir sie kaum mehr bewusst registrieren. Angenommen, wir sind alle Fische im Online-Meer, dann fehlt Echo das Wasser. Es hat keinen Hypertext.

KAPITEL ZEHN

HYPERTEXT

Wenn wir die Worte »Internet« und »Web« benutzen, meinen wir oft dasselbe: die Kraft, die von unseren Bildschirmen ausgeht und größer ist als die Natur. Aber »Internet« und »Web« sind nicht austauschbar; wie wir von Echo erfahren haben, waren die Menschen schon Jahrzehnte vor dem Auftauchen grafischer Webseiten online miteinander verbunden. Sie wählten sich direkt in die Rechner der anderen und in Host-Computer ein, um Dateien auszutauschen und Nachrichten zu versenden, so wie bei Echo oder The WELL, oder sie nahmen an kommerziellen Onlinediensten wie AOL, CompuServe und Prodigy teil. Wenn man vor dem Web vom »Netz« oder »online gehen« sprach, meinte man in der Regel genau das. Viele dieser Ad-hoc-Netze interagierten mit der Infrastruktur des Internets, bis schließlich eine kritische Masse erreicht war, als der Nachfolger des ARPANET, das NSFNET der National Science Foundation, 1994 mit dem Auftreten kommerzieller Internetdienstanbieter dem heutigen Netz Platz machte.

Das machte die ganze Sache kompliziert. Die ersten Karten des ARPANET waren einfach zu lesen: Einige wenige Knoten in den akademischen und militärischen Hauptstädten Amerikas waren mit direkten, geraden Linien aus Kabeln und Glasfasern miteinander verbunden. Als die Zahl der Knoten zunahm, wurden die Karten immer umfangreicher, die geraden Linien vervielfachten sich und wurden zu weiten Kurven, um der Vielzahl der Knoten gerecht zu werden. Schließlich verschwand der geografische Hintergrund aus den Internetkarten und das Netz selbst wurde unabhängig von der Geografie. Heute ist eine Karte des Internets ein gespanntes, verrücktes, fraktales Gebilde, das einem schlagenden Herzen, einem Netz von Synapsen oder einer Supernova ähnelt.

Über all dem thront das World Wide Web, ein Netz miteinander verbundener visueller Seiten, die in einer gemeinsamen Sprache namens HTML (Hypertext Markup Language) erstellt wurden. »Hypertext« ist kein Wort, das wir heute häufig verwenden, aber ein Großteil des Webs besteht aus diesen Hypertext-Dokumenten: strukturierte Seiten mit Text, Bildern und Videos, die mit anklickbaren Links versehen sind, die einzelne Punkte im Netz miteinander verbinden. Diese Verbindungen beeinflussen nicht nur die Art und Weise, wie wir im Web *navigieren* – Google hat sein Imperium auf einer Suchmaschine aufgebaut, die Webseiten mit der höchsten Anzahl und Qualität von Hypertext-Links anzeigt –, sondern auch, wie wir miteinander kommunizieren und letztlich die Welt verstehen.

In gewisser Weise ist dies das Grundprinzip. Der Talmud ist ein Hypertext mit Schichten von Anmerkungen, die in konzentrischen Rechtecken um ein theologisches Herz angeordnet sind. Jeder Text, der auf einen anderen verweist, wird als eine Form von Hypertext betrachtet: Fortsetzungen, die dort beginnen, wo die letzte Seite des vorangegangenen Buches endet, Fußnoten, Endnoten, Marginalien und Randbemerkungen in Klammern. Ausufernde, selbstreflexive Romane wie *Ulysses* oder *Finnegan's Wake* sind wie flach gedrückte Hypertexte[1], und Wissenschaftler zitieren gerne die Kurzgeschichte des argentinischen Schriftstellers Jorge Luis Borges »Der Garten der Pfade, die sich verzweigen«, als Höhepunkt des Prä-Computer-Hypertextes. »Dieses Webmuster aus Zeiten«, schrieb Borges, »die sich einander nähern, sich verzweigen, sich scheiden, oder jahrhundertelang ignorieren, umfasst alle Möglichkeiten.«[2] Er hätte das World Wide Web wohl geliebt.

Das Web, wie wir es kennen, geht nicht auf Borges, Joyce oder den Talmud zurück. Die berühmtesten Hypertext-Pioniere sind Männer – Doug Engelbart (Jake Feinlers Mentor in Stanford) baute Hypertext in sein oN-Line-System ein, und Ted Nelson, ein Held der Gegenkultur in der Bay Area von San Francisco, prägte das Wort und vertrat jahrzehntelang utopische Hypertext-Ideen. Aber das Web erschien erst auf der Bildfläche, *nachdem* brillante Forscherinnen und Informatikerinnen fast ein Jahrzehnt lang die Prinzipien und Konventionen von Hypertext erforscht hatten. Sie waren die Architektinnen der Hypertext-Systeme, die in Vergessenheit geraten sind. Sie schufen Systeme mit Namen wie Intermedia, Microcosm, Aquanet, NoteCards und VIKI, die frühesten ontologischen Strukturen des Informationszeitalters. Hypertext kann man in vielerlei Hinsicht als die Umwandlung von reinen Daten in Wissen bezeichnen. Und wie beim Programmieren eine Generation zuvor, waren es Frauen, die das taten.

Microcosm

Um Hypertext zu verstehen, habe ich mich an eine der brillantesten Informatikerinnen der Welt gewandt. Dame Wendy Hall ist eine sprudelnde, erdbeerblonde Britin mit einer entwaffnend herzlichen Art und einem vollen Terminkalender. Wir sprechen über Skype, mit neun Stunden Zeitverschiebung. Wendy, die 2009 für ihre Verdienste um die Informatik zur Dame Commander of the Order of the British Empire ernannt wurde – das weibliche Äquivalent zu einem Ritterschlag –, sitzt in einem Hotelzimmer in London und hat sich für ihr bevorstehendes Abendessen schick gemacht. Ich sitze in meinem Pyjama, umgeben von Karteikarten, in meinem Büro in Los Angeles und trinke Kaffee. Aus Gründen, die ich noch nicht so ganz verstehe, hat sie diesen Moment gewählt, um mich über die europäische Geschichte des Mittelalters aufzuklären.

Die Schlacht von Hastings im Jahr 1066, um genau zu sein. »Das lernt man bei uns in Geschichte«, sagt Wendy, die sich wohl nicht sicher ist, ob die Nachricht vom Triumph Wilhelm des Eroberers im 11. Jahrhundert jemals in die USA gelangt ist. Wilhelm der Eroberer (1027/28–1087) verdiente sich seinen Beinamen, indem er von der Südküste Englands aus in England einmarschierte und den letzten angelsächsischen König besiegte, erklärt mir Wendy. Ein paar Jahre später beschloss er eine Bestandsaufnahme seiner Beute vorzunehmen: sprich das komplette angelsächsische Königreich. Er ordnete eine Auflistung von allem an, was er besaß. »Jede Kuh, jedes Schaf, jede Person, jedes Haus, jedes Dorf, alles«, sagt sie. »Sie gingen überall herum und zählten alles von Hand.«[3]

Das Ergebnis war ein ungewöhnliches Buch, eine Art Grundbuch, das heute für Historiker von unschätzbarem Wert ist und in dem die Einzelheiten der angelsächsischen Welt detailliert beschrieben werden – die einzige Bestandsaufnahme dieser Art. Weil die Urteile der normannischen Gutachter, die es zusammenstellten, als endgültig galten, nannten die Engländer es *Domesday Book*, mittelenglisch für »Buch des Jüngsten Tages«. Wie der britische Geistliche Richard FitzNeal (1130–1198) fast ein Jahrhundert später schrieb, sind die im *Domesday Book* getroffenen Entscheidungen »wie die des Jüngsten Gerichts unabänderlich«.[4] Und genau dieses *Domesday Book* hatte Wendy Hall auf Umwegen zu ihrer Karriere als Entwicklerin von Hypertext-Systemen geführt, lange bevor das Web aufkam.

1986, als Wendy ihre Laufbahn als Lehrerin begann, feierte die BBC – »das ist die British Broadcasting Corporation«,[5] erinnert sie mich sanft – den 900. Jahrestag des *Domesday Book*, indem sie eine aktuelle Version für die moderne Welt schuf. Die BBC gab zum Jahrestag eine neue britische Volkszählung auf zwei Multimedia Video LaserDiscs heraus. Das war damals der Höhepunkt technischer Raffinesse. Sie nannten sie natürlich die *Domesday Discs*. Mehr als eine Million Menschen trugen zu diesem Projekt bei, das zu einer riesigen, in Bits und Licht kodierten Zeitkapsel wurde. »Jede Schule im ganzen Land wurde gebeten, drei Fotos aus ihrer Umgebung einzusenden«, erklärt Wendy. Schulkinder schrieben Berichte über ihr tägliches Leben; Briten schickten Fotos von Bürokomplexen, Pubs und Windmühlen. Ein Kind aus dem Dorf Spennymoor steuerte diese treffende Zukunftsvorhersage bei:

> Roboter-Gliedmaßen werden verwendet, wenn jemand seine natürlichen Gliedmaßen verliert.
>
> Computer werden einen Großteil der medizinischen Diagnosen übernehmen, die heute noch von Ärzten gestellt werden.
>
> Lebensmittel werden künstlich schmackhafter gemacht werden.
>
> Kinder werden vor allem mit Computern lernen.[6]

Diese Sammlung, erstellt mithilfe von Crowdsourcing, war Inhalt der ersten der beiden *Domesday Discs.* Die zweite war mit interaktivem Material über britische Denkmäler und Bauwerke, die Regierung und das Königshaus gefüllt, darunter Daten einer Volkszählung und einige Spaziergänge an bedeutenden Orten quasi in früher virtueller Realität. Als Wendy die *Discs* zum ersten Mal sah, war sie absolut überwältigt. Dabei waren es nicht so sehr die Informationen an sich, die sie beeindruckten, sondern die Art und Weise, *wie* sie dargestellt wurden. »Die Ideen waren umwerfend«,[7] sagt sie. Die *Domesday Discs* waren interaktiv, enthielten miteinander verbundene Links, durch die man mit dem Cursor navigieren konnte, ähnlich wie wir es heute aus dem Internet gewohnt sind. Für Wendy war es eine unglaublich anregende und fesselnde Erfahrung, wie leicht man von Gedanken zum britischen Leben in der Ich-Perspektive zu Volkszählungsdaten und 3D-Fototouren wechseln konnte. Sie hatte noch nie zuvor einen Computer gesehen, der so etwas konnte.

Eigentlich hatte sie sich auch nie besonders für Computer interessiert. Ihre Alma Mater, die University of Southampton, war zwar eine der ersten Universitäten im Vereinigten Königreich, an der Informatik gelehrt wurde, Wendy studierte jedoch reine Mathematik. Ihrem Doktorvater zufolge war sie in jenen Jahren eine »schüchterne und zurückhaltende Studentin«, die in einem Bereich der Topologie arbeitete, »der so obskur ist, dass ich bis heute den Titel der Dissertation nicht verstehe«.[8] In einem Kurs im ersten Studienjahr lernte sie ein bisschen Programmieren, fand es aber langweilig und unpersönlich. »Ich war glücklich in meiner Welt der Mathematik und konnte mir damals nicht wirklich vorstellen, dass mir die Arbeit mit Computern jemals wirklich etwas geben würde«,[9] sagte sie 2013 in einem Radiointerview. Doch als sie die *Domesday Discs* sah, vergaß sie ihre Abneigung. Plötzlich verstand sie, was man mithilfe von Computern erleben konnte, und als im Vereinigten Königreich die ersten PCs aufkamen, »begann ich die Zukunft zu sehen«,[10] sagt sie.

Nicht alle sahen das so klar. Wendy kehrte nach einer kurzen Tätigkeit als Dozentin für angehende Mathematiklehrer an die University of Southampton zurück und nahm einen Lehrauftrag für Informatik an, aber ihre Begeisterung für Multimedia passte nicht zu den gängigen Ansichten des

Fachbereichs. »Ein Professor sagte mir einmal in aller Öffentlichkeit, dass es für mich keine Zukunft in Southampton oder in der Informatik gäbe, wenn ich mich weiter mit diesen Multimedia-Sachen beschäftige«, erinnert sie sich, »denn ich schrieb keine Compiler, keine neuen Programmiersprachen und entwickelte keine Betriebssysteme.«[11] Viele ihrer Kollegen hielten die Beschäftigung mit interaktiven Multimedia-Themen nicht für echte Informatik – das galt als etwas Schwammiges, weniger Ernsthaftes, thematisch viel näher an den Geisteswissenschaften als am klassischen Programmieren.

Aber Wendy konnte den kurzen Blick, den sie in die Zukunft geworfen hatte, nicht vergessen: eine Zukunft, in der Bilder, Texte und Ideen durch intuitive, bildschirmbasierte Verknüpfungen miteinander verbunden waren und in der Computerbildschirme für alle zugänglich waren. 1989 verließ sie Southampton und nahm eine Stelle an der University of Michigan an, wo sie in die amerikanische Technikkultur eintauchte, Konferenzen besuchte und schließlich lernte, dass anklickbare Multimedia auf Computern tatsächlich eine ernst zu nehmende Disziplin war und einen Namen hatte: Die Amerikaner nannten es »Hypertext« oder »Hypermedia«. Während ihre Interessen den meisten ihrer britischen Kollegen fremd zu sein schienen, war sie in den Vereinigten Staaten ganz vorn mit dabei. Sie kehrte nach Southampton mit einer glasklaren Vision für ein neues Hypertext-System zurück. Um es zu erklären, nimmt sie mich mit in die Vergangenheit – wieder einmal.

Der Sprung geht diesmal nur über Jahrzehnte zurück, nicht über Jahrhunderte. Wendy erzählt mir vom Earl of Mountbatten, einem Cousin zweiten Grades von Elizabeth II. Mountbatten ist so etwas wie ein Avatar für das Großbritannien des 20. Jahrhunderts. Als letzter Vizekönig von Indien überwachte er den Übergang des Landes in eine moderne Republik. Im Zweiten Weltkrieg war er Kapitän eines Zerstörers und wurde von Churchill zum Oberbefehlshaber der Alliierten im südostasiatischen Raum ernannt, wo er einen blutigen burmesischen Feldzug bei Monsunregen anführte. Er begegnete Stalin und traf Kaiser Hirohito. Seine herausragende Stellung in der britischen Kolonialgeschichte machte ihn jedoch leider zur Zielscheibe. Im Sommer 1979, lange nach seiner Pensionierung, wurde Mountbatten zusammen mit seiner Familie von der IRA ermordet, als sie mit einem Holzboot vor der Küste der Grafschaft Sligo Hummer fischten. Die IRA bombardierte das Boot, zerlegte es in Stücke und trennte ihm dabei beide Beine fast auf einen Schlag komplett ab.[12]

Die Mountbattens lebten in Romsey, einem uralten Marktflecken, seine drei Wassermühlen sind sogar schon im mittelalterlichen *Domesday Book* vermerkt. Für die Schüler, die das Dorf für das Projekt der *Domesday Disc* untersuchten, gehörten im Jahr 1986 zu den auffälligsten Merkmalen des Lebens in Romsey ein Übergewicht an Punks (»In ihrer Freizeit, wovon sie jede Menge haben, hängen sie mit Freunden herum und spielen manchmal an Space-Invader-Automaten mit dem Geld von der Arbeitslosenversicherung«[13]), ein beliebter Fischladen, ein Waitrose-Supermarkt und Broadlands, das klassizistisch geprägte Anwesen, in dem der Earl of Mountbatten königliche Besucher empfing. Broadlands liegt am Fluss Test, der nur 16 Kilometer südlich an Southampton vorbeifließt und in die salzigen Gewässer des Ärmelkanals mündet. Und wie es der Zufall will, ist die Universität bekannt für ihre Archive, weshalb die Überreste des beachtlichen Lebens des Earl of Mountbatten nach seiner Ermordung in ihrer Bibliothek landeten.

Dieses Mountbatten-Archiv umfasste Millionen von Manuskripten, war aber im Gegensatz zu den meisten Beständen der Bibliothek ausgesprochen modern. Da die Lebensspanne von Mountbatten ziemlich alle Arten der Medien des 20. Jahrhunderts umfasste, erbte die Bibliothek etwa 50 000 Fotografien, unzählige Reden, aufgezeichnet auf 78-rpm-Schallplatten, und eine große Sammlung von Filmen und Videos.[14] Abgesehen von der chronologischen Reihenfolge gab es keine lineare Abfolge des Materials und es schien unmöglich, es sinnvoll in eine Datenbank einzupassen.

Zurück zu Wendy Hall; sie war von ihrem Hypertext-Sabbatical in Amerika zurückgekehrt und hatte sich kaum wieder eingelebt, da klopfte es an ihrer Bürotür. Ihr Forschungsgebiet hatte sich von der Informatikabteilung bis zur Bibliothek herumgesprochen. »Der Archivar kam zu mir«, erinnert sich Wendy, »und sagte: ›Könnten wir nicht etwas Wunderbares machen? Ich habe dieses Multimedia-Archiv mit Bildern, Filmen und Tonaufnahmen. Könnten wir das nicht auf einen Computer packen und alles miteinander verknüpfen?‹ Und so fing es an.«[15]

Das Mountbatten-Archiv war der perfekte Testlauf für ein Hypertext-Projekt: eine riesige, inhaltlich miteinander verknüpfte Sammlung von Dokumenten in vielen verschiedenartigen Medien, die so viele Lesarten zulassen, wie es Perspektiven auf das letzte Jahrhundert britischer Geschichte gibt. Wendy stellte ein Team zusammen, und bis Weihnachten 1989 hatten sie eine funktionierende Demoversion geschaffen für ein System namens Microcosm. Es hatte ein bemerkenswertes Design: Genau wie das World Wide Web einige Jahre später hatte Microcosm eine neue, intuitive Art durch die riesigen Mengen an Multimedia-Informationen zu navigieren, die der Computerspeicher zugänglich machte. Durch multimediale Navigation und intelligente Links wurden die Informationen dynamisch, lebendig und passten sich an den Benutzer an. Genau genommen war es überhaupt nicht wie das Web. Es war besser.

Wendy Hall bei der Demonstration von Microcosm in ihrem Büro in der Abteilung für Informatik an der University of Southampton.

Die wichtigste Innovation von Microcosm war die Art und Weise, wie es mit Links umging. Während sich das Web auf die Verbindung von Dokumenten in einem Netzwerk konzentriert, interessierte sich Wendy mehr für die *Art* dieser Verbindungen, wie einzelne Ideen miteinander verknüpft sind und warum – das, was wir heute »Metadaten« nennen würden. Anstatt Links in Dokumente einzubetten, so wie das Web Links in seine Seiten einbettet, bewahrte Microcosm die Links getrennt in einer Datenbank auf, die regelmäßig aktualisiert und gepflegt werden sollte. Diese »Linkbase« kommunizierte mit Dokumenten, ohne das darunter liegende Dokument zu verändern, sodass ein Link in Microcosm eher eine Art flexible Informationsüberlagerung als eine strukturelle Veränderung des Materials darstellt.

Um eines von Wendys Beispielen zu verwenden: Nehmen wir an, ich durchsuche das Mountbatten-Archiv mit ihrem System Microcosm von 1989. Ich interessiere mich für die zwei Jahre in Mountbattens Karriere in Indien, in denen er den Übergang des Landes von der Kolonialherrschaft zur Unabhängigkeit überwachte. Diese Geschichte hat wiederkehrende Figuren: seinen Feldmarschall, den Führer des Indischen Nationalkongresses, Jawaharlal Nehru, und natürlich Mahatma Gandhi, dessen Name überall im Quellenmaterial auftaucht. Nehmen wir an, dass in der Microcosm Linkbase ein Beleg des Namens »Mahatma Gandhi« mit einer Multimedia-Information verknüpft wurde – etwa ein Video einer Gandhi-Rede. Aufgrund der Eigenschaften von Microcosm-Links ist diese Verbindung nicht auf eine einzelne, unterstrichene, hyperlink-blaue Instanz dieser beiden Wörter beschränkt. Vielmehr ist sie mit der *Idee* Gandhi verbunden und folgt dem Mann, wo immer sein Name auftaucht, in jedem Dokument im System. Wenn ich dann ein neues Dokument in Microcosm einfüge, erkennt das System automatisch alle Wörter, die den Links in der Linkbase entsprechen, und aktualisiert sie entsprechend. Stellt man sich das analog im Web vor, so wie wir es heute kennen: für jeden Namen, für jede Idee, für *alles, was verlinkt werden kann*, ein einziger Aufbewahrungsort mit ergänzendem Material, das von allen Menschen auf der Welt aktualisiert wird, gefiltert auf der Grundlage von Parametern, die der Benutzer bestimmt.

Die Links in Microcosm konnten für den Wissensstand des Benutzers maßgeschneidert werden und auf mehrere Stellen in der Linkbase gleichzeitig verweisen. Microcosm war sogar in der Lage, neue Links ad hoc zu finden, indem es eine einfache Textsuche durch das gesamte Material im System durchführte – ein vorausschauendes Design, das die Bedeutung der Suche bei der Navigation durch Informationen vorwegnahm. Diese »generische« Verlinkung in Verbindung mit Linkbases schuf ein System, das sich an seine Benutzer anpassen konnte und ihnen gleichzeitig mehr Möglichkeiten zum Lernen bot. »Links an sich sind ein wertvoller Wissensspeicher«, erklärt Wendy. »Wenn dieses Wissen zu stark an Dokumente gebunden ist, kann es nicht auf neue Daten angewendet werden.«[16] Das heißt: Wo ein einziger Fall einer Verbindung interessant sein mag, sind mehrere Fälle, die lateral ausgedrückt werden, jedoch präziser und umfassender. Indem Wendys System diesem generischen Wissen Raum gab, lag der Schwerpunkt auch auf Verbindungen *zwischen* den Dokumenten und nicht so sehr auf den Dokumenten an sich. Für die kleine, aber aktive Gemeinschaft der Hypertext-Wissenschaftler war das ganz genau das, worum es in diesem Bereich ging.

In den Jahren zwischen 1984 und 1991 entstanden an den Universitäten und in den Forschungseinrichtungen von Technologieunternehmen wie Apple, IBM, Xerox, Symbolics und Sun Microsystems eine ganze Reihe von Hypertextsystemen ähnlich wie Microcosm. Jedes dieser Systeme schlug unterschiedliche Verknüpfungskonventionen, räumliche Assoziationen und Ebenen der Mikro- und Meta-Präzision für die enthaltenen Informationskorpora vor. Das mag sich vielleicht trocken anhören, aber man sollte sich vor Augen halten, dass die Verwaltung, Navigation und Optimierung von Informationen eine zentrale Aufgabe des modernen Lebens ist – wir tun dies 50-mal am Tag, schon vor dem Frühstück – und dass jedes dieser Systeme das Potenzial hatte, für uns so wichtig zu werden, wie es heute das Web ist.

Die junge Disziplin des Hypertextes war stark mit Frauen besetzt. Fast in jedem größeren Team, das Hypertext-Systeme entwickelte, gab es Frauen in leitenden Positionen, wenn nicht sogar an der Spitze. An der Brown University arbeiteten mehrere Frauen an der Entwicklung von Intermedia, darunter Nicole Yankelovich und Karen Catlin. Intermedia ist ein visionäres Hypertextsystem, das fünf verschiedene Anwendungen zu einer »scholar's workstation« verband und dabei den »anchor link« erfand. Intermedia inspirierte Apple, welches das Projekt teilweise finanziert hatte, zur Integration von Hypermedia-Konzepten in seine Betriebssysteme. Amy Pearl von Sun Microsystems entwickelte den Link Service von Sun, ein offenes Hypertext-System; Janet Walker von Symbolics schuf im Alleingang den Symbolics Document Examiner, das erste System, das Lesezeichen enthielt. Eine Idee, die schließlich in moderne Webbrowser Einzug hielt.

Frauen, die sich für den Computer und deren Zukunft interessierten, fühlten sich bei Hypertext weitaus wohler als in anderen Bereichen der Informatik, in denen zu dieser Zeit ein rapider Rückgang des Frauenanteils sowohl an der Uni als auch in den Firmen zu verzeichnen war. Die Gründe dafür sind nicht ganz eindeutig zu bestimmen, aber sie spiegeln einige der Tendenzen wider, die auch in früheren Generationen zu beobachten waren. Während »Hypertext komplett auf Zusammenarbeit beruht«, so Nicole Yankelovich von Intermedia, und »kollaborative Arbeit Frauen anspricht«[17], war Hypertext, so wie vorher das Programmieren, ein unbeschriebenes Blatt, ein völlig neues Feld, in dem Frauen ihren Platz einnehmen konnten. Außerdem war Hypertext offen für Wissenschaftlerinnen und Wissenschaftler, die nicht aus den Informatikfakultäten kamen, sondern aus so unterschiedlichen Disziplinen wie Interface Design und Soziologie. Gemeinsam war diesen Leuten ein humanistischer, nutzerorientierter Ansatz. Für sie war das Endprodukt nicht immer die Software, sondern die *Wirkung*, welche die Software auf den Menschen hatte.

Aber das wird mir erst so richtig klar, als ich mit Cathy Marshall spreche.

Notecards

Cathy ist eine Hypertext-Entwicklerin, die den größten Teil ihrer beruflichen Laufbahn bei Xerox PARC verbracht hat, ein Thinktank in Palo Alto, der 1970 von dem Druckerhersteller gegründet wurde, um das papierlose Büro der Zukunft zu erfinden. »Ich muss Sie ein wenig über Ihre Arbeitsweise befragen«, sagt sie in unserem ersten Gespräch.

Hypertext-Entwickler zu interviewen bedeutet, sich unters Mikroskop zu begeben: Viele von ihnen haben nie ihr berufliches Interesse daran verloren, wie Menschen ihre Gedanken organisieren. Als Cathy und ich uns das zweite

Mal unterhalten, ertappe ich mich dabei, wie ich ihr meine Büro-Pinnwand mit Karteikarten und Garnfäden beschreibe, die an Krimis und Serienmörder erinnern. Sie erzählt mir von ihrer eigenen Arbeitsweise. »Wenn ich etwas schreibe und es funktioniert nicht, werfe ich das Ganze komplett weg und fange von vorn an«, erzählt sie mir. »Ich glaube nicht, dass man etwas verliert, was man aufgeschrieben hat. Es ist immer noch in deinem Kopf. Mit der Zeit ändert sich das, was im Kopf passiert durch das, was man tut – was auf dem Papier steht, ist nur nebensächlich, eher zufällig.«[18] Sie macht diese Bemerkung so nebenbei, aber die Erkenntnis haut mich um. Mir wird klar: genau das ist es, was Software ausmacht: *ein System, mit dem man seine Gedanken ändern kann.*

Cathy wuchs in Los Angeles auf und war 1970 eine der ersten Studentinnen am California Institute of Technology, als das CalTech begann, auch Frauen aufzunehmen. Sie war erst 16 Jahre alt, zierlich – an guten Tagen brachte sie es so grade auf 1,50 Meter – und hatte eine leichte Abneigung gegen Mathematik und Naturwissenschaften. In dem Sommer, als sie sich immatrikulierte, interessierte sie sich mehr für die *Rocky Horror Picture Show*, J. D. Salinger und Makramee als für Differenzialgleichungen.[19] Als sie einmal einen Professor um Hilfe bat, sagte er ihr, sie würde besser Hausfrau werden – aber sie dachte sich, »meine Fähigkeiten als Hausfrau sind noch bescheidener als meine mathematischen Fähigkeiten.«[20] Ein anderer Professor wartete auf einen Tag, an dem sie nicht da war, um einen schmutzigen Witz zu erzählen. [21] Es war nicht der Witz, der sie störte, sondern die Tatsache, dass der Professor gewartet hatte, bis sie abwesend war. »Ich fühlte mich einfach unwohl und fiel dauernd auf, irgendwie gehörte ich nicht richtig dazu«, sagt sie.

Nach ihrem Englisch-Abschluss am CalTech begann sie, als Systemanalytikerin für ein Unternehmen in Santa Monica zu arbeiten, das sich mit Radar und Signalverarbeitung beschäftigte. Ihr Büro hatte einen fantastischen Blick auf den Pazifik – und sie schrieb dort Programmcode für einen Prime-Mikrocomputer, so ungefähr der trockenste technische Job auf dem Markt damals. Mitte der 80er ging sie zu Xerox PARC. Selbst außerhalb von Computerkreisen war PARC für seinen freigeistigen Ansatz und die anregende, intensive Arbeitsatmosphäre bekannt: Ingenieure arbeiteten zusammen mit

Anthropologen auf einem terrassenförmig an einem bewaldeten Hügel angelegten Campus mit Blick auf das Silicon Valley. Wichtige Besprechungen wurden in einem Raum voller Sitzsäcke aus Kordstoff[22] abgehalten, die so weich und gemütlich waren, dass niemand in Versuchung kam aufzuspringen, um die Ideen anderer zu attackieren.

Nachdem sie sich so viele Jahre als Außenseiterin gefühlt hatte, bemühte sich Cathy sehr, Teil der unorthodoxen Kultur von Xerox PARC zu werden. »Am meisten gefiel mir bei PARC, dass es wirklich multidisziplinär war«, erinnert sie sich. »Ich glaube, es wäre schwer, heute noch so eine Stelle zu finden. Sie scheuten sich nicht Leute aus ganz unterschiedlichen Studiengängen einzustellen.«[23] Diese Buntheit machte Spaß: Manchmal alberte sie mit den Informatikern herum und stellte eine Wasserschüssel mit Seife in die Büromikrowelle, bis sich riesige Schaumberge bildeten, oder sie nahm am Artist-in-Residence-Programm von PARC teil, bei dem Künstler und Technologen zusammenkamen, um ehrgeizige Werke in den neuen Medien zu schaffen. [24]

NoteCards, das erste Projekt, an dem Cathy bei Xerox PARC arbeitete, war nach dem Muster von altmodischen Aufsatz-Schreibtechniken gestaltet, über deren Vorzüge und Nachteile wir beide bald darauf diskutierten. Die Software ahmte »die Art und Weise nach, wie man in der Mittelstufe Aufsätze schrieb: mit Zetteln und Karteikästen«.[25] Mithilfe von Hypertext-Links konnten die Benutzer ihre Karteikarten zu komplexen Sammlungen, Sequenzen und Mindmaps verknüpfen, um ihre Ideen abzubilden und um anderen ihre Gedankengänge klarer zu machen. NoteCards war kein Schreibwerkzeug, aber auch kein Informations-Browser wie Microcosm. Cathy nennt es einen »Ideenprozessor«.

Die Beziehung zwischen Hypertext und dem Text selbst ist ähnlich, wie die Beziehung im Kino zwischen den technischen Geräten und Zelluloid[26]: Wörter auf dem Bildschirm werden durch Schaltflächen und Links zu einem dynamischen Medium, genauso wie Szenenwechsel und Tricks beim Schneiden bewegte Bilder zu einem Film machen. Diese Grammatik kann auf jede Art von Text angewandt werden, was Hypertext sehr nützlich für alles Mögliche macht, vom Surfen im Web, wie wir es heute tun, bis hin zur Verarbeitung von Ideen und dem Schreiben von Erlebnisberichten. NoteCards wurde eigentlich für die Analyse von Geheimdienstinformationen entwickelt. Bevor man jedoch eine Empfehlung für die Politik abgibt, dachte sich Cathy, sollten die Geheimdienstler zuerst die zugrunde liegende Basis prüfen. »Damals war ich naiv«, sagt sie und lacht.

Der Geheimdienst hat sich nie mit Hypertext beschäftigt, aber NoteCards passte perfekt in die multidisziplinäre Atmosphäre von Xerox PARC, einem Ort, an dem Anthropologen, Linguisten, Physiker und Informatiker Seite an Seite arbeiteten. NoteCards wurde auf allen Arbeitsplätzen auf dem Campus installiert und entwickelte sich zu einem wichtigen Instrument für den Austausch von Ideen über die Grenzen der einzelnen Disziplinen hinweg.[27] Sein Einfluss reichte schließlich auch über die Grenzen von PARC hinaus. 1987 brachte Apple HyperCard heraus,* eine Anwendung, die ähnlich wie NoteCards war. Sie wurde zusammen mit Apple Macintosh und Apple IIGS Computern ausgeliefert und zum populärsten Hypermedia-System, das jemals vor dem Aufkommen des World Wide Web entwickelt wurde. Die Menschen nutzten es, um Datenbanken zu erstellen, komplizierte Romane zu schreiben oder Folien für Präsentationen zu basteln, die sehr ähnlich wie PowerPoint waren. Die Prototypen beliebter Spiele, wie zum Beispiel der CD-ROM-Bestseller *Myst*, wurden mit HyperCard programmiert. Innerhalb von Apple wurde es oft verwendet, um Ideen für das Design von Benutzeroberflächen zu testen, und einige Verlage gaben sogar Zeitschriften als HyperCard-»Stapel« heraus.

Wie es der Zufall wollte, war das Jahr 1987 ein hervorragendes Jahr für Hypertext. Neben der Veröffentlichung von HyperCard fand in diesem Jahr in Chapel Hill in North Carolina auch die erste akademische Hypertext-Konferenz statt, die Hypertext '87. Akademische Konferenzen dieser Art haben das Potenzial, aus einzelnen, still vor sich hinarbeitenden Forschern intellektuelle Gemeinschaften zu formen. Genau das ist in North Carolina geschehen. Es kamen doppelt so viele Teilnehmer wie erwartet, was einen Teilnehmer zu der Feststellung veranlasste, »dass manche ein wehmütiges

---

* Apples Idee der digitalen Notizkarten ähnelte auffallend dem, was bei Xerox PARC entwickelt wurde, aber vielleicht lag es auch einfach in der Luft – das Ausleihen einer vertrauten Bürometapher war »eine dieser Ideen, die allgegenwärtig sein konnten«, sagt Cathy demokratisch.

Gefühl beschlich, weil sie annahmen, dass dies das letzte Mal sein könnte, dass ein Hypertext-Treffen eine überschaubare Größe hatte«.[28] Es war eine beeindruckende Mischung kluger Köpfe der verschiedensten Disziplinen, was ungewöhnlich für eine technische Konferenz ist. Das lag vor allem an den vielen Einsatzmöglichkeiten von Hypertext, auch für die Geisteswissenschaften. Informatiker trafen auf Altphilologen, Professoren auf Unternehmer. »Die Hypertext-Konferenzen damals waren wunderschön, einfach wunderbar«, erzählt mir Wendy Hall. »Wir hatten dort Literati, wie ich sie nenne, Dichter und Schriftsteller. Ich glaube, das war der Grund, warum es mehr Frauen anzog.«[29]

»Die Informatik hat die Menschen immer an den Rand gedrängt, die sich für den Benutzer interessieren«,[30] erklärt Cathy. Aber sie stießen zum Glück auf Gleichgesinnte in der Hypertext-Forschung, bei der es ja darum ging, wie Menschen Computer nutzen, um ihre Gedanken und Daten zu organisieren. Diejenigen, welche die Hypertext '87 besuchten, gingen mit der Erkenntnis nach Hause, dass Hypertext kein esoterisches Spezialgebiet war, das nur von ein paar Fanatikern verfolgt wurde, sondern eine echte Bewegung – eine Bewegung, der Technikgiganten wie Apple eindeutig Aufmerksamkeit geschenkt hatten. »Als wir anfingen, gab es kleine Ideeninseln«,[31] erinnert sich Cathy, aber als die Gemeinschaft zusammenwuchs, begannen Wissenschaftler wie Cathy und Wendy, ihre sehr unterschiedlichen Systeme als Teil eines Ganzen zu betrachten. Die künftigen Hypertext-Systeme würden sich gegenseitig auf vielfältige Weise beeinflussen und die Ideen, die der umwälzendsten Informationstechnologie unseres Jahrhunderts zugrunde liegen, nach und nach verfeinern.

Ein Teil des Interesses an den Nutzern besteht darin, darauf zu achten, *wie* sie die Software verwenden, sobald sie in ihren Händen ist. Bei einer Befragung einer Gruppe von Xerox-PARC-Wissenschaftlern, die mit NoteCards arbeiteten, stellten Cathys Kollegen fest, dass zwar jeder das System anders »bewohnte«, die meisten es jedoch dazu nutzten, das große Ganze zu planen: Sie nutzten es zum Organisieren und Strukturieren, zum Skizzieren von Umrissen und zum Pflegen von Referenzen. Verbindungen zu schaffen und sie mit Abstand zu betrachten, half Schriftstellern, ihre Argumente und Ideen vorab durchzuarbeiten und zu planen. Und da NoteCards mehrere

Anordnungen parallel zuließ, konnten Autoren verschiedene Ansätze ausprobieren, bevor sie sich auf einen festlegten.[32] Cathy nannte diese Art von Arbeit »Wissensstrukturierung«. Dies wurde zum Schwerpunkt ihrer weiteren Forschung. Die Kinder von NoteCards – Aquanet, das nach einem Haarspray benannt wurde, weil es Wissen an Ort und Stelle hält, und VIKI, das erste räumliche Hypertext-System – ermöglichten es deren Benutzern, Ideen von Anfang an räumlich zu organisieren und grafische Schemata dafür zu erstellen, wie die Dinge zusammengehören. Durch das Studium der Philosophie und Logik und durch den Austausch mit Anthropologen und Sozialwissenschaftlern bei Xerox PARC lernte Cathy, dass die Interpretation von Material und die Entwicklung eines Standpunkts oft ein Prozess mit abstrakten Assoziationen ist, »die sich nur schwer innerhalb der Grenzen der Sprache artikulieren lassen, egal, wie informell sie ist«.[33] Ihre Hypertext-Systeme sollten das kinästhetische Denken fördern, den Prozess des Umherbewegens und Ausprobierens, ähnlich wie das »Wackeln von Molekülmodellen im Raum, oder das Bewegen eines Puzzleteils in verschiedene Richtungen.«

All dies mag ziemlich abstrakt, verwirrend und seltsam klingen. Warum sollte man so viel Zeit damit verbringen, Kästchen auf einem Bildschirm herumzuschieben? Aber auch in der physischen Welt spiegeln die Stapel und die Platzierung von Material unser Denken wider: Ich erinnere mich an Jake Feinlers Schreibtisch im NIC, der mit sorgfältig angeordneten, kostbaren Papierstapeln bedeckt war, und an meinen eigenen Schreibtisch zu Hause mit den Bergen von Büchern mit Eselsohren, von Notizblöcken und Ausdrucken. Ihre Nähe und ihre Entfernung zueinander und zu mir lassen auf thematische Verbindungen und konzeptionelle Nähe und auch auf meinen Denkprozess schließen. In einem einflussreichen Aufsatz der Hypertext-Ära bezeichnete Alison Kidd von Hewlett-Packard solche Stapel als »räumliche Haltemuster« und vertrat die Meinung, dass sie eine wichtige Rolle bei der »Schaffung, Erforschung und Veränderung von Strukturen spielen, die uns neuartige Denkweisen ermöglichen.«[34]

Cathys Hypertext-Systeme verlagerten all diese mentalen Muster auf den Bildschirm und integrierten sie in größere Schreib- und Argumentationsumgebungen. Damit nahmen sie die Art und Weise vorweg, wie wir alle bald am Computer arbeiten würden, mit immer größeren Registerkarten, Dokumenten und Apps, die so organisiert sind, dass sie unseren individuellen Denkprozessen entsprechen. Sie zeigen auch, wie komplex und nuanciert Hypertext sein kann, wenn die Technologie ihr volles Potenzial ausschöpft: Es unterstützt nicht nur Links, sondern ganze Mindmaps und komplexe Systeme, die unsere Gedanken abbilden und – was noch wichtiger ist – verändern.

Das ist die Art von Denken, die Cathy gut 30 Jahre später dazu veranlasst, mir zu sagen, dass das, was auf dem Papier steht, nebensächlich sei. Das Einzige, was zählt, ist das, was im Kopf bleibt. Wenn meine Dokumente, die auf meinem Schreibtisch verstreut oder als Icons auf einem Bildschirm angeordnet sind, einem Außenstehenden undurchschaubar erscheinen, ist das kein Fehler in meinem System. Sie *sollten* bedeutungslos sein, weil sie nur die Überreste eines Transformationsprozesses sind, als hätte ich mich gehäutet. Die eigentliche Technologie ist der Nutzer.

Das bin ich. Und Sie.

Hypertext '91

Das Ganze spitzte sich auf der Konferenz Hypertext '91 zu.

Die Konferenz fand in jenem Jahr in San Antonio in Texas statt. In North Carolina 1987 war es tatsächlich das erste und letzte Mal gewesen, dass die Hypertext-Gemeinschaft eine überschaubare Größe hatte – in den vier Jahren seitdem war sie geradezu explodiert. Akademiker, Schriftsteller, Ingenieure und Entwickler aus der ganzen Welt trafen sich in Texas. Wendy Hall war aus England angereist, um die neueste Version von Microcosm vorzuführen. Im Konferenzsaal, ein von Tischreihen gesäumter Empfangsbereich eines Hotels,[35] saßen dicht an dicht Vertreter von Dutzenden von Hypertext-Projekten mit Namen wie AnswerBook und LinkWorks. Einige Tische entfernt von Wendy Hall saß ein weiterer britischer Informatiker, Tim Berners-Lee. Sein Konferenzbeitrag war abgelehnt worden, aber er war trotzdem nach San Antonio gekommen, um der Hypertext-Gemeinde ein neues System vorzustellen.

Er hatte Robert Caillau mitgebracht, einen Kollegen vom CERN, der Europäischen Organisation für Kernforschung. Die beiden präsentierten ein Hypertext-System mit mehreren Nutzern, das Berners-Lee entwickelt hatte, um die gemeinsame Nutzung von Daten auf vernetzten Computern auf dem riesigen Schweizer Campus zu erleichtern. Für jeden, der es 1991 sah, war es in etwa so wie NoteCards oder Apples HyperCard: kleine grafische »Seiten«, die durch Links verbunden waren. Der Hauptunterschied bestand jedoch darin, dass diese Seiten nicht alle auf demselben Computer gespeichert waren. Berners-Lee und Caillau wollten die Daten auch für Physiker außerhalb des CERN zugänglich machen und bauten deshalb ihr Hypertext-System auf das Rückgrat des akademischen Internets auf. Sie nannten es das World Wide Web.

Um das World Wide Web vorzuführen, hatten Berners-Lee und Caillau ihre eigenen Computer im Flugzeug aus Genf mitgebracht: einen 10 000 Dollar teuren, tiefschwarzen NeXT-Würfel*. Das war damals der einzige Rechner, auf dem der grafische *World Wide Web*-Browser von Berners-Lee laufen konnte. Doch die Hypertext-Gemeinde war nicht besonders beeindruckt. »Er sagte, man bräuchte eine Internetverbindung«, erinnert sich Cathy Marshall, »und ich dachte: ›Ui, das wird aber teuer.‹«[36] Wendy Hall unterbrach ihre eigene Demo, um das Web auf der Konferenz auszuprobieren. »Ich habe es mir angesehen«, erinnert sie sich und lacht etwas reumütig, »und ich dachte: ›Diese Links sind in die Dokumente eingebettet und führen nur in eine Richtung – also, das ist doch wirklich zu simpel.‹«[37]

Die Kritiker hatten recht. Es war teuer. Stanford hatte zwar nur drei Tage zuvor den ersten Webserver in den USA eingerichtet, aber das Hotel in San Antonio war nicht bereit, einen Internetanschluss zur Verfügung zu stellen, sodass Berners-Lee und Caillau gezwungen waren, eine auf optischen Platten gespeicherte Dummy-Version des Web vorzuführen. Und die war tatsächlich zu simpel. Verglichen mit den anderen gezeigten Systemen war

* Interessanterweise hatte die Studentin Nicola Pellow, die ein einjähriges Praktikum am CERN absolvierte, einen einfachen, textbasierten Webbrowser geschrieben, der auf jedem Computer ausgeführt werden konnte – den Line-Mode-Browser –, der zwar praktisch, aber sehr unauffällig war. Berners-Lee schleppte lieber den gewaltigen NeXT um die ganze Welt, um das Konzept einer grafischen Website vorzustellen.

die Web-Version des Hypertextes um Jahre im Rückstand. Links im World Wide Web gingen nur in eine Richtung, zu einem einzigen Ziel, und sie waren kontextbezogen – also an ihren Ausgangspunkt gebunden – und nicht generisch, wie die Links bei Microcosm von Wendy. Anstatt eine Link-Datenbank zu verwenden, die Dokumente automatisch aktualisieren konnte, wenn Links verschoben oder gelöscht wurden, bettete das Web Links in die Dokumente selbst ein. »Der allgemeine Eindruck war, dass das alles im Gegensatz zu dem stand, was wir damals gemacht haben,« fügt Cathy hinzu. »Jeder dachte, na ja, also wir kriegen das besser hin.«[38]

Da die Vorführungen auf der Hypertext '91 am Ende der täglichen Vorträge und Diskussionen angesetzt waren, ließen viele Teilnehmer diese Sitzung ganz ausfallen. Eine Mitarbeiterin der Fachzeitschrift *ACM SIGCHI Bulletin* stellte im Nachhinein fest, dass sie »kaum noch Energie hatte, um sich die Demos anzusehen und zu verstehen, geschweige denn ein intelligentes Gespräch darüber zu führen«. Von den 21 angebotenen Demos schaffte sie nur sechs, darunter das World Wide Web. Quasi in einer Fußnote ihres Reiseberichts bezeichnet sie es als »Hypertext-ähnliche Schnittstelle«,[39] die für die »Gemeinschaft der Hochenergiephysiker« gedacht sei.

Nichts in den Proceedings der Hypertext '91 deutet darauf hin, wie schnell das World Wide Web das Leben von den Menschen auf der ganzen Welt beherrschen würde – ja tatsächlich den Lauf der Menschheitsgeschichte verändern würde. In San Antonio war es nur eines von vielen Systemen, die vorgestellt wurden, und bei Weitem nicht das komplizierteste. Es war sicherlich nicht hilfreich, dass zu den techno-sozialen Aktivitäten der Hypertext '91 ein Tequila-Brunnen in einem Hof etwas außerhalb des Hotels gehörte. In dem Moment, als das World Wide Web sein amerikanisches Debüt feierte, waren alle draußen und tranken Margaritas.

Aber das Web litt kaum unter der Brüskierung in Texas. Bis zur Hypertext '93 basierten schon mehr als die Hälfte der gezeigten Demos auf dem Web, und auf der europäischen Hypertext-Konferenz '94 hielt Berners-Lee die Hauptrede. Während dieses kurzen Zeitfensters führten Hypertext und das Web eine unruhige, etwas angespannte Koexistenz. Cathy Marshall schlug vor, dass Hypertext-Systeme als Desktop-Arbeitsplatz für online gesammelte Informationen dienen könnten[40], und HyperCard wurde erst 2004 aus den Regalen genommen. Wendy Hall, die den Übergang zum Web erfolgreicher als viele ihrer Kollegen meisterte, aktualisierte Microcosm mit einem Web-Viewer und entwarf Versionen ihrer geliebten Linkbases, die über ein Netzwerk gemeinsam genutzt werden konnten.

Für uns heute ist Hypertext etwas, das fast immer mit dem Web assoziiert ist, und in unserer Wahrnehmung ist das Web nichts als eine technisch unterlegene Manifestation von Hypertext-Prinzipien. Das Web ist die »Killer-App« des Hypertextes, so wie die E-Mail die »Killer-App« des Internets war – und der Erfolg hat die Hypertext-Gemeinschaft hart getroffen. »Ich weiß nicht genau, wie ich es beschreiben soll«, sagt Cathy Marshall. »Plötzlich war man der Außenseiter, obwohl man vorher mittendrin war.«[41] Auf der ersten Web-Konferenz 1994, der First International Conference on the World-Wide Web am CERN in Genf, bemerkte Wendy Hall, dass viele Teilnehmer das Web für das erste Hypertext-System hielten, und sie war verblüfft, als sie einen Vortrag las, in dem ihre Ideen für generische Links von Grund auf neu erfunden waren. 1997 waren die beiden Bereiche dann so weit voneinander entfernt, dass die Hypertext- und die World Wide Web-Konferenz in derselben Woche angesetzt wurden.

Bis heute leidet das World Wide Web immer noch unter Problemen, die Systeme wie Microcosm schon vor Jahrzehnten gelöst haben. Da Web-Links völlig kontextabhängig sind, ist es fast unmöglich, sie zu pflegen. Wenn eine Website verschoben, gelöscht oder hinter einer Paywall versteckt wird, wird jeder Link, der darauf verweist, bedeutungslos und baumelt gleichsam herum wie eine Ankerleine, die von einem Schiff abgetrennt wurde. Jedem, der schon einmal fünf Minuten im Internet verbracht hat, wird das bekannt vorkommen: Laut einer Studie aus dem Jahr 2013[42] beträgt die durchschnittliche Lebensdauer einer Webseite 9,3 Jahre – eine Veralterungsgeschwindigkeit, die im Laufe der Zeit im gesamten Netzwerk verrottete Links hinterlässt. Wir alle begegnen regelmäßig diesen Sackgassen – 404 Error! –, das gesuchte Dokument gibt es schlicht nicht mehr.

Die Hypertext-Forscher damals in San Antonio gingen davon aus, dass dieses Problem dem World Wide Web zum Verhängnis werden würde. Denn was nützt ein Hypertext-System, wenn nicht einmal die Links funktionieren? Außerdem ist das Web passiv und nicht konstruktiv: In allen großen

Hypertext-Systemen vor dem Web – Microcosm, NoteCards, Aquanet, VIKI und Intermedia – war das Erstellen von Links genauso wichtig wie das Anklicken. Es ging darum, dass die Benutzer ihre eigenen Pfade durch das Material bauten, ein kreativer Prozess des Erstellens von assoziativen Pfaden, die mit anderen geteilt werden konnten. Das Web ist jedoch ein passives Medium, eine Autobahn, auf der wir uns bewegen, ohne groß Spuren zu hinterlassen.

Das World Wide Web mag damals für Akademiker vielleicht nicht leistungsfähig genug gewesen sein. Aber ein leichtgewichtiges, benutzerfreundliches Instrument hat oft mehr Chancen sich durchzusetzen, als ein weitaus leistungsfähigeres. Und während Linkbases und konstruktiver Hypertext in relativ überschaubaren Forschungs- und Unterrichtsumgebungen oder auf kleinen Computernetzen, die alle mit demselben Betriebssystem arbeiten, leicht zu pflegen waren, wären sie auf globaler Ebene schnell unüberschaubar geworden. Heute akzeptieren wir 404 Error als unumgänglichen Reibungsverlust und das Web regiert die Welt.

Multicosm

Bei meinem zweiten Gespräch mit Wendy Hall ist sie gerade dabei, einen langen Arbeitstag im Web Science Institute zu beenden, der Abteilung, die sie jetzt in Southampton leitet. Als ich sie über Skype erreiche, verabschiedet sie sich gerade von den letzten Studenten, die den Seminarraum verlassen. »Claire schreibt ein Buch über mich«, sagt sie lachend zu jemandem, den ich nicht sehen kann, und deutet auf meinen Kopf auf dem Bildschirm. »Oder jedenfalls über Leute wie mich.«[43]

Das Erste, was Wendy einem sagt, ist, dass sie ein sehr geselliger Mensch sei. Sie liebt es, Verbindungen zu anderen Menschen und zwischen ihnen herzustellen. Sie spricht in einem ausführlichen und unbefangenen Redefluss und springt auf ihren Gedankenpfaden scheinbar zusammenhanglos von einer großen Idee zur nächsten – das Kennzeichen einer echten Hypertext-Forscherin. Sie liebt Science-Fiction und fragt mich immer wieder, ob ich Douglas Adams' *Per Anhalter durch die Galaxis* oder Isaac Asimovs

Foundation-Serie gelesen habe. Diese Romane enthalten ihre bevorzugten Analogien: Das World Wide Web, sagt sie, sei ein Experiment mit der ganzen Welt, genau wie die weißen Mäuse *bei Douglas Adams*, die durch Labyrinthe laufen, um Wissenschaftler zu testen. Der Versuch, das Web zu verstehen, sei wie das Studium von Isaac Asimovs »Psychohistory«, eine Mathematik mit einer sozialen Komplexität, die den Aufstieg und Untergang von Galaxien vorhersagen könne.

Nachdem sie 1991 im Hof in San Antonio die Margaritas genossen hatte, kehrte Wendy nach Southampton zurück, um Microcosm weiterzuentwickeln, ihr Multimedia-Hypertext-System. Um zu überleben, musste es sich dem Wandel der Zeit anpassen, und das tat sie auf bewundernswerte Weise: Für jede neue Medienform entwickelten Wendy und ihr Team neue Microcosm-»Viewer«, also Fenster, durch welche die Benutzer Material in ihre wachsenden persönlichen Linkbases ziehen konnten. Es gab digitale Video-Fenster für LaserDiscs, Fenster für Animationen, Sound und 3D-Modelle und Fenster für konkurrierende Hypertext-Systeme. Nach San Antonio fügte Wendy jedoch vorsichtigerweise ein weiteres hinzu: ein Fenster für das World Wide Web.

Der Microcosm Web-Viewer diente als Hypertext-Ersatz für den Standard-Webbrowser. Während Browser wie Mosaic – und später Netscape und Internet Explorer – nur lesen konnten, waren Microcosm-Benutzer in der Lage, mit ihrem Web-Fenster Texte von überall im Web auszuwählen, um sie als Start- oder Zielpunkt ihrer eigenen Hypertext-Fäden zu verwenden, die zu anderen Webseiten, Multimedia-Dokumenten und ihren persönlichen Microcosm Linkbases führten. Für Wendy schien das alles die normalste Sache der Welt zu sein. Viele in der Hypertext-Gemeinschaft sträubten sich gegen die brutale Einfachheit des Web, aber Wendy glich das aus, indem sie ihr robustes – und geschütztes eigenes – System auf die eher skelettartige Welt der miteinander verknüpften Webseiten draufsetzte. »Ich sah das Web durch ein Microcosm-Fenster«, erklärt sie. »Tim sah es natürlich genau andersherum.«[44]

Wie viele Hypertext-Forscher hatte auch Wendy allen Grund zur Annahme, dass ihr System problemlos mit dem Web koexistieren könne. Schließlich funktionierte Microcosm besser. Es litt nicht unter toten Links[45], und während das Web nur Webseiten miteinander verband, verband Microcosm Textverarbeitungsdokumente, Tabellenkalkulationen, Videos, Bilder und CAD-Dateien. Quasi wie ein Mikro-Internet, das *alles* auf dem Desktop miteinander verknüpfte. »Man konnte den Links zu vielen verschiedenen Zielen folgen«, sagt sie. »Es gab eins-zu-eins, eins-zu-viele und viele-zu-viele Links. Und man konnte alles auch umkehren.«[46] Da die Links in Microcosm in einer Datenbank gespeichert und nicht in die Dokumente eingebettet waren, konnte das System neue Verbindungen im Handumdrehen erstellen und sich so an die Surfgewohnheiten der einzelnen Benutzer anpassen. »Das Web war für mich immer noch nur *eines* von mehreren Systemen, die wir verwenden«, sagt Wendy.

Was sie nicht vorausgesehen hat, war der Netzwerkeffekt. Da das Web auf dem Internet aufbaute und kostenlos war, folgte auf die ersten Nutzer schnell die breite Masse. Je mehr Menschen das Web nutzten, desto interessanter wurde es, sodass es sich sehr schnell durchsetzte. In der Zwischenzeit veröffentlichte das Microcosm-Team neue Zwischenlösungen. Sie optimierten die Schlüsselkonzepte des Systems – seine generischen Links und Linkbases – mit einem Webbrowser-Add-On namens Distributed Link Service, das jeden Browser in eine Art Microcosm Lite verwandelte und generische Linkprinzipien auf den Austausch zwischen Client und Server anwendete. Dies ermöglichte es Web-Benutzern, Material im Web abzufragen, unabhängig davon, ob ein expliziter Link vorhanden war oder nicht. »Durch die Erweiterung des Web mit den Link-Diensten von Microcosm wurden die WWW-Leser von der Tyrannei der Buttons befreit«,[47] schrieb Wendys Team 1994 in einer Veröffentlichung.

Die Tyrannei der Buttons hat sich jedoch durchgesetzt. Menschen, die sich zum ersten Mal im Web bewegten und von denen nur wenige Erfahrung mit Hypertext hatten, den Leute wie Wendy und Cathy geschaffen hatten, klickten gerne per Tastendruck auf Schaltflächen und wanderten ohne ein klares Ziel durch die labyrinthartigen Pfade des Webs. Solche von Neugier getriebenen *Derivés* waren in der Tat ein Teil des frühen Reizes des Webs. Wenn man in eine Sackgasse geriet, ging man zurück und versuchte einen anderen Weg. Dieser Irrgarten war zwar ein ziemliches Durcheinander, trotzdem lohnte es, sich darin zu bewegen.

Hätte Wendys Team in Southampton seine Energien auf andere Themen konzentriert, wäre es gut möglich gewesen, dass Microcosm der erste grafische Webbrowser geworden wäre, der sich durchsetzt. Das hätte jedoch vorausgesetzt, dass man diese Software genauso kostenlos wie das Web hätte nutzen können. Aber Wendys Team hatte die Kommerzialisierung seiner Arbeit im Auge. 1994 gründeten sie Multicosm Ltd.: So wie eine Microcosm-Anwendung ein Fenster zur Welt ist, so sollte dieses Unternehmen viele verschiedene produzieren. Das Timing hätte nicht schlechter sein können. »Die Leute sagten immer«, erinnert sie sich und lacht, »›Ich finde das wunderbar, was ihr macht, aber dieses Web-Ding ist kostenlos, deswegen probieren wir das zuerst aus.‹«[48]

Glücklicherweise hat Wendy das Universitätsleben nie aufgegeben. Als Leiterin einer expandierenden Abteilung in Southampton blieb sie in Kontakt mit der wachsenden Gemeinschaft der Web-Entwickler, und nachdem sie eng mit Tim Berners-Lee bei der Entwicklung des Microcosm-Web-Viewers und des Distributed Link Service zusammengearbeitet hatte, wurde sie zu einer festen Größe in der frühen Web-Szene. 1994 half sie bei der Organisation der ersten Web-Konferenz, war aber immer noch nicht davon überzeugt, dass das Web die ultimative Lösung sei. In einem Vortrag 1997 in Southampton nahm sie kein Blatt vor den Mund. »Das Web hat uns gezeigt, dass die globale Anwendung von Hypertext möglich ist, aber es hat uns auch gezeigt, dass es einfacher ist, Müll ins Netz zu stellen, als Dinge von wirklichem und dauerhaftem Wert«,[49] sagte sie. Wie recht sie doch hatte.

Diese Geschichte hat jedoch noch ein Nachspiel. Die Ideen von Microcosm wurden damals vielleicht nicht auf globaler Ebene umgesetzt, aber ihre Weitsicht ist unbestreitbar. Die Art und Weise, wie Wendys System dynamisch Links auf der Grundlage des Kontexts der zu verlinkenden Informationen erstellte, war eine Vorform dessen, was wir heute Metadaten nennen. »Wir leben heute, 27 Jahre nach der Entstehung des Internets, in einer Welt, die von Daten bestimmt wird«,[50] erinnert mich Wendy. *Wie* und *warum* diese Daten miteinander verknüpft sind, wird immer wichtiger, vor allem, wenn wir Maschinen beibringen, Verbindungen für uns zu interpretieren – damit künstliche Intelligenz das Web verstehen kann, braucht sie eine zusätzliche Schicht maschinenlesbarer Informationen über unseren

Dokumenten, eine Art Meta-Web, das seine Anhänger als Semantic Web bezeichnen. Während Menschen Verbindungen intuitiv verstehen und bereit sind, verrottete Links oder Links, die ins Leere führen, zu ignorieren, benötigen Computer konsistentere Informationen über die Quelle, das Ziel und die Bedeutung jedes Links. »Das war das Herzstück von Microcosm«, sagt Wendy. Als sie in den 2000er-Jahren begann, am Aufbau des Semantic Web mitzuwirken, war es »so aufregend, weil ich zusehen konnte, wie all meine ursprünglichen Forschungsideen in der Webwelt zu neuem Leben erwachten. Wir konnten immer noch nicht all die Dinge tun, die wir in den 90ern mit Microcosm machen konnten, aber wir konnten sehen, wie effektiv unsere Linkbases waren.«[51]

Letztendlich ist das System für sie jedoch unerheblich. Ihr geht es um die Zusammenhänge: die großartige Komplexität der menschlichen Gesellschaft und des menschlichen Denkens und wie sich all das im Laufe der Geschichte gegenseitig beeinflusst. »Es gibt viele verschiedene Möglichkeiten, wie wir ein globales Hypertext-System hätten einrichten können«, sagt Wendy. »Das Web hat gewonnen – vorerst jedenfalls. Es fühlt sich an, wie ein Experiment, an dem die ganze Welt beteiligt war. Haben Sie *Per Anhalter durch die Galaxis* gelesen?«

TEIL DREI

DIE ERSTEN WAHREN GLÄUBIGEN

KAPITEL ELF

MISS OUTER BORO

Im Internet treffen Kultur, Code und Infrastruktur aufeinander. Die Technikhistorikerin Janet Abbate schreibt: »Kommunikationsmedien scheinen Technologie oft zu dematerialisieren, sie präsentieren sich dem Nutzer als Systeme, die Ideen übertragen statt Elektronen.«[1] Dadurch wird die Grenze zwischen Nutzern und Produzenten sowie zwischen Hardware und Software so porös, dass sie quasi durchlässig ist. Wie die Geschichte des Hypertexts zeigt, reicht Technologie allein nicht aus, um die Welt zu verändern – sie muss auf zugängliche Art umgesetzt und von einer Nutzercommunity angenommen werden, die sie sich so weit zu eigen macht, dass sie neue Anwendungen erfindet, die die Vorstellungskraft ihrer Architekten weit übersteigt. Oder anders ausgedrückt: Für erfolgreiche Links braucht es etwas, das es wert ist, darauf zu verlinken.

Das Web drängte die komplexeren Hypertextsysteme, die es zuvor gab, in den Hintergrund, aber es transformierte die Welt nicht ganz allein. Erst musste eine Generation gewitzter, kreativer Nutzer ohne akademischen oder technischen Hintergrund die Verbindungen herstellen, aus der das riesige, verflochtene Netzwerk besteht, das wir heute lieben – oder leidenschaftlich hassen. Um die leere Form mit Inhalt zu füllen, mussten diese Nutzer sich mit Computer *und* Kultur bestens auskennen. Sie mussten wissen, wie man etwas aufbaut und Verbindungen herstellt. Sie mussten erkennen, dass etwas, das Informationen organisiert, auch zu Gedanken inspirieren kann.

Zum Glück gab es jede Menge solcher Leute bei Echo. Eine davon trat unter dem Namen Miss Outer Boro auf.

Marisa Bowe war in den 70ern ein Teenager, als ihr Vater einen Holzkasten mit einem quadratischen, schwach orange leuchtenden Plasmabildschirm ins Haus brachte. Er installierte ihn im Keller des Hauses, das in einem Außenbezirk von Minneapolis stand, in der Nähe des Lake Minnetonka, wo die Familie im Sommer Schnellboot fuhr. Es war kein Personal Computer – die tauchten erst Jahrzehnte später in den Vorortkellern im ganzen Land auf. Es war ein Terminal, stumm, bis man den Telefonhörer in eine speziell für diesen Zweck angefertigte Station legte und er sich in das Netzwerk von Supercomputern einwählte, das ihn zum Leben erweckte.

Marisas Vater arbeitete in der PR-Abteilung der Control Data Corporation, die Großrechner herstellte. In den 60ern wurden dort die schnellsten Supercomputer der Welt produziert. Als Marisa ein Teenager war, ging der Arbeitgeber ihres Vaters ein Risiko ein und setzte auf computerunterstütztes Lernen in der Annahme, dass eines Tages Lehrkräfte durch elektronische Lernsysteme mit Spezialsoftware ersetzt würden. Sie nannten es Programmed Logic for Automatic Teaching Operations oder PLATO. Implementiert wurde die Software auf den Supercomputern der Firma.

PLATO sollte dezentralisierte Bildung für wenig Geld ermöglichen. Dazu riefen Schüler an orange leuchtenden Terminals, wie dem in Marisas Keller, verschiedene zentral gehostete Lehrprogramme per Fernzugriff ab. Vor allem an Universitäten und Schulen von Illinois bis Kapstadt wurden mit der Zeit einige PLATO-Terminals aufgestellt, aber zu Hause hatten nur wenige Leute einen stehen. Marisa befand sich also in einer einzigartigen Situation, nutzte sie aber nicht zum Lernen. PLATO bot Unterrichtsmaterial in allen möglichen Fächern an, von Rechnen bis Hebräisch, aber sie nutzte den Terminal, um sich mit Jungs zu unterhalten.

»Ich hatte keinerlei Interesse am Programmieren«, erzählt sie mir, »aber ich fand heraus, dass es einen Livechat gab. So fing ich an, mit dem Sohn des Chefs meines Vaters zu flirten. Man konnte sehen, wer online war – damals waren, wenn überhaupt, immer nur wenige online. Und ich war das einzige Mädchen, alle anderen waren Jungs, aber im echten Leben war ich schüchtern. Wahrscheinlich fragten sie mich, was ich anhatte; es wurde nie unanständig oder so, aber ich flirtete viel, und es machte richtig Spaß.«[2]

Von allen PLATO-Terminals aus chatteten Schüler und Studenten, posteten Nachrichten über »Science-Fiction, Frauenrechte, Fußball, das Verteidigungsbudget, Rock 'n' Roll«.[3] Bei PLATO gab es eine primitive Version von E-Mail, genannt Personal Notes, öffentliche »Group Notes«, die als Nachrichtenforum dienten, und Einzelchats namens TERMType. Die PLATO-Community machte alles zum ersten Mal, was später in Onlinecommunitys üblich wurde – zum Beispiel, dass sich Männer als Frauen ausgaben[4] – und wie bei den Terminals von Community Memory, die zur selben Zeit in der Region San Francisco aufkamen, bildete sich auch um PLATO eine eigene, kleine Graswurzel-Gegenkultur.

Marisa war das, was im PLATO-Slang als *zbrat* bezeichnet wurde (*brat* bedeutet Bengel oder Göre, Anm. d. Übers.): Sie mischte sich mit dem Login ihres Vaters unter die Nutzer des im Entstehen begriffenen Netzwerks. Sie kann sich nicht daran erinnern, je ein anderes weibliches *zbrat* getroffen zu haben, aber sie schloss einige Onlinefreundschaften. Sie flirtete dort nicht nur mit dem Sohn des Chefs, sondern chattete auch mit Collegestudenten in Boulder, Colorado und Champaign-Urbana in Illinois, wo an der Universität die PLATO-Software entwickelt wurde.

PLATO-Nutzer teilten Rezepte, erteilten sich gegenseitig Ratschläge in Liebesdingen, verwendeten Emoticons und spielten Fantasy-Rollenspiele. Für eine Jugendliche aus dem Vorort im mittleren Westen war all das völlig unerwartet, als hätte sich ein Haushaltsgerät plötzlich in ein Fenster in eine fremde Dimension verwandelt. PLATO veränderte Marisas Leben. Während für die meisten ihrer Altersgenossen Computer immer noch monumentale Rechner waren, die im Keller von Universitäten standen, erkannte sie, dass Computer zu sozialen Maschinen werden konnten, wenn man sie miteinander vernetzte. Der Rest der Welt brauchte noch Jahrzehnte, um das zu verstehen – und zu dem Zeitpunkt hatte Marisa einen ordentlichen Vorsprung.

Die Faszination mit Worten auf Bildschirmen ließ Marisa auch nicht los, als sie älter wurde. Bei ihrem ersten LSD-Trip lag sie im Garten auf dem Rücken und sah zu, wie sich der »perlmuttfarbene« Zigarettenrauch unter dem Sternenhimmel kräuselte, was ihr vorkam wie ein »Fernsehbildschirm, auf dem sich Worte bildeten und umherbewegten, die ich nicht lesen konnte«.[5] Nach ihrem Umzug nach New York im Jahr 1985 – in der »Zeit von Donald und Ivana Trump, von Unternehmenszusammenschlüssen und -übernahmen und dem Junk-Bond-Boom«[6] – entdeckte sie die BBS-Kultur und The WELL. »Oh mein Gott«, dachte sie. »Das ist genau wie PLATO, aber mit interessanten Leuten!«[7] Nur zu gern wollte sie die Flirtphase ihrer Jugend wiederaufleben lassen, aber das gelang ihr mit The WELL nicht.

Heutzutage ist geografische Distanz im Web nicht mehr wichtig, von winzigen Unterschieden einmal abgesehen – E-Mails aus dem Ausland kommen zu seltsamen Zeiten an und eine Twitter-Nachricht, die man an der US-amerikanischen Ostküste morgens losschickt, landet an der Westküste drei Stunden früher. Aber in den Tagen der Einwahlverbindungen wurde das Internet der Ostküste von der Westküste durch eine bedeutende technologische und kulturelle Grenze getrennt. Diese digitalen Rocky Mountains stellten Marisa vor zwei schwer zu überwindende Probleme: Erstens entsprach es einem Ferngespräch, wenn sie sich bei The WELL einwählte, und war entsprechend teuer. Und zweitens traf sie dort, nachdem sie sich eingewählt hatte, auf Deadheads. »Gegen die Grateful Dead bin ich *allergisch*«, gestand sie in einem Interview im Jahr 2011.[8]

Zum Glück hatte die ebenfalls technik-affine Stacy Horn aus New York genau dasselbe Problem. Nachdem Marisa Bowe The WELL den Rücken gekehrt hatte, entdeckte sie Echo, das per Ortsgespräch erreichbar war und wo es strengstens verboten war, den Namen von Jerry Garcia, dem Sänger von The Grateful Dead, auch nur zu erwähnen. Sie sagt, es sei Liebe auf den ersten Tastendruck gewesen: »Ich loggte mich bei Echo ein und blickte erst vier Jahre wieder auf.«[9] Die vielfältige Community und der Umstand, dass es eine Alternative zu den traditionellen Medien darstellte, waren verführerisch und neu. Ihr gefiel »die Vorstellung, dass man sich mit Leuten unterhalten und ihre Meinung hören konnte, die nicht die zwölf Typen von Harvard waren, die *The New Yorker, Harper's* und *The Atlantic* leiteten.«[10]

Marisa wohnte im Stadtteil Williamsburg in Brooklyn und wählte daher den Usernamen Miss Outer Boro, wie »outer borough«, also Außenbezirk. Als MOB postete sie so viel, dass sich ihre Freunde im echten Leben zunehmend Sorgen machten. »Ich tat ihnen leid«, sagt sie mir 20 Jahre später mit einem vergnügten Kichern über Skype von ihrem Apartment in Williamsburg aus. »Sie dachten, so etwas täten nur Loser.«[11] Sie ahnten nicht, dass Miss Outer Boro unter ihren Followern Kult war: Marisas natürlicher Instinkt für Onlinegespräche hatte sie bei Echo sofort beliebt gemacht. Im echten Leben wie gesagt schüchtern, war sie online mutig und unbezähmbar. »So oft wie sie bringt mich niemand anders bei Echo dazu, dass ich meinen Kaffee über die Tastatur spucke«, schrieb Stacy Horn.[12]

Stacy schätzte Marisas Anwesenheit bei Echo so sehr, dass sie sie bat, die Culture-Konferenz zu moderieren. Marisa verstand es, Menschen zu lohnenden Gesprächen zu bringen. Online einen guten Thread am Laufen zu halten konnte harte Arbeit sein, aber sie hatte das Zeug dazu: Eine Kombination aus Geduld und Anziehungskraft, schnellem Witz und einem Charisma, das aus dem Bildschirm übersprang. »Sie weiß, dass sie klug, stark und schön ist«, schrieb Stacy, wobei ihr die jahrelangen Cyberflirts bei PLATO jetzt zugutekamen. »Sie ist halb Flittchen und halb Königin.«[13] Sie wurde zur Konferenzmanagerin, der Moderatorin aller Moderatoren, und zum Objekt von viel einseitiger Bewunderung. »Die Hälfte der Echo-Nutzer war bis über beide Ohren in sie verknallt.« Bei Echo bestimmte Marisa, was cool war. Der Autor Clay Shirky nannte sie den »Henry James der Alley«.[14] In gewisser Hinsicht war sie eine der ersten »Online-Influencer«. Sie war so bekannt, dass sie sich bei Echo-Veranstaltungen, die in der echten Welt stattfanden, manchmal unwohl fühlte. »Es war, als wäre ich ein Mini-Promi«, erinnert sie sich.[15]

Im Internet war sie zwar ein Star, aber ihr echtes Leben war nicht immer so glamourös. Sie verbrachte viel Zeit in ihrem Apartment auf endlose Texte starrend, während die weißen Worte über den blauen Bildschirm scrollten wie Wolken über den Himmel. Um die Miete bezahlen zu können, nahm sie Aushilfsjobs in der Textverarbeitung an. Der Gedanke, dass sie beides miteinander verbinden könnte, das Internet und das Geldverdienen, war ihr noch nicht gekommen.

Die größte Bitch in der Silicon Alley

Im Jahr 1994 eroberte jemand Neues Echo im Sturm. Ihr echter Name war Jaime Levy, aber in einer nihilistischen Verbeugung vor Kurt Cobains Selbstmord postete sie online unter dem Namen »Kurt's Brain« (Kurts Hirn). Sie sah auch aus wie ein eingefleischter Nirvana-Fan: Das wasserstoffblonde Haar war im Bogen nach oben gegelt, und auf fast jedem Foto ist sie mit Skateboard zu sehen, eine selbstgedrehte Zigarette in der Hand in einem übergroßen Flanellhemd.

Jaime wuchs als Schlüsselkind im südkalifornischen San Fernando Valley auf und durchstreifte ungehindert die dunstige Gegend. Ihr Bruder blieb zu Hause und beschäftigte sich mit dem Commodore 64 der Familie, aber sie zog die Punkszene vor, die in den späten 70ern gerade in Los Angeles ihren Höhepunkt erlebte. Computer reizten sie gar nicht; die Kommandozeilenbefehle, die ihr Bruder in die Tastatur hämmerte, hatten scheinbar so gar nichts Kreatives. In ihrem ersten Jahr an der San Francisco Film School brachte ein Freund ihr bei, wie man auf einem Amiga, dem Nachfolger des Commodore ihres Bruders, Animationen erstellen konnte. Und da machte es bei ihr Klick: Computer sind Punk. Von da an fügte sie Computergrafiken in ihre Experimentalfilme ein.

Mit 21 packte sie dann in San Francisco der Größenwahn. »In der Videokunstszene wimmelte es von Leuten, denen Geld völlig egal war«, erzählt sie mir mit 50. »Mir war klar, dass ich rentabel arbeiten musste. Ich wollte keine am Hungertuch nagende Künstlerin sein.«[16] Sie reichte ihren Abschlussfilm ein, ein mit Effekten überladenes Skatevideo, und kaufte ein Flugticket nach New York City, denn sie hatte beschlossen, dass der Aufbaustudiengang Interactive Telecommunications Program (ITP) der New York University (NYU) das Richtige für sie war. Einige ihrer Lieblingsfilmemacher – Jim Jarmusch, Spike Lee – hatten einen Abschluss von der NYU und es sah aus, als könnte es eine interessante Zeit in New York werden. Im dortigen Kunstzentrum The Kitchen wurde Videokunst gezeigt, und eine interessante Band mit dem Namen Sonic Youth gab Konzerte in der City. Ganz typisch Jaime marschierte sie einfach ohne Termin in das Kunstinstitut der Universität hinein.

Dieser Schachzug war nicht nur Angabe, sondern auch Ausdruck von Verzweiflung: Sie glaubte nicht, dass sie einen Gesprächstermin bekommen hätte, selbst wenn sie es auf offiziellem Weg versucht hätte. Sie lief im vierten Stock herum, bis jemand ihr den Weg zum Büro von Red Burns zeigte, der ehrwürdigen Professorin, die den Studiengang leitete. Burns war eine Matriarchin mit roten Stoppelhaaren und wurde von manchen als »Godmother of Silicon Alley« bezeichnet, die Patin der Silicon Alley. Jaime war eingeschüchtert, aber sie konnte nur zwei Tage in der Stadt bleiben, daher sagte sie Burns, sie wolle mithilfe von Computern Geschichten erzählen. Später scherzte sie, alle anderen beim ITP seien dort »mit einem Stipendium der Citibank gewesen, um Geldautomaten zu entwerfen«.[17] Burns mochte Jaime, die junge Frau mit dem Skateboard und einem Amiga, und vielleicht glaubte sie, Jaime könne frischen Wind ins Programm bringen. »Ich glaube, sie sah darin eine Gelegenheit jüngere Leute anzusprechen, die mit Technologie neue Wege für Kunst, Unterhaltung, Verlagswesen und alles Mögliche beschreiten wollten.«[18] Burns nahm Jaime für ein Vollstipendium an.

Jaime experimentierte in ihrer Zeit an der NYU mit interaktiven Medien. Für ihre Masterarbeit kombinierte sie die Do-It-Yourself-Ethik des Punk mit den neuen Möglichkeiten des Desktop Publishing und produzierte eine elektronische Zeitschrift mit dem Titel *Cyber Rag* auf Diskette. Mit den aufgeklebten, farbig gedruckten Etiketten sah *Cyber Rag* tatsächlich aus wie ein Punkrock-Fanmagazin.

Jaime Levys elektronische Zeitschrift

Auf einem handelsüblichen Mac erwachten Jaimes Geschichten zum Leben mit Abbildungen, die sie aus *Village Voice, Whole Earth Review, Mondo 2000* und *Newsweek* geklaut und auf dem Bildschirm zu einer Kollage zusammengestellt hatte, als seien sie von Hand hineinkopiert worden. *Cyber Rag* war mit Apple Hypercard programmiert, die Grafiken in MacPaint erstellt. Zusätzlich zu den Animationen hatte Jaime innovative Spiele eingefügt (bei einem jagte man Manuel Noriega durch Panama) sowie Hacker-Anleitungen und bissige Geschichten über Hippies, die sich in Computerfachmessen und den Cyberspace einschleichen. Bevor die ersten grafischen Webbrowser Hypertext der breiten Masse zugänglich machten, veröffentlichte Jaime ihre Disketten, von denen sie glaubte, dass sie die gedruckten Zeitschriften ersetzen würden. Immerhin waren die Disketten überschreibbar. »Wem es nicht gefällt, löscht die Dateien und überschreibt sie mit eigenen Sachen«, sagte sie einem Reporter im Jahr 1993.[19]

Nach ihrem Masterabschluss zog Jaime zurück nach Los Angeles und benannte ihr Magazin in *Electronic Hollywood* um. Während der gewaltsamen Unruhen von 1992 konnte sie vier Tage lang ihr Apartment im Stadtteil Koreatown nicht verlassen. Sie kletterte mit einem Camcorder auf das Dach ihres Gebäudes und filmte die Straßen. Überall brannte es. »Wir nannten es Smell-o-vision«, sagte sie, »weil man einfach die Treppen hinunterrennen und den Fernseher einschalten konnte und gleichzeitig der Rauch ins Gebäude drang.«[20] Sie verwendete diese Bilder für *Electronic Hollywood* zusammen mit einem Kommentar über die Erfahrung. »Ich fühle mich wie eine Überlebende am Tag nach Reagan«, steht dort zu lesen, während im Hintergrund ein Loop aus Industrial-Musik scheppert. »Ich kann mir nicht mal mehr ein Bier kaufen gehen. Los Angeles, liebt es oder plündert es!«

In gefilmten Interviews täuscht Jaimes südkalifornische Art – bis heute spricht sie mit einem starken Valley-Akzent – über ihre sehr reale Stärke hinweg. In einem Filmporträt des Fernsehsenders KCET aus Los Angeles dreht sie sich auf ihrem Bürostuhl in einem Raum, der mit Konzertflyern tapeziert ist, und beschreibt die elektronischen Magazine leichthin als »so was wie mein digitales Graffiti«.[21] Aber trotz ihrer gespielten Gleichgültigkeit stand Jaime an der Speerspitze des elektronischen Publizierens. Niemand hatte je zuvor etwas wie *Cyber Rag* oder *Electronic Hollywood* veröffentlicht. Es hatte ein paar interaktive HyperCard-Stacks gegeben, die man von einem BBS herunterladen konnte, und ein paar wenige interaktive Kunstdisketten für den Commodore Amiga. Aber auf Jaimes Disketten konnte jeder mit einem Mac zugreifen, und mit ihren Hypertextlinks und den interaktiven Animationen waren sie quasi Websites – lange bevor das Web überhaupt existierte.[22]

Neben ihrem Brotjob als Schriftsetzerin vertrieb sie *Electronic Hollywood* über unabhängige Buchhandlungen und Plattenläden, wo ihr Magazin regelmäßig ausverkauft war. Die Neuartigkeit ihrer Veröffentlichungen brachte ihr die landesweite Aufmerksamkeit der Medien ein, die sie in Verkäufe per Post umsetzte. Nachdem ihre Magazine im Sprachrohr der Cyberkultur *Mondo 2000* besprochen worden war, wurde sie mit Bestellungen und Fanpost überschwemmt. Insgesamt brachte sie fünf Ausgaben heraus, von denen sie mehr als 6000 Stück für 6 Dollar das Stück verkaufte[23] – gar nicht schlecht, wenn man bedenkt, dass die Disketten in der Produktion weniger als 50 Cent kosteten.

Schließlich zog Jaime wieder nach New York zurück und wurde dort zum ersten echten Promi der Silicon Alley, ein Postergirl für eine neue Generation von Mediengiganten unter 30, die bereit waren, die Welt zu rebooten. Sie war das erste wirklich ikonoklastische, weibliche Gesicht der entstehenden Digitalkultur, das sich für Porträts in Zeitschriften eignete. Dass sie fotogen war, half zusätzlich: mit mürrischem Gesichtsausdruck in Kunstlederhose und Stiefeln im Jahr 1996 für einen *Esquire*-Artikel über »Grrrls, who just wanna be wired« oder in ihrem allgegenwärtigen Grunge-Flanellhemd und Röhrensocken, ein Skateboard umklammernd, in einem »Who's who« von *Newsweek*. Das Internet war eine Schlagzeile wert und sie gab eine beeindruckende Gallionsfigur ab: jung, avantgardistisch mit einer ordentlichen Portion Selbstvertrauen. »Ich war der Kurt Cobain des Internets«, sagte sie gegenüber der Zeitung *Village Voice* am Ende des Jahrzehnts nur halb im Scherz.[24]

»Jaime wusste sich wirklich zu präsentieren«, erinnert sich Marisa Bowe. »Sie ging zu Mac-Conventions und disste sie. Die Leser all dieser Fanmagazine sagen immer: ›Wir hassen diese und jene Bands.‹[25] Sie machte dasselbe, aber mit Computern und auf einer Diskette mit ihrer eigenen Musik, und ich fand es einfach brillant.«[26] Sie war durch und durch Hackerin: In ihrem Loft nutzte sie einen Fernseher als Mac-Monitor und ein rotes Blinklicht, wie es normalerweise nur hörbehinderte Menschen verwenden, zeigte ihr über den Lärm ihrer Stereoanlage hinweg an, wenn ein Anruf hereinkam.[27] Jaime behandelte ihren Computer nicht wie etwas Wertvolles, sondern zerrte ihn am Netzkabel herum und rumpelte gegen jeden Randstein in den Hexenkesseln von L.A. und New York. Die erste Ausgabe von *Electronic Hollywood* begann mit einer ironischen Begrüßung, die ihren damaligen Stil gut zusammenfasst: »Wenn du noch nie zuvor ein elektronisches Magazin gesehen hast, dann mach dich auf einen heftigen Trip gefasst.«[28]

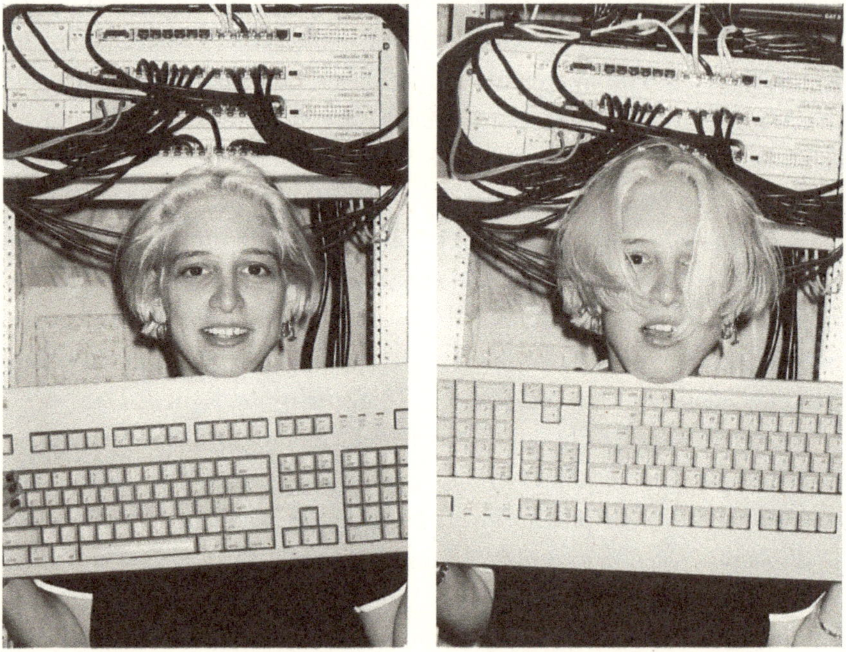

»Ich habe nicht das Gefühl, dass es mir geschadet hat, eine Frau zu sein. Es hat mir geholfen, weil es so wenige von uns gibt und ich die ganze Aufmerksamkeit bekommen habe, weil ich die Irre war.«

Alles, was in der Tech-Gegenkultur Rang und Namen hatte, besaß Kopien von *Cyber Rag* und *Electronic Hollywood* – sogar der britische Rockstar Billy Idol war ein Fan. Er stieß auf dem Höhepunkt seiner eigenen Cyberpunkphase auf *Electronic Hollywood,* als er gerade an einer Platte über Sex, Drogen und Computer mit dem passenden Titel *Cyberpunk* arbeitete. Idol gefielen Jaimes Disketten so sehr, dass er eine für sein Album haben wollte. Sie handelten einen Deal aus: Für 5000 Dollar war Jaime bereit, eine eigene interaktive Diskette für Billy Idol zu produzieren. Sie sollte genauso aufgebaut sein wie ihre anderen, aber statt ihrer Tiraden und Musikkritiken sollten seine Texte drinstehen, und alles sollte mit der CD in einer aufklappbaren Kartonhülle stecken. Ihre erste Auftragsarbeit – und die erste interaktive Pressemappe der Welt. »Eigentlich wollte er nur mit mir Party machen«, erinnert sich Jaime. Eines Abends betranken sie sich im berüchtigten Manhattaner Club Fuck so sehr, dass Billy sie über den Tisch warf und einen Arm brach. »Ich sollte eigentlich seine Diskette animieren. So musste ich alles mit meiner Nicht-Maus-Hand machen.«[29]

Idols Album floppte, aber Jaime behielt ihren Ruf als erfahrene Netzbürgerin. Sie suchte sich einen richtigen Job und fuhr dafür täglich ins fast 50 Kilometer von New York City entfernte White Plains, wo sie für IBM »dämliche Oberflächen gestaltete«[30] – wobei sie in ihren übergroßen Karohemden oft für einen Hausmeister gehalten wurde.[31] Schließlich fragte Viacom bei ihr an, ob sie eine interaktive Pressemappe für eine CD-ROM von Aerosmith gestalten würde. Aber sie war zu jung und zu sehr Punk, um nur noch für die großen Firmen zu arbeiten, und physische Medien langweilten sie zunehmend. »Wer soll diesen Scheiß denn kaufen? Wer schert sich um diese CD-ROMs?«, fragte sie sich.[32] Ein Kollege bei IBM zeigte ihr Mosaic, den ersten Browser für das World Wide Web, und sie hatte dabei ein Erweckungserlebnis: Ihre elektronischen Magazine waren Websites, bevor es Websites überhaupt gegeben hatte! Sie waren genauso aufgebaut, mit Hypertextnavigation und »Seiten« voller Sounds, Videos und Text. »Als der Browser herauskam wusste ich: Ich mache keine Festformate mehr. Ich lerne HTML und damit hatte es sich.«[33] Sie kündigte ihren Brotjob.[34]

Zu dieser Zeit gab Jaime auch die ersten »Cyberslacker«-Partys in ihrem Loft in der Avenue A. Der Name verwies auf den Namen, den die Generation X der »Wired Generation« gegeben hatte, die mit Computern aufgewachsen war. Ihre Partys waren die ersten der Silicon-Alley-Partys. Innerhalb weniger Jahre verwandelte die Flut an Dot-Com-Geld in New

York den Flatiron-Distrikt Manhattan in eine riesige Partymeile. Millionenschwere Startups wie Razorfish und DoubleClick gaben ihr Geld vom Börsengang für Gogo-Tänzerinnen und Wodkapyramiden aus, die CEOs wurden zu Promis, deren schlüpfrige Partyfotos in Fachzeitschriften und Klatschmagazinen erschienen.[35] Die berüchtigtste aller Alley-Partys wurde von Pseudo finanziert, einer der ersten Webstreaming-Firmen, deren CEO Josh Harris Tech-Gurus, ehrgeizige Unternehmer, Künstler, Musiker und die New Yorker Clubszene in zunehmend extravaganten Umgebungen zusammenbrachte. Zum Jahrtausendwechsel verbrannte Harris mehr als eine Million Dollar für ein Kommunenexperiment. Einen Monat lang lebten »Bürger« in einheitlichen Uniformen in zwei benachbarten Lagerhäusern zusammen, aßen und tranken gemeinsam, hatten Sex und machten Schießübungen.[36] Dabei wurden sie von Hunderten digitaler Kameras gefilmt und die Aufnahmen live gestreamt, bis die New Yorker Polizei dem Treiben am Neujahrstag 2000 ein Ende setzte. Die Polizisten hielten die Bewohner für einen Y2K-Kult, und womöglich waren sie das auch.

»Josh Harris hat immer *behauptet,* er habe mich nicht kopiert«, sagt Jaime, die nie über seine Ressourcen verfügte. »Aber es kann gar nicht anders sein.«[37] Ihre Partys waren vielleicht nicht so aufsehenerregend, aber sie hatten eine größere Wirkung: Die Cyberslacker-Partys waren eine Mischung aus Rave und Hackathon und gaben die Initialzündung für eine einzigartige New Yorker Tech-Szene, die sich, so ein Historiker, überwiegend aus »überzeugten Faulenzern, künstlerischen Punkrockern und Dekonstruktivisten aus ›guten‹ Familien« zusammensetzte.[38] Viele sahen das Web zum ersten Mal in Jaimes Loft auf einem Mac II, den ihr Hackerfreund Phiber Optik – der zeitweise auch den Tech-Support für Echo übernahm – mit einem 28,8k-Modem ausgestattet hatte. Jaimes Gäste versammelten sich um den kleinen Bildschirm des Mac, während der Avantgarde-Gitarrist Elliot Sharp live spielte und Jaimes Freund DJ Spooky Housetracks spielte. Im Jahr 1994 gab es weniger als 1000 Websites weltweit, die meisten davon waren persönliche Homepages. »Mehr gab es da draußen nicht«, erinnert sich Jaime. »So Sachen wie: ›Hi, mein Name ist Lisa und das ist mein Hund.‹«[39] Aus diesen bescheidenen Anfängen extrapolierten die richtigen Zeugen das Entscheidende – wie Jaime erkannten sie, wie irrelevant das Web alles machte, was sie bisher getan hatten.

Diese Konvertiten nannten sich die »Early True Believers«, die ersten wahren Gläubigen, und betrachteten das erste Jahr, in dem sie online waren, als Statuszeichen wie die ersten Punks es mit dem Jahr 1977 getan hatten. Kurz nachdem die Blase geplatzt war, brachte ein Artikel im *New York Magazine* über Jaime und ihre Gleichgesinnten die Zeiteinteilung auf den Punkt: »1995 ist cool. 1996 oder Anfang 1997 ist okay. Alles danach ist uncool. Bei 2000 ist man ein echter Loser – ein Schlipsträger, ein Collegeabsolvent, ein Geschäftsmann in den Fünfzigern auf der Suche nach einem letzten Auftritt und weiteren Hundert Millionen Dollar.«[40]

Das Web gab den Early True Believers einen kreativen, spirituellen Sinn und bot ihnen die Gelegenheit, die Medienriesen zu umgehen, die im New York der Rezession den Zugang zu kreativer bezahlter Arbeit kontrollierten. »Es hat aus uns allen Apostel gemacht«, verkündete jemand aus der Alley-Szene. »Um Geld ging es dabei nicht; wir sahen einfach diesen unverfälschten Kanal.«[41] Doch dann kam natürlich das Geld und – für kurze Zeit – wurden sie zu Giganten.

Word

Jaime drängte Marisa Bowe immer wieder, sie solle ins Electronic Publishing einsteigen. »Ich wusste nicht, was das bedeutet«, erzählt Marisa, »aber ich mochte Elektronik und ich mochte es zu veröffentlichen, also würde es mir wahrscheinlich gefallen.«[42] So ging es nicht nur ihr – abgesehen von Jaimes Disketten und ein paar wenigen frühen Experimenten im Web war Onlinepublishing noch eine unbekannte Größe.

Für Marisa änderte sich das im Jahr 1995, als das Softwareunternehmen Icon CMT Jaime, damals auf dem Höhepunkt ihres Ruhms, als Creative Director des neuen Onlinemagazins *Word* engagierte. Das Budget war ordentlich oder zumindest mehr als das, was Jaime für *Cyber Rag* zur Verfügung gehabt hatte, nämlich nichts. Der Chefredakteur Jonathan Van Meter war ein Branchenveteran und hatte vorher die Leitung bei *VIBE* gehabt. Er wollte

Jaime wohl Jaime sein lassen: die scharfzüngige, Pot rauchende Wortführerin des Cyberuntergrunds. Ihr Team durfte sie selbst zusammenstellen.

Jaime wollte auf keinen Fall, dass *Word* trendig wirkte, wie Billy Idols fehlgeschlagener Ausflug in den Cyberpunk. Sie traute nur einer Person zu, dafür zu sorgen, dass *Word* cool war: ihrer Freundin Marisa Bowe alias Miss Outer Boro, deren Faszinationskraft sie bei Echo selbst erlebt hatte. Marisa erzählt, beim Vorstellungsgespräch habe sie entschieden, »nicht so zu tun, als sei ich irgendeine super seriöse Verlagsfrau« und »mit seriös meine ich, dass sie sich in der Geschäftswelt gut zurechtfindet«.[43] Aber sie und Van Meter verstanden sich auf Anhieb gut und er stellte sie als leitende Redakteurin ein. Marisa hatte noch nie im Publishing gearbeitet und keine Ahnung, was die Position bedeutete.

Tatsächlich war ein Magazin im Web eine völlig neue Sache: *Word* war eines der ersten und von einem Geschäftsmodell konnte keine Rede sein. Die Finanziers von *Word* gingen davon aus, dass das Onlinepublishing über Abonnements laufen würde: Wie bei traditionellen Magazinen würden Leser ein Abo abschließen, und weil es weder Druck- noch Vertriebskosten gab, wäre die Gewinnmarge riesig. Sie würden etwas nicht Greifbares immer wieder verkaufen, ohne dass das Lager je leer werden konnte – in der Dot-Com-Zeit ein verbreiteter Irrtum. Icon erwartete in wenigen Monaten Millionen von Dollar zu verdienen.[44]

Van Meter stieg kurz vor dem Start von *Word* im Jahr 1995 aus. Er habe das getan, weil er keine Ahnung vom Web hatte, meint Jaime. Marisa vermutet, Icon sei nicht ehrlich zu ihm gewesen bezüglich seines Redaktionsbudgets und er war bisher die großzügigen Summen von Condé Nast gewohnt gewesen. Nach seinem Weggang hatte Marisa die Leitung, formal völlig unqualifiziert, aber genau die Richtige für den Job. Dank ihres Vorwissens über die Onlinekultur konnte sie »an ein Medium herangehen, indem ich es als das sah, was es war«.[45]

Später gab Marisa an, sie schätze zwar die wichtigsten Mitbewerber von *Word* – kopflastige Onlinemagazine wie *Salon, Slate* und *Feed,* aber sie möge das handgestrickte Gefühl im Bulletinboard-System sehr viel lieber. Von Amateuren verfasste Texte bildeten die Grundlage des Internets. In einer Diskussionsrunde im Jahr 1996 mit anderen Onlineredakteuren gab sie zu, sie sei »süchtig nach Amateurzeug. Im besten Fall ist es faszinierend – leidenschaftlich, intim, unvorhersagbar und mit einem entwaffnenden Mangel an Kunstfertigkeit«.[46]

Diese Einstellung brachte sie bei *Word* ein, wo fast ausschließlich Beschreibungen aus dem Alltag von ganz normalen Leuten veröffentlicht wurden. Im beliebtesten Bereich der Website wurden wöchentlich Erfahrungsberichte von Menschen aus allen nur vorstellbaren Berufsfeldern eingestellt, verfasst nach Interviews, die meist Marisas Bruder John führte, journalistische Lebensgeschichten aus dem digitalen Dorf. Er reiste durchs Land auf der Suche nach Menschen, mit denen er reden konnte, und *Word* veröffentlichte seine transkribierten Berichte über das Leben von Prostituierten, Hutverkäufern, UPS-Fahrern und Heavy-Metal-Roadies.

Auch persönliche Geschichten von *Word*-Mitarbeitern wurden geteilt. Im Impressum stellten sich alle Mitarbeiter selbst kurz vor. Marisa veröffentlichte sogar Ausschnitte aus ihren Highschool-Tagebüchern und führte so den Beichtton der Proto-Blogs ein.* Ihr erster Leitartikel war eine gekürzte Autobiografie: wie sie auf dem Lake Minnetonka Speedboat fuhren, Vaters klirrende Eiswürfel im Becherhalter; wie sie morgens als Erste in den Schulbus stieg und mit dem aknegeplagten Fahrer »King of the Road« sang; wie sehr sie ihre »faschistisch aussehende« Pfadfinderuniform hasste.[47] Er enthielt auch ein Rezept für Bohnen und eine Passage in Kinder-Geheimsprache. Für Marisa war das Wichtigste am Internet – und das, was am meisten gefährdet war – die Stimme der einzelnen Menschen. »Das Faszinierendste am Internet, das es besonders machte, war, dass man mit *Menschen* als Medium arbeitete«, erklärt Marisa.[48]

Während Marisa an authentischen Geschichten feilte und nach der menschlichen Note suchte, die sie als Teenager im Keller ihrer Familie fasziniert hatte, konzentrierte sich Jaime eher auf Interaktivität im wörtlichen Sinn. Einem Reporter gegenüber beschrieb sie kurz nach dem Start der Website ihre Ziele: »In der Welt von *Word* lesen wir nicht nur das Buch 'see Spot

---

* Am Tag nach ihrem Schulabschlussball schrieb sie: »Ich kann das Wort ›Diary‹ nicht ausstehen, es erinnert mich an Diarrhoe. Und an ein kleines Mädchen im rosa Kleid mit rosigen Wangen, lockigem Haar und großen Augen, das täglich die Aufs und Abs ihres süßen kleinen Herzens festhält.«

Run‹. Wir treffen uns in einem dreidimensionalen Raum, in dem Spot nicht nur bellt und beißt, sondern man auch einen Kotbeutel dabeihaben sollte.«[49]

Wie dieser Vergleich waren auch die interaktiven Funktionen, die Jaime für *Word* entwarf, erstaunlich originell und typisch schnippisch, wie zum Beispiel der Chatbot von *Word* mit dem Namen »Fred der Webkumpel« – ein verpixelter, menschenverachtender New Yorker, mit dem man sich über die Tastatur unterhalten konnte. Fred war versehrt und hatte sexuelle Probleme, auf die er häufig anspielte, die er aber nie erklärte. Wenn man nachhakte, behauptete er, er sei kürzlich von einem großen New-Media-Unternehmen entlassen worden. »Allein schon der Name ›Webkumpel‹«, erklärt Marisa, sei ein Witz über jene »bescheuerten« hilfreichen Avatare, mit denen Unternehmen zunehmend ihre Websites bestückten, allesamt Verwandte von Karl Klammer, der gefürchteten Büroklammer von Microsoft Word.[50]

Zu den Dingen, die man bei Word.com um 1996 finden konnte, gehörten: Fotoreportagen über russische Gefängnistattoos und Manhattaner Uhren. Obszöne Papierpuppen. Gemälde aus dem Second-Hand-Shop. Ein interaktives Spiel, bei dem man Pickel ausdrücken muss. Dean-Martin-Horoskope und Clipart-Comics. Sinnloses interaktives Spielzeug, zum Beispiel eine Cartoon-Mikrowelle, in die man einen Hund hineinzerrt. Bedrückende Kindergeschichten. Fotos von leeren Werbetafeln und Straßenschildern aus dem ganzen Land. Eingescannte Papierservietten mit Telefonnummern und die traurigen, sexy Geschichten der Menschen, die sie darauf notiert hatten. Und mindestens einmal berichtete jemand aus eigener Erfahrung von einem Kaffee-Einlauf.

Word war nicht das erste Magazin im Web, aber es veranschaulichte als Erstes die kreativen Möglichkeiten des Onlinepublishings – und die Formel funktionierte. Im Jahr 1998 verzeichnete *Word* 95 000 Seitenaufrufe am Tag, ein bis zwei Millionen Zugriffe pro Woche, für damalige Verhältnisse enorm viel Traffic.[51] *Newsweek* erklärte *Word* zur Lieblingswebsite seiner Leser, und die *New York Times* nahm die Website als Beispiel in einer ihrer ersten Artikel über Webbrowser.[52] Sogar der erste kommerzielle Webbrowser, Netscape, den Mitte der 90er praktisch jeder online benutzte, gab *Word* eine Sonderstellung. Auf der Startseite von Netscape gab es unter dem URL-Feld eine Reihe mit Buttons: »What's New?« (Nachrichten), »What's

Cool?« (Angesagtes), »Destinations« (Navigation), »Net Search« (Suche), »People« und »Software«. »People« führte zu einer der ersten Onlinetelefonbücher, über »Software« kam man an die Upgrades von Netscape, und »What's Cool?« verlinkte zu Word.com.

Bei *Word* hatten alle eine gemeinsame Grundästhetik: *Twin Peaks,* E-Zines, Popkultur und eigenwillige Homepages. Marisa bezeichnete sich selbst und Jaime einmal als die »Beavis and Butt-Head [eine US-amerikanische Zeichentrickserie] des Internets«,[53] aber das Magazin »funktionierte eher wie eine Rockgruppe als wie ein Medienbetrieb«,[54] und Marisa und Jaime gaben tolle Frontfrauen ab. »Jaime und ich, nur wir beide zusammen, hatten die besten Chancen, etwas Gutes zu produzieren«, sagt Marisa. Während Jaime auf Multimedia fixiert war – »Sie zischte verächtlich, wenn es um Text ging«, erzählt Marisa lachend[55] –, konnte Marisa Autoren heranziehen. Ein besonders dynamisches Foto der beiden aus dieser Zeit hätte genauso gut ein Promofoto einer Band sein können: Auf dem Flachdach der *Word*-Zentrale, Jaime in Kampfstiefeln und Trainingshose, Marisa in einer Lederjacke, ein qualmender Computer mit eingeschlagenem Bildschirm zu ihren Füßen. Aber wie in jeder guten Rockband kamen auch ihnen ihre Egos in die Quere.

Jaime fiel es schwer, sich auf eine Sache zu konzentrieren, während sich die Dot-Com-Blase um sie herum immer weiter aufblähte. Die Silicon Alley veränderte sich rasant. Aus Freunden, die vor wenigen Jahren noch Techno-Bohemiens gewesen waren und jede Party mitgenommen hatten, wurden Millionäre. Kurz bevor sie zu *Word* gestoßen war, hatte Jaime das Angebot von einem Drittel der Anteile an der Webentwicklerfirma Razorfish abgelehnt, die jetzt mit einem Wert von 1,8 Milliarden US-Dollar kurz vor dem Börsengang stand. »Leute, die wir kannten, wurden damals stinkend reich«, erzählt Marisa.[56] Jaime sah gute Gelegenheiten links und rechts an sich vorbeirauschen und wurde unruhig.

Und es kam auch noch anderweitig zu Spannungen. Die öffentliche Figur als regelbrechende digitale Zine-Produzentin, die Jaime lange in der Presse gepflegt hatte, ging ihren Kollegen zunehmend auf die Nerven. »Ich bekam die ganze Aufmerksamkeit«, gibt sie zu;[57] und sie war eine Zumutung, hörte ihre Musik immer zu laut und arbeitete ständig an ihren eigenen

Sachen. Nach eineinhalb Jahren verließ sie *Word,* um eigene Aufträge anzunehmen. In einer Silicon-Alley-Klatschkolumne vermutete man zwar, bei Jaimes Weggang gehe es um Machtspielchen – »Jaime Levy hat das letzte Wort«[58] –, doch heute wünscht sich Jaime, sie wäre etwas länger dabeigeblieben. »Ich war nie die Art Mensch, die lange mit irgendjemandem zusammenbleibt«, sagt sie.[59]

Marisa blieb. Es schmerzte sie, ihre Komplizin zu verlieren, aber die Vorstellung, *Word* zu verlassen, war unvorstellbar. »Ich habe mir damit alle kreativen Träume und Ideen, jeden kreativen Drang verwirklicht, die ich je hatte«, erklärt sie. »Das aufzugeben hätte sich angefühlt, als würde man mir das Herz herausschneiden.«[60]

Der Tod des Webs, wie wir es kennen

Gegen Ende des Jahres 1996 gab Jamie Levy ihre letzte CyberSlacker-Party. Sie zog dafür alle Register, wählte als Veranstaltungsort dieses Mal nicht ihr Loft, sondern die Clocktower Gallery in Tribeca und bat einige ihrer berühmteren Freunde für einen »Rant« auf die Bühne. Avantgardisten wie Laurie Anderson und Lou Reed mischten sich unter die Menge, und der ehemalige Punkbassist Nicholas Butterworth, dessen Musik-Website von Viacom aufgekauft worden war, heulte 15 Minuten lang ins Mikro: »Das ist der Tod des Webs, wie wir es kannten. Es ist vorbei! Und war es nicht eine tolle Zeit? Wer war dort, wer war dabei 1995? Hat alles mitgenommen – das Geld, den Ruhm, die Partys, all das gab es im Überfluss. … Es war wunderbar! Alle hier, alle meine Freunde, die wirklich Kreatives gemacht haben … wir träumten davon, Medienmeuchler zu sein, eine Guerilla – und dafür bezahlt zu werden! Nun, ich sage euch: Ihr habt jetzt die Wahl. Ihr könnt zur Guerilla gehören oder ihr könnt bezahlt werden. Beides zusammen geht nicht.«[61]

Jaime entschied sich für das Geld, landete aber am Ende bei der Guerilla.

Sie hat *Word* ihren Stempel aufgedrückt. Das Magazin behielt ihren Stil, ihre Interaktivität und die von ihr ausgewählten Mitarbeiter. Abgesehen von Marisa war da noch Yoshi Sodoeka, der Jaimes Platz als Art Director einnahm. Yoshi »war einer dieser japanischen Kids, die ursprünglich in die

Vereinigten Staaten gekommen waren, weil er Punkrock machen wollte«.[62] Wie praktisch jeder bei *Word* hatte er vorher nie im Medienbereich gearbeitet, aber in Japan hatte er Benutzeroberflächen für Kiosksysteme entworfen. Das Ergebnis war ein Popgrafik-Stil, der dem Magazin viele Nachahmer bescherte und Yoshi viele lukrative Jobangebote einbrachte, die er allesamt ablehnte. (»Er ist Künstler«, sagt Marisa bewundernd.)[63] Yoshi machte als Erster Icons zu einem Kernelement des Website-Designs; seine Artdirection ist auch heute noch aktuell.

Word hatte ein Büro in Midtown, im Graybar Building über der Grand Central Station. Im Vergleich zu anderen Arbeitsplätzen in der Silicon Alley war es relativ anonym. »Wir waren im Wesentlichen Künstler und Bohemiens, die nicht versuchten, hip zu sein«, erinnert sich Marisa.[64] Sie misstraute instinktiv den Spielplatzbüros ihrer Kollegen: All die Tischtennisplatten, Sitzsäcke und ausgefallenen Konferenzräume wirkten erdrückend auf sie. Natürlich war auch *Word* ein Produkt der Wirtschaftsblase. Marisa weiß nicht mehr, ob die Website überhaupt je Gewinn machte, denn die Werbeabteilung verkaufte zwar in der Anfangszeit Anzeigen für rund 12 500 Dollar das Stück, aber sie war vor allem ein »sexy PR-Spielzeug« für die Muttergesellschaft.[65]

»Für uns, das Kreativteam, fühlte es sich an wie ein langer Betrug«, erklärt Naomi Clark, die lange bei *Word* gearbeitet hat. Trotz der tiefempfundenen Authentizität des Magazins und seines experimentellen Designs war die Website im Grunde nur »eine Art Vorzeige-Ehefrau für die weit weniger glamourösen Internetunternehmen, die Infrastruktur und T1-Leitungen verkauften«.[66] Auf dem Höhepunkt der Dot-Com-Blase war das Wichtigste, dass man vor dem Börsengang solides Interesse erregte. »Unser ganzes Geschäftsmodell bestand darin, an die Börse zu gehen«, räumt Marisa ein, und Icon CMT wollte »das große Geld machen und dann aussteigen«, wie alle anderen auch.[67] Wie viele andere Online-Publishing-Unternehmen ohne klares Finanzierungsmodell stand auch *Word* von Anfang an auf wackligen Beinen.

Ende der 90er erkannten die Tech-Investoren endlich, dass trotz des inoffiziellen Mantras »Content is King« der KI-Leute in den Anfangsjahren – weswegen sich *Word*-Mitarbeiter als Witz die Worte »Content Provider« in großen Druckbuchstaben auf T-Shirts drucken ließen – die zunehmende

Menge kostenloser Inhalte im Internet die Werbepreise in den Keller treiben und niemand mehr für Abos von digitalen Zeitschriften bezahlen würde. *Word* wurde im März 1998 von der Muttergesellschaft kurzerhand eingestellt, was eine Reihe von Nachrufen zur Folge hatte. Sogar das konkurrierende Onlinemagazin Suck.com beklagte sein spurloses Verschwinden«.[68] *Wired* sprach vom Ende einer Ära.[69] Doch im September war das Magazin wieder auferstanden.

An dieser Stelle wird es seltsam. Eine Vorzeige-Ehefrau am Arm eines Infrastrukturunternehmens zu sein war eine Sache, aber die Holdinggesellschaft, die *Word* 1998 für zwei Milliarden Dollar kaufte, stellte Fischmehl in Industriequalität her. »Das ergab einfach keinen Sinn«, sagt Naomi lachend. »Sie hatten die etwas verquere Idee, ein Medienunternehmen zu gründen, und dachten, es sei nützlich, ein paar bekannte Markennamen im Mix zu haben.«[70] Solche merkwürdigen Partnerschaften sind im wirren Kontext der Dot-Com-Blase weniger verwunderlich. Der neue Eigentümer, die Zapata Corporation, war 1953 von dem jungen George H. W. Bush als Erdölunternehmen in Houston gegründet worden und wurde später vom zweiten Eigentümer in ein Lebensmittelunternehmen umgewandelt.[71] Während der Tech-Blase erfand sich das Unternehmen als zap.com noch einmal neu, ein Webportal für den Content-Markt. Der CEO von Zapata, Avram Glazer, schaltete ganzseitige Anzeigen in der *New York Times* (»zap.com kauft Ihre Website«) und verhandelte über den Erwerb von *thirty*.[72] *Word* war die wichtigste Akquise und sollte den Alley-Investoren signalisieren, dass Zap ein ernstzunehmendes Internetunternehmen war.

Marisa stellte ihre Mitarbeiter wieder ein, all die »Subgenies, die in der Highschool zu viel Gras geraucht und zu viel LSD genommen haben und hinter ihrem Potenzial zurückblieben sind«.[73] Die Truppe war wieder zusammen. Sogar Fred, der Webkumpel, kehrte zurück. In der Neuauflage war auch er wieder dabei, lief über die Flure eines Firmenbüros, und erfasste Daten. Besucher konnten sich immer noch mit ihm unterhalten, aber jetzt versteckte sich Fred währenddessen auf der Toilette, trank Cola oder machte in der Büroküche Liegestütze. Er behauptete, er sei glücklich und bekäme bald einen besseren Job, aber seine Stimmungsschwankungen waren immer noch heftig. Vielleicht würde Fred nie wirklich bekommen, was er wollte.

Doch auf dieser letzten Ehrenrunde um die Silicon Alley kurz vor dem Jahrtausendwechsel bekam zumindest *Word,* was es wollte.

Electronic Hollywood

Im Jahr 1998 bekam Jaime Levy eine Einladung der NYU: Sie sollte eine Vorlesung über Electronic Hollywood halten, das Unternehmen, das sie wenige Jahre, nachdem sie *Word* verlassen hatte, gegründet hatte. Sie berichtete mir über ihre Antwort an die Universität: »Ich sagte ihnen, okay, warum nennen wir die Vorlesung nicht ›Wie man in einem Jahr eine halbe Million Dollar ausgibt und danach nur diesen dummen Cartoon vorzuweisen hat‹?« Sie ging »völlig deprimiert, wahrscheinlich gerade auf Entzug« zum Campus und wollte allen von ihren Fehlern erzählen.[74]

Die Jahre nach *Word* waren ein Schulbeispiel dafür, dass man nicht an den eigenen Hype glauben sollte. Jaime war davon ausgegangen, dass sie nach ihrem Weggang von dem Magazin einen anderen, gut bezahlten kreativen Job bekommen würde, aber die Landschaft hatte sich verändert. Inzwischen waren die Banker und Investoren groß eingestiegen, die Cyberpunks kämmten sich die Haare und steckten das große Geld ein. An die Stelle der kreativen Pioniere waren Menschen getreten, die kommerzielle Websites erstellten wie – und das erwähnt sie gern und häufig – *Tampax dot com.* Mit 30 Jahren war Jaime nicht mehr frühreif. Sie bemühte sich um freiberufliche Aufträge, aber ihr Jahresgehalt stürzte ins Bodenlose. Sie lieh sich von ihrem Vater Geld für eine Therapie. Ein Jahr lang arbeitete sie an einer Reihe dystopischer Chatrooms, die auf einer postapokalyptischen Version von San Francisco beruhten, und dekorierte sie mit Bildern von ausgebrannten Tech-Unternehmen, radioaktiven Burritos und Zombie-Drogenhändlern. In einem Bericht der Nachrichtensendung *Dateline* aus dem Jahr 2000 nennt sie das ihre Kurt-Cobain-Krise. Und dann kam die halbe Million Dollar.

Sie profitierte vom unternehmerischen Glück eines anderen. Ein Freund, den sie in *Cyber-Rag*-Zeiten auf einer Elektronikmesse kennengelernt hatte, verkaufte seine Firma an Microsoft; von dem plötzlichen Überfluss investierte er so viel Geld in Jaime, das sie ihr eigenes Unternehmen gründen konnte, das sie nach einem ihrer späten Disketten-Magazine benannte. Electronic Hollywood war ein »Produktionsstudio für das Internet«, sagt sie selbst, eine Multimedia-Agentur, die für den Höchstbietenden interaktive Webprojekte, Videoinhalte und Animationen produzierte.[75] Das Unternehmen war nicht groß, aber das Büro war ein digitaler Kibbuz, ein Coworking-Space, lange bevor es diesen Begriff überhaupt gab. Wenn Kunden hereinkamen, sahen sie um die 20 verrückte Leute im Konferenzraum sitzen – Freunde, die dort Schreibtische gemietet hatten und bei Programmierung oder Design einsprangen, wenn Jaime Unterstützung brauchte. Das Büro war nur Schein, aber es funktionierte.*

Für Jaime und die Early True Believers funktionierten solche Täuschungsmanöver immer, weil man die objektive Wirklichkeit ihrer Branche unmöglich genau bestimmen konnte. Silicon Valley mit den Chipschiebern lag auf der anderen Seite des Landes und hier war man ein Guru, wenn man sich mit HTML auskannte, und Unternehmenskunden, die bereit waren, gutes Geld zu bezahlen, damit ihnen jemand das Web erklärte, gab es genug. Bei einer »Silicon Alley Talent Show« in der Webster Hall im Jahr 1998, bei der einige Early True Believers auftraten, um Geld für neue Webprojekte zu sammeln, beschrieb Jaime dieses Geschäft in einem Rap:[76]

Back in the day when new media was new
I could bullshit my employer 'cuz no one had a clue
I was making ezines on my Mac II
I was totally wired, not like the rest of you…
I'm the biggest bitch in Silicon Alley
I'm better than the nerds in Silicon Valley
Bill Gates calls me up when he needs advice
'Cuz I'm Jaime Levy and I'm cold as ice…
Now I'm a CEO running the show
I said: now I'm a super HO running the show
Now I'm just waiting for that big IPO

---

* Bei Electronic Hollywood hingen damals unter anderem Genesis P-Orridge von Psychic TV ab, der im Dateline-Film ein Cameo hat, Clay Shirky und »Tanya«, an deren Nachnamen sich Jaime nicht mehr erinnert, aber sie ist sich ziemlich sicher, dass sie im Virtual-Dildo-Geschäft war.

(Etwa:

Damals, als die neuen Medien noch neu waren
Konnte ich meinem Auftraggeber alles erzählen, weil keiner Ahnung hatte
Ich erstellte E-Zines auf meinem Mac II
Ich war total schräg drauf, nicht wie der Rest von euch…
Ich bin die größte Bitch in der Silicon Alley
Ich bin besser als die Nerds im Silicon Valley
Bill Gates holt sich bei mir Rat
Weil ich Jaime Levy und eiskalt bin…
Jetzt bin ich CEO und am Ruder
Ich sage: Jetzt bin ich ein Super-Chef und am Ruder
Jetzt warte ich nur auf den großen Börsengang)

Wenig später hielt sie niedergeschlagen ihren Vortrag an der NYU. In weniger als einem Jahr war aus der prahlenden Chefin eine deprimierte Start-up-Gründerin geworden. In der Silicon Alley waren letztendlich nicht einmal die größten Bitches vor dem Markt gefeit.

Aber wie gibt man in einem Jahr eine halbe Million Dollar aus? Man fängt mit 500 000 Dollar Risikokapital an. Man stellt den eigenen Bruder ein. Man stellt den Ex-Freund ein. Man unterschreibt einen 5-Jahres-Mietvertrag für Büroräume mit einer T1-Leitung – einer teuren Highspeed-Internetverbindung. Man stellt Freunde ein. Man vermietet Schreibtische in den Büroräumen billig an weitere Freunde, die dann im Gegenzug hier und da bei Projekten aushelfen. Jedes andere Start-up in der Silicon Alley arbeitete auf einen großen Börsengang hin oder erstellt Websites für Banken, aber man selbst konzentriert sich auf Content. Nebenbei macht man noch ein paar kommerzielle Projekte, erstellt interaktives Spielzeug für Firmen wie Kraft, Tommy Hilfiger und Bounty. Aber die eigentliche Arbeit steckt man in sein Lieblingsprojekt, von dem man glaubt, dass es einen aus der Tech-Blase ziehen wird: eine Flash-Cartoonserie mit 16 Folgen. Weil man früher eine tolle Party unter demselben Namen veranstaltet hat, nennt man die Serie *CyberSlacker*.

Die Serie ist ein halb autobiografischer Cartoon über eine Hackerin aus dem East Village. In dreiminütigen Episoden erzählt er die Abenteuer einer wasserstoffblonden Misanthropin namens Jaime – »aber online heiße ich CyberSlacker« – in der surrealen New Yorker Tech-Szene. In einer Episode versucht CyberSlacker einen Job als Programmiererin zu bekommen. Zuerst ruft sie bei IBM an, wo Jaime 1993 ein Jahr lang gearbeitet hatte, aber der ängstliche Nerd am anderen Ende der Leitung ist ihr unheimlich. Als nächstes versucht sie es bei MTV, wo ein Typ mit abstehenden Haaren ans Telefon geht: »Willkommen bei der funkelnagelneuen Abteilung für Onlinemedien bei MTV. Hast du Lust auf Party?«[77] Schließlich versucht sie es bei einer Webentwicklerfirma namens Blowfish, ein kaum verschleierter Verweis auf das Überflieger-Start-up Razorfish. »Ich suche nach einem Job, wo die Leute normal sind«, sagte sie der Sekretärin. »Wo nicht jeder auf einem trendigen Silicon-Alley-neue-Medien-Trip ist.«

Den Off-Ton für *CyberSlacker* sprach Jaime selbst ein und die Serie bezieht sich so speziell auf die New Yorker Tech-Community der späten 90er, dass sie für Leute wie mich zu einem Referenzwerk geworden ist. Bei Blowfish laufen auf einer Leuchtanzeige an der Wand die Börsenkurse durch, und sogar die Rezeptionistin schwärmt vom vielen Geld, während sie online nach einer Immobilie sucht. Im Büro tragen alle schwarze Rollkragenpullover à la Steve Jobs. Der CEO leiert Internet-Schlagwörter herunter. Er hält ihr ein Glas mit der »Geheimsauce« der Firma unter die Nase: Das sei »eine wegweisende, lösungsorientierte und umfassende Blowfish-Erfindung, mit dem sich das Internet aufpeppen lässt«, sagt er. Aber CyberSlacker erkennt, dass der Kaiser keine Kleider trägt. Sie entgegnet: »Es sieht aus wie ein Glas Salsa auf einem alten Palm Pilot.« Sie wirft die Geheimsauce auf den Boden und setzt zu einer antikapitalistischen Wutrede an.[78]

Die Early True Believers empfanden die Fixierung der Alley aufs Geldverdienen zunehmend auf einer spirituellen Ebene als anstößig. Nachdem Jaime ihren eigenen Anfall von Unternehmereifer überwunden hatte, vertraute sie niemandem mehr, der sich für das schnelle Geld und gegen interessante Arbeit entschied. Im Jahr 1993 lehnte sie einen Drittelanteil an Razorfish ab. Das Unternehmen ging im Jahr 1999 mit einem Wert von 1,8 Milliarden US-Dollar an die Börse und beschäftigte in 15 Niederlassungen weltweit fast 2000 Mitarbeiter.[79] Razorfish konnte bei Aufträgen so wählerisch sein, dass schon einmal *Kunden* gefeuert wurden, weil sie nicht cool genug waren, um von der Agentur vertreten zu werden.[80] Der Firmenslogan lautete: »Alles, was digitalisiert werden kann, wird digitalisiert werden.«

Für Electronic Hollywood lief es nicht so gut. Die Betriebskosten waren zu hoch, und Jaime merkte schnell, dass sie besser keine Freunde eingestellt hätte. Am Ende musste sie ihren eigenen Bruder entlassen, der extra von der Westküste nach New York gezogen war, um für sie zu arbeiten. Ihr Ex informierte den Investor von Electronic Hollywood, sie rauche im Büro Pot. »Alle kündigten oder wandten sich gegen mich«, sagt sie. »Wir haben fast das ganze Geld das Klo runtergespült.«[81] Aber Jaime hoffte immer noch, dass CyberSlacker ihre Fahrkarte aus dem aktuellen Trip der Alley hinaus werden würde. Sie wollte etwas vorzuweisen haben für all das Geld. Sie war überzeugt, dass sie CyberSlacker ins Fernsehen bringen konnte. In der Echokammer der Alley stopfte sich Jaime die Finger in die Ohren und suchte nach dem Ausgang.

Keine Prise Mitleid für die verdammten Cyberkids

Jaime hatte nie ihren großen Börsengang und der CyberSlacker-Cartoon schaffte es nie ins Fernsehen. Zu ihrem großen Pech hatte Jaime ihr Unternehmen am Vorabend des großen Börsencrashs gegründet. Kurz nach ihrem Rap, sie sei »die größte Bitch in der Silicon Alley«, fühlte Jaime, dass sich der Wind drehte. »Die Krise war absehbar«, erinnert sie sich. »Es war schon zu viele Jahre zu viel Geld im Umlauf, aber kein Businessmodell, kein Return on Investment.«[82] Ende März 2001 listete die Finanzzeitung *Barron's* in einem Artikel 200 Internetfirmen auf, denen das Geld ausging, und innerhalb eines Monats verlor der Markt bis zu 300 Punkte täglich.[83] Am 12. März 2001 fiel der NASDAQ unter 2000 Punkte, fast genau ein Jahr nach seinem Allzeithoch bei 5048.[84]

Das Cover des *Silicon Alley Reporter* in jenem Monat sprach Bände: ein schwarzweißes Foto der Hindenburg, die in Flammen aufgeht. Die Party war definitiv vorbei. »Innerhalb von zwei Monaten feuerte jeder jeden«, sagt Jaime.[85] Der Live-Streaming-Dienst Pseudo, der Josh Harris' üppige Partys finanziert hatte, machte dicht und entließ 175 Mitarbeiter blinzelnd ins Tageslicht; ein ehemaliger Artdirector wurde in der *New York Times* so zitiert: »Wir fraßen aus dem Trog der Risikokapitalistenschweine … jetzt kriechen wir zurück zum Hundenapf der Industrie.«[86] Der Webdesignagentur Razorfish, die Jaime in ihrem CyberSlacker-Cartoon karikiert hatte, ging es nicht besser: Als die Aktien der Firma aus dem NASDAQ zu fliegen drohten, enthob Razorfish seine Gründer ihrer Ämter,[87] und ein Soziologe, der im Jahr 2001 die Niederlassung in Soho besuchte, verglich sie mit »einem dieser Grabmäler der chinesischen Kaiser«, mit Hunderten leeren Bürostühlen, die ihn an die »Reihen von Terrakottakriegern« erinnerten.[88]

Auch bei Electronic Hollywood leerten sich die Ränge, bis nur noch Jaime und ihre Büroleiterin Maria übrig waren. Ihr größter Vermögenswert war das Büro selbst. Der Mietvertrag lief noch über weitere sechs Monate, und Jaime brauchte die 20 000 Dollar Kaution zurück, wenn sie überhaupt eine Chance haben wollte, den Crash zu überstehen. Sie warf die Cyberpunks, die das Büro besetzt hatten, hinaus, zog mit Electronic Hollywood in ein kleines Hinterzimmer und vermietete den Rest des Gebäudes. »Das ist unsere Strategie für die nächsten sechs Monate«, sagten sie sich. »Einfach überleben. Mehr als diesen kleinen Raum brauchen wir nicht.«[89] Aber sie hatten keine Aufträge, Jaime war ausgebrannt und Electronic Hollywood hatte nur noch einen einzigen Kunden. Sie und Maria beschlossen bis zum Ende des Mietvertrags durchzuhalten und dann mit Würde weiterzuziehen.

Das Geld war nie real gewesen und war es nun auch in Wirklichkeit nicht mehr. Der Crash hatte aus Aktien im Wert von vielen Millionen Dollar wertloses Papier gemacht; die großen Webdesignfirmen, Razorfish und Agency, büßten 90 Prozent ihres Wertes ein, nachdem Investoren erkannten, dass eine Website zu haben nicht automatisch auch ein Geschäftsmodell bedeutete. Alle Firmen, die mit dem Web Geld verdienten oder Content fürs Internet erstellten, kämpften ums Überleben.

Marisa Bowe sah den Crash schon lange heraufziehen. Sie stammte aus dem mittleren Westen und hatte dort den Zusammenbruch der

Stahlindustrie erlebt. Für sie war es gerade deswegen so aufregend, Teil der atemlosen Atmosphäre in der Blase zu sein, weil sie wusste, dass sie irgendwann platzen würde – sie erlebte Geschichte, während sie geschah. Ihre beiden Lieblingsromane, Guy de Maupassants *Bel-Ami* und Honoré de Balzacs *Verlorene Illusionen* spielen in der französischen Belle Époque, und einen solchen Wahnwitz selbst zu erleben empfand sie als Glücksfall. »Normalerweise würde jemand wie ich über so etwas nur in der Zeitung lesen«, sagt sie. »Aber durch eine seltsame Kombination verschiedener Umstände *kenne* ich tatsächlich Menschen, die reich geworden sind, und das so hautnah zu erleben war so, als wäre ich in einem dieser Romane gelandet, die ich so sehr mochte. Es war einfach unglaublich.«[90]

Jaime Levy nahm es nicht so leicht. Der Crash bedeutete einen harten Schlussstrich unter ihr Leben voller Trubel, Bombast und kreativem Unternehmertum. Als die Alley fiel, riss sie die Community mit sich, auf der Jaimes Ruf gründete. Die Printmedien, die die Dot-Com-Kids mit aufgeregten Porträts zu Ruhm verholfen hatten, fingen sie nicht auf, als sie abstürzten. Die negativen Auswirkungen waren fatal. Die großen Worte, die Partys und der Prunk, die den Boom so aufregend gemacht hatten, wirkten plötzlich maßlos – und die Early True Believers mit ihrem schnellen Geld und den Versprechen einer grenzenlosen Zukunft der Information wirkten wie Scharlatane.

Und dann kam, wie ein Schlag in die Magengrube, der 11. September.

Manche Leute glauben, der 11. September sei nur ein Tag gewesen. »Das ist Quatsch«, sagt Jaime. »Das war ein ganzes *Jahr*, jeder einzelne Tag, an dem ich aus meiner Wohnung im East Village kam und eine Familie sah, die Zettel aufhängte: ›Haben Sie meine Mama gesehen?‹« Es gab »jeden Tag Todesanzeigen, die Leute liefen mit Gasmasken herum«.[91] Das realitätsverändernde Ausmaß der Angriffe ließ nicht nur Jaimes Probleme irrelevant wirken – es machte sie bedeutungslos, ja, es wirkte jetzt sogar herzlos, mit solchen Problemen anzukommen. »Keine Prise Mitleid für die verdammten Cyberkids, die plötzlich kein Geld mehr für verdammte Sushi-Partys bekommen«, sagt sie. »3000 Menschen haben ihr Leben verloren, auch Feuerwehrleute, und die Stadt ist in Rauch gehüllt.«[92] Einen größeren Augenöffner konnte es nicht geben.

Ein Historiker schrieb, der Einsturz der größten Monumente der Stadt »nach dem Zusammenbruch ihrer größten Illusionen hatte etwas Mythisches«.[93] Der Angriff zerschmetterte die Seele von New York und vergiftete jene, die sich aufmachten, um den Hilflosen zu helfen. Er beschädigte fast 2,7 Millionen Quadratmeter Bürofläche, kostete 138 000 Jobs und stürzte die Wirtschaft der Stadt ins Chaos – im Jahr 2003 war die Arbeitslosenquote in New York auf Schwindel erregende 9,3 Prozent gestiegen.[94] Für viele war es eindeutig das Ende. Mit 34 Jahren verabschiedete sich Jaime von Electronic Hollywood und zog zurück nach Los Angeles. Sie zog in ein Apartment in Silverlake und kaufte sich ein Auto. Ein Neustart. Der Gestank des Crashs lag auf ihr, und wenn sie sich für einen Job bewarb, verschwieg sie in ihrem Lebenslauf, dass sie CEO eines Dot-Com-Unternehmens gewesen war. Sie behauptete stattdessen, sie sei Front-End-Entwicklerin in ihrer eigenen Firma gewesen.

Das sanfte Echo des Booms

Als sich das Fischmehlunternehmen Zapata erst einmal dazu entschlossen hatte, kam das Ende von *Word* sehr schnell. Niemand hatte die Zeit, irgendetwas zu sichern. Jaime hatte bei ihrem letzten Besuch im Gebäude ein Backup geklaut, aber »ich betrank mich und ließ es in der U-Bahn liegen«.[95] Marisa sah es eher spirituell: »Für mich war es wie eines von diesen Sandmandalas, das Mönche herstellen«, sagt sie. »Sie arbeiten Tage und Wochen daran, damit es perfekt wird, und dann bläst der Wind es einfach davon.«[96]

Eine Website sollte nie auf ein dauerhaftes Bestehen hoffen. Wenn sie nicht gepflegt wird, verschwindet sie Stück für Stück. Im World Wide Web führen Links plötzlich ins Leere – eine Folge des unidirektionalen Designs von Hypertext –, Bilder verschwinden, und jede interessante URL, an der man nicht eisern festhält, hat kaum Überlebenschancen. Aus diesem Grund findet man heute unter der Adresse word.com ein Wörterbuch und kein Magazin. Und für eine reale Gedenkstätte ist die Immobilie viel zu wertvoll.

Die frühen Web-Publikationen wurden erst durch neue Magazine ersetzt, dann durch persönliche Blogs und schließlich durch die

Social-Media-Plattformen, die zu einer Mischung aus Magazin und Community wurden, indem sie die Community an Werbekunden verkauften. Mit den Publikationen verschwanden auch die hart erarbeiteten Triumphe im neuen Medium, die die Geschäftsleute aus der Alley schon in den 90ern »Content« nannten. Die Herausgeber von Suck.com, einer Konkurrenzpublikation zu *Word,* schrieben im Jahr 2001, als ein weiteres Onlinemagazin vom Bildschirm verschwand: »Wir glaubten, am Ende würde nach all diesen Mühen etwas bleiben … irgendetwas, nicht nur eine Krakatau-Erinnerung, deren Echo sich über einen Ozean ausbreitet, von dem wir erst langsam erkannten, wie klein er tatsächlich war.«[97]

Der Crash demontierte nicht nur eine ganze Branche. Er riss auch die Generation der Kreativen mit sich, die wundersamerweise das hatten tun können, was sie liebten, und ganz nebenbei die kulturellen Parameter und interaktiven Möglichkeiten des Webs definierten. Das Geld überlebte – in irgendeiner Form tut es das immer. Aber die Artefakte der Kultur, die es für kurze Zeit ermöglichte, sind schwerer aufzuspüren, insbesondere ohne Landkarte.

Nun kann man sich fragen, warum sich irgendjemand für diese Krakatau-Erinnerungen interessieren sollte. *Word* ist inzwischen weit länger offline als es je online war. Jaime Levys Disketten liegen irgendwo bei ihr zu Hause herum, aber sie hofft, sie wiederherstellen und eines Tages in einem Museum ausstellen zu können. Echo ist im Zeitalter der großen sozialen Medien ein Anachronismus und heute die kleinste Eckkneipe im Internet. Diese Orte, die von aufgeweckten Gläubigen erstellt wurden, von Frauen, die von Anfang an dabei waren und keinen Cent für ihre Mühen bekommen haben, sind ebenso wichtig wie die Vermögen, die bei den fieberhaften Spekulationen verdient und wieder verloren wurden, die die akademische Tauschbörse, die das Web einmal war, zu dem schlagenden ökonomischen und kulturellen Herz unserer Welt gemacht haben, das es heute ist.

Wir sollten uns für diese frühen Onlinecommunitys und -publikationen ebenso interessieren wie für ihre Archive, weil sich das Medium dort selbst offenbart hat. Die Finanzwetten, die nebenbei abgeschlossen wurden, bleiben wegen ihrer düsteren Nachwirkungen auf die Wirtschaft in Erinnerung. Aber noch etwas klingt bis heute nach, auch wenn der Nachhall immer schwächer wird: Die Beiträge jener Menschen, die das Potenzial des Webs von Anfang an erkannten. Denn die eigentliche Aufgabe des Internets besteht darin, Datenpakete von einem Ort zum anderen zu transportieren, ohne einem davon Priorität vor anderen zu geben. Unsere Aufgabe ist es, die bestmöglichen Datenpakete zu erschaffen. Damit sie der Technologie würdig sind.

Marisa Bowe hat großartige Datenpakete erstellt, gemeinsam mit ihrer Freundin Jaime Levy. Sie nutzten das Web als das, was es war: interaktiv, selbstgemacht, menschlich, witzig. Stacy Horn hatte größtes Vergnügen dabei, ihre Server mit Stimmen zu füllen. Sie half Menschen, vor allem Frauen, online zu gehen. Sie und ihre Echo-Moderatoren brachten sich selbst bei, wie sie mit der Menge umzugehen hatten und sicherstellen konnten, dass jeder gehört wurde, und sie beschäftigten sich mit Fragen wie Gender, Datenschutz und Verantwortung im Internet, die wir zum Teil bis heute nicht beantwortet haben. Keine von ihnen ist reich geworden, und viel von dem, was sie aufgebaut haben, hat die langsame Erosion des Web ausgelöscht, wie *Word,* oder ist vom Web abgeschottet, wie Echo, oder ist auf Datenträgern veröffentlicht, auf die heute nur noch digitale Archivare zugreifen können, wie Jaimes Disketten-Magazine.

Das macht es schwer, sich an ihre Errungenschaften zu erinnern, ganz ähnlich wie bei den Programmen, die Frauenhände im Keller des Kriegsschauplatzes eine Generation zuvor zusammengesteckt haben, oder wie die Hypertextsysteme, die ebenso wichtig hätten werden können wie das Web, wenn sie nur in größerem Maßstab implementiert worden wären. All das existiert in fließenden Konfigurationen von Zeit, Beziehungen und Klicks. All das existiert in Beziehung mit den hässlichsten Dingen auf dieser Welt: den Flugbahnen von Bomben, dem krampfhaften Streben nach Reichtum. Doch all diese Arbeiten sind Artefakte, so wie das Web ein dynamisches Artefakt ist, ein endloses Gespräch, das sich selbst im sanften Echo des Booms immer wieder überschreibt.

KAPITEL ZWÖLF

WOMEN.COM

Die Dot-Com-Blase begann sich mit den ersten Homepages und Web-Magazinen aufzublähen und platzte erst, als das Web im Mainstream angekommen war, kurz vor dem 11. September 2001. In diesen acht Jahren wurde aus einem vernetzten Hypertextsystem für Teilchenphysiker durch einen fieberhaften Schub kultureller Aktivität, wie ihn die Welt noch nicht gesehen hatte, die Klatsch-und-Tratsch-Seite, Galerie für multimediale Kunst und Bücherei eben dieser Welt. Das Internet war nun nicht mehr das Reich der Informatiker, Akademiker, Studenten und vereinzelter überarbeiteter Bibliothekare. Es war ein populäres Medium, ebenso transformativ wie das Fernsehen und sehr viel intimer, weil es grundverschiedene Fremde auf persönlicher Ebene miteinander in Verbindung brachte.

Während die erste Generation aus Künstlern, Programmierern, Autoren und Nabelschauern dem globalen Kommunikationsnetzwerk Bedeutung entlockten, geschah jedoch noch etwas anderes: Das Internet wurde ein kommerzielles Medium. Als die Internetunternehmen ihr Geschäftsmodell gefunden und entdeckt hatten, wie sich Kreditkartendaten sicher verarbeiten ließen, verwandelten sich Klicks in Dollars und ermöglichten den Aufstieg einiger der einflussreichsten Unternehmen der Welt, die inzwischen Giganten in Vertrieb, Medien und sogar Raumfahrt geworden sind.

Die Kommerzialisierung hat das Web für immer verändert. Sie prägte unwiderruflich, welche Art von Websites entstanden und welche Art von Content dort dargestellt wurde: weniger »mein Name ist Lisa und das ist mein Hund« und mehr Haustiere.com. Echo blieb Community-zentriert, indem es Geld für seine Dienstleistungen verlangte. Die meisten sozialen Plattformen und Content-Websites verdienen heute im Internet – und inzwischen auch in sozialen Apps – ihr Geld damit, dass sie aus ihren Usern Produkte machen, indem sie demografische Daten und zielgruppengenaue Werbeflächen an Anzeigenkunden verkaufen. Websites aus der Dot-Com-Blase, wie *Word*, die auf der Welle an neuem Geld mitschwammen, mussten ohne einen langfristigen Businessplan ihre Arbeit einstellen. Aber andere Websites, die bereitwillig herkömmliche Modelle der Medienwerbung anwendeten, waren eine Zeitlang erfolgreich.

Nur wenige von ihnen haben eine anschaulichere Geschichte als women.com. Es ist die Geschichte einer feministischen Graswurzel-Community, der ersten expliziten Anlaufstelle für Frauen im Web, die zu einem der spektakulärsten Medienunternehmen der Dot-Com-Jahre heranwuchs, und sie umfasst ein Jahrzehnt, zwei Küsten und die dramatischen Übergangsjahre des Internets. Dabei wurde sie zu einem Symbol: Zunächst als Aktie, dann als warnendes Beispiel und schließlich als Avatar für die Seele des Webs.

Women's WIRE

Die Geschichte beginnt an der Westküste der Vereinigten Staaten mit der ehemaligen Kommunardin Nancy Rhine, die ihre Hippie-Wurzeln abgelegt und online bei THE WELL ein neues Zuhause gefunden hatte. In den frühen 90ern erreichte ihre Frustration mit dem BBS-Männerklub einen Höhepunkt. In der Frauen-Konferenz von THE WELL erzählte sie nun, sie wolle »eine Onlinecommunity ins Leben rufen, die sich auf die Interessen von Frauen konzentriert: Frauenspezifische Gesundheitsthemen, Infos über staatliche Kredite für von Frauen geführte Unternehmen, Mutterschaft und vieles mehr. Weil wir uns für alles interessieren.«[1]

In dieser Konferenz lernte sie die New Yorkerin Ellen Pack kennen, die einen College-Abschluss in Wirtschaft und finanzielle Rücklagen hatte. Ellen war mit einem Startup nach Palo Alto gekommen und hatte sich im Silicon Valley niedergelassen. Nancy lebte in Marin, an der entgegengesetzten

Seite der techno-sozialen Welt des Großraums San Francisco, aber sie waren sich einig, dass Frauen eine eigene Ecke des Internets verdient hatten.

Zu der Zeit gab es bereits frauenspezifische Onlineräume, aber sie waren recht schwer zugänglich, wie zum Beispiel die WIT-Konferenz bei Echo, in die man nur auf Einladung kam, und die ähnliche Konferenz bei THE WELL, wo Nancy und Ellen sich kennengelernt hatten. Frauen machten damals nur einen sehr kleinen Anteil der Internetnutzer aus. Ellen und Nancy waren überzeugt, dass sie nur auf die richtige Gelegenheit warteten, um online zu gehen, auf die richtige Nummer, die sie wählen konnten. Ihr Netzwerk, das Women's Information Resource Exchange oder kurz WIRE – das nach einem Rechtsstreit mit dem WIRED-Magazin in Women's WIRE umbenannt wurde –, ging im Oktober 1993 mit 500 Gründungsmitgliedern an den Start und wurde der erste kommerzielle Onlinedienst, der sich ausdrücklich an Frauen richtete.

Sie gestalteten es so zugänglich wie möglich. Women's WIRE setzte auf eine relativ nutzerfreundliche BBS-Software namens First Class, mit einer grafischen Benutzeroberfläche und einer Befehlseingabe in normalem Englisch. Neue Nutzerinnen wurden per Postsendung angesprochen: die Broschüre von Women's Wire, voller Renaissance-Bilder von Wassernymphen, ermunterte Frauen, sich anzumelden und »in Sekundenschnelle auf Informationen und Hilfsquellen zuzugreifen, neue Heldinnen zu entdecken, Ihre Geschichte zu erzählen, Ihren Frust loszuwerden, Rat zu bekommen, kurz … miteinander in Verbindung zu treten.«[2] Auf Anforderung bekamen sie als Starterkit eine Diskette und einige nicht herablassende Informationen, wie sie ihr Modem einrichten mussten, und sie konnten jederzeit den Kundensupport von Women's WIRE – selbstverständlich alles Frauen – anrufen, wenn bei Ordnernahmen, Baudraten oder Speicherkapazität etwas unverständlich war.

Nancy und Ellen bekamen umgehend die Aufmerksamkeit der Medien für ihr Projekt. »Wir bekamen schon am ersten Tag einen Artikel in der oberen Hälfte der Titelseite bei der Merc« – der *San Jose Mercury News*, der Tageszeitung im Silicon Valley –, erinnert sich Ellen. »Die Schlagzeile ging in die Richtung: FRAUEN WOLLEN EINE ONLINEWELT ERRICHTEN, DIE LANGWEILER UND ONLINE-WEIBERHELDEN

AUSSCHLIESST«.[3] Ellen war entsetzt. »Ich war am Boden zerstört«, sagt sie. »Ich dachte mir: ›Oh, mein Gott, sie haben völlig missverstanden, warum wir das aufgebaut haben.‹« Nancy und Ellen hatten ihr Frauennetzwerk als sicheren Ort für unsichere Online-Neulinge eingerichtet. Es sollte keine Festung sein, die Raufbolde aussperren sollte – oder gar *Online-Weiberhelden.* Das Netzwerk richtete sich noch nicht einmal gegen Männer: Am Ende waren zehn Prozent der Nutzer von Women's WIRE männlich. »Es war eher ein positiver Ort«, sagt Ellen. »Wir brauchten keine geschützte Insel, wir dachten eher, verdammter Mist, wir könnten so viel damit anfangen. Lass uns das hier machen.«[4]

Die Nutzerinnen von Women's WIRE erkannten schnell, wie nützlich der direkte Zugang zu einer Gemeinschaft von Frauen war. Der Dienst bot Informationen zu Hilfsmöglichkeiten bei häuslicher Gewalt, Kontaktdaten der weiblichen Kongressabgeordneten, ein Verzeichnis der Finanzhilfen für Bildung, professionelle Organisationen und frauengeführte Unternehmen sowie Transkripte der Reden der damaligen First Lady Hillary Clinton.[5] In öffentlichen Foren erteilten sich Nutzerinnen gegenseitig Ratschläge – keine »wie man es machen soll«-Tipps von exklusiven Experten oder Zeitschriften, sondern persönliche »wie ich es gemacht habe«-Geschichten, wie man sie heute überall in Support-Foren findet. Im Jahr 1994 wurde bekannt, dass Clintons Gesundheitsplan Geburtshilfe und Gynäkologen nicht zur Grundversorgung zählte. Daraufhin schlugen zwei Nutzerinnen von Women's WIRE Alarm und organisierten einen »Telefonangriff auf das Weiße Haus«.[6] Drei Tage später posteten sie eine Siegesnachricht – es hatte funktioniert. 20 Jahre vor dem Klicktivismus in den Sozialen Medien organisierten Abonnentinnen von Women's WIRE eine Onlinecommunity, die eine echte Veränderung bewirkte.

Women's WIRE hatte ein Büro im zweiten Stock eines Hauses im Arbeiterviertel im südlichen San Francisco, zwischen Marin und Palo Alto. Alle Mitarbeiter waren Frauen: Da waren Phyllis, die abtrünnige Mormonin, die für die IT zuständig war; Roz, die später buddhistische Priesterin wurde; Susan mit einem Doktortitel in Linguistik. Nancy veranstaltete persönliche Nutzer-Meetups im Gemeinschaftsbereich, und wenn die Medien anklopften, posierten Ellen und Nancy für Fotos in den gelbbraunen Hügeln über Süd-San-Francisco, hielten sich aneinander fest, während ihr Haar im rastlosen Wind flatterte und die hohen Gräser sich seitwärts Richtung Meer neigten.

Trotz ihrer gemeinsamen Ziele hätten Nancy und Ellen nicht unterschiedlicher sein können. Nancy war 20 Jahre älter als Ellen, tief im Community Building verwurzelt, on- wie offline, und geprägt von der typischen Eigenständigkeit der Hippies und der Sensibilisierungskultur der zweiten Welle des Feminismus. Diese Werte zeigten sich daran, dass im ursprünglichen Systemindex von Women's WIRE auch Informationen über Abtreibungen vorgesehen waren, über Programme zur Frauenforschung und lesbische Elternschaft sowie direkte Links zu Gruppen wie dem Boston Women's Health Book Collective und der National Organization for Women (NOW), der größten feministischen Organisation der USA. Für sie war Women's WIRE ein radikales Netzwerk, ein selbst organisierter Raum für eine feministische Gemeinschaft, zu der zufällig auch ein paar Männer gehörten. Sie stellte sich ein Netzwerk aus Stimmen vor, geerdet von den Gründungsmitgliedern, die »Diversität fördern« sollten …, »Menschen, die etwas beizutragen haben, persönlich, intellektuell oder durch ihr Mitwirken«.[7]

»Mir gefiel der Community-Teil, wo man nützliche Informationen austauschte«, erinnert sich Ellen. «Aber für mich war die Gemeinschaft kein reiner Selbstzweck.«[8] Sie vertrat eine neue Generation unternehmerisch denkender Feministinnen, die Firmenleitung fest im Blick. Als Nutzerin interessierte sie sich mehr für reine Fakten; sie erwartete Antworten von Newsgroups und Datenbanken, und nicht durch die weniger präzisen persönlichen Anekdoten. Als Folge gab es bei Women's WIRE zwei verschiedene Pole: die *Informationsressource* und den *Informationsaustausch.* Das Gleichgewicht zwischen diesen beiden Prioritäten war nicht leicht zu halten. Die Pressesprecherin von Women's WIRE, Naomi Pearce, erinnert sich, dass ständig über das Wesen des Mediums diskutiert wurde. »Wir hatten diese große Debatte über die Frage: Geht es im Internet um Information oder um Gemeinschaft? Und ich sehe mir den ganzen Streit an und denke, oh Mann, beides. Wenn ein Entweder-Oder-Streit eine gewisse Intensität erreicht, dann weist allein diese Tatsache darauf hin, dass die richtige Antwort ›*und*‹ lautet.«[9]

Für 15 Dollar im Monat und eine Verbindungsgebühr auf Stundenbasis bekamen die Abonnentinnen von Women's WIRE beides: Es gab tägliche Schlagzeilen und Newsgroups, aber den Nutzerinnen standen auch E-Mails zur Verfügung, Ressourcen von Frauenorganisationen und Sonderbereiche, in denen es um »die weibliche Seite der Geschichte« ging, um Finanzen, Technologie, Elternschaft und Bildung sowie weitere Themen, die für Frauen interessant waren. Das Hauptforum »Hangout«, das Neulinge in die laufenden Diskussionen bei Women's WIRE einführte, wurde zum großen Traffic-Magneten. »Ich hatte früher den Eindruck, dass Frauen, die zu Hause bleiben und ihre Kinder erziehen, wirklich isoliert sind«, sagt Nancy. »Wo sind die Handarbeitskränzchen? Wo ist die Agora? Wo ist der Marktplatz, auf dem sich alle treffen?«[10] Sie beobachtete die Gespräche und beglückwünschte sich selbst zu ihrem Instinkt: Wie sie erwartet und gehofft hatte, hatten sich die Handarbeitskränzchen auf den Bildschirm verlagert.

Viele Internetpioniere glaubten, die Onlinediskussionen würden die Unterschiede zwischen den Menschen glätten. Immerhin haben bisher nur wenige Technologien so radikal die Worte vom Fleisch geteilt wie das Internet. Vielleicht würden Computerforen eine »Zivilisation des Geistes« begründen. Ein Vertreter dieser Theorie verkündete gar, dort sei endlich ein Ort, wo ethnische Herkunft, Geschlecht, Fähigkeiten und soziale Schicht keine Bedeutung mehr haben. Die Wahrheit sah allerdings anders aus. Wie Stacy Horn in den frühen Jahren von Echo erfuhr, brachten die Menschen alles mit in den Cyberspace: ihre soziale Konditionierung, ihre hart erkämpften Wahrheiten und all ihr Gepäck.

Das bewies auch Women's WIRE als ein seltenes Beispiel für einen weiblich dominierten Cyberspace. The WELL war eine gesetzfreie Zone für intellektuelle Spaßvögel, ein Wilder Westen, der Teilnehmer belohnte, die zu ihren Worten und ihren Meinungen standen. Im Vergleich dazu fühlte sich Women's WIRE wie ein anderes Land an. Durch die umgekehrte Geschlechterverteilung – 90 Prozent weiblich, 10 Prozent männlich – war der Umgangston weitgehend respektvoll und unterstützend. Bei The WELL »produzierten sich eine Menge Alpha-Männer«, sagt Nancy.[11] Bei Women's WIRE hingegen waren die Frauen »so höflich und nett zueinander, dass wir manchmal für etwas Unruhe sorgen mussten, damit eine interessante Unterhaltung in Gang kam.«[12]

Arbeiten auf einer Rakete

Im Jahr 1994 stand Women's WIRE vor einer Richtungsentscheidung: Rhine und Pack konnten entweder hoffen, dass ihr bestehender Dienst sich selbst tragen würde, oder sie konnten ihn neu auf das World Wide Web ausrichten.

Damals war das keine so offensichtliche Entscheidung, wie es rückblickend wirkt. Das Web war eindeutig wichtig, aber es war noch ein Risiko. Wenn sie sich dort einen neuen Platz erobern wollten, mussten sie die Tausenden zahlender Abonnentinnen aufgeben, die sie bereits hatten. Und in Zeiten der Einwahl-Modems war Women's WIRE ausschließlich ihren Abonnentinnen gegenüber verpflichtet. Nancy erklärt mir, vor dem Web sei es möglich gewesen, gleichzeitig ein erfolgreiches Unternehmen und eine erfolgreiche Community zu leiten. Tatsächlich habe eins das andere verstärkt. »Bei dem ursprünglichen Modell war wichtig, wie lange die Leute online bleiben«, sagt sie. »Man wollte eine Community, weil durch sie die Leute mehr Zeit im Netz verbrachten.«[13] Bemerkenswerterweise arbeiten auch die heutigen Giganten der Sozialen Medien nach diesem Prinzip, wenn auch in sehr viel größerem Maßstab. Im Jahr 2010 führte Facebook die privaten Gruppen ein, um aus den tiefgreifenden Bindungen in Onlinecommunitys mit speziellen Themen Kapital zu schlagen, die heute entscheidend zur Nutzerbindung bei der Plattform beitragen. Die Zeitschrift *New York* beschrieb es 2017 so: »Facebook ist gut, weil es Gemeinschaft erschafft; Gemeinschaft ist gut, weil sie Facebook ermöglicht.«[14]

In der Anfangszeit von Women's WIRE war Ellen jedoch nicht sehr geneigt, den inhärenten Wert einer Onlinecommunity anzuerkennen – so nachhaltig eine solche Community auch sein mochte, lukrativ war sie nicht. Sie war mit einem MBA im Gepäck ins Silicon Valley gekommen und betrachtete Women's WIRE als ein Start-up wie jedes andere. Sie wollte etwas Größeres aufbauen als ein Büro im zweiten Stock im Süden von San

Francisco fassen konnte. Im Jahr 1994, als das Web seinen Durchbruch erlebte, begann Ellen im Valley an Türen zu klopfen, um Risikokapital für einen Auftritt im World Wide Web einzuwerben.[15] »Ich wollte immer etwas ganz Großes daraus machen«, sagt sie mir.[16]

Bei den Pitches lernte sie Marleen McDaniel kennen, eine Branchenveteranin mit 30 Jahren Erfahrung und eine der wenigen Frauen an der Spitze der Nahrungskette im Silicon Valley. Marleen hatte sich in der Tech-Branche als sehr anpassungsfähig erwiesen: Ihre ersten Sporen hatte sie sich in den 60ern als Computer-Girl, Systemanalytikerin und Programmiererin verdient und war in den 70ern mit den Leuten von Xerox Parc herumgehangen. Eine Zeitlang arbeitete sie mit Douglas Engelbart zusammen, dem Stanford-Mentor von Jake Feinler, während sie vergeblich versuchten, sein System zu kommerzialisieren. In den 80ern wurde sie dann Angestellte Nummer 40 bei Sun Microsystems und schaffte es ganz nach oben, »als hätte ich auf einer Rakete gearbeitet«, sagt sie.[17] Als sie Ellen traf, war sie bereits an der erfolgreichen Markteinführung von mehreren hochkarätigen Start-ups beteiligt und genoss großen Respekt im Valley. Ellen schickte ihr einen Businessplan und einen Blumenstrauß.[18]

Zu der Zeit hatte Women's WIRE nicht genügend Abonnentinnen, um sich finanziell zu tragen, und Ellen hatte schon ihre gesamten Ersparnisse in das Unternehmen gesteckt. Sie und Nancy hatten Probleme, zu den Risikokapitalfirmen, mit denen sie sprachen, durchzudringen, weil die meisten potenziellen Investoren Männer waren, die die Idee eines Frauennetzwerks ziemlich kurios fanden. »Manche haben es natürlich schon verstanden«, erinnert sich Ellen. Aber bei anderen »hörte man Klassiker wie: ›Ich werde meine Frau bitten, es sich anzusehen.‹ Sie haben uns als Investitionschance nicht wirklich ernst genommen. Sie hielten uns für eine Randgruppe.«[19] Mit Marleens Unterstützung hatten sie jedoch eine Chance, dass die Investoren Women's WIRE zumindest so weit ernst nehmen würden, dass sie sich ihre Argumente anhörten.

»Für dieses Unternehmen Gelder einzuwerben war nicht einfach«, erzählt Marleen.[20] Sie glaubt nicht, dass es dabei ums Geschlecht ging: Der Businessplan von Women's WIRE war nicht auf die Zukunft gerichtet und die erstklassigen BBSs standen vor dem Aussterben. Aber die Marke hatte

Vorreiterstatus, und die Vorstellung, das Web als kommerzielles Medium zu nutzen, war immer noch reizvoll neu, und so kam Marleen als Beraterin an Bord. Sie ging mit Ellen und Nancy zu den Pitches und ihre Glaubwürdigkeit und ihr guter Ruf hatten einen unerwarteten Effekt. »Als ich endlich ein kleines, aber hochwertiges Risikokapitalunternehmen dazu überreden konnte, einzusteigen, war die Bedingung, dass ich CEO wurde«, sagt Marleen. »Das war also die erste Krise.«[21]

Marleen probiert Dinge gern als Erste aus, das Ergebnis einer Karriere, die mehrere Generationen in der Computerentwicklung umfasst. Sie wusste, dass Women's WIRE als Content-Anbieter und Serviceprovider, der mit Giganten wie AOL konkurrierte, die Millionen von Installationsdatenträgern an potenzielle neue Nutzer im ganzen Land verschicken konnten, nicht überleben konnte. Sie selbst hatte das Web zu Beginn der 90er kennengelernt und wusste, dass es die einzige Chance für Ellen und Nancy war, trotz der Risiken. »Das war der Schlüsselmoment«, sagt sie. »und falls Sie glauben, es sei einfach, ein Unternehmen aufzubauen – das ist es nicht. In dem Fall war es so, als sollten wir von einer Klippe springen, ohne zu wissen, ob unten Wasser ist.«[22] Nur eines war sicher: Women's WIRE war ab sofort kein Gemeinschaftsdienst mehr. Es war ein Medienunternehmen.

Kurze Zeit später gab Women's WIRE bekannt, dass es seinen eigenständigen Einwahldienst aufgeben und sich stattdessen darauf konzentrieren würde, eine »elektronische Zeitschrift« für Microsoft, CompuServe und das World Wide Web zu erstellen. Bei Marleens erstem großen Deal ging es darum, die Community von Women's WIRE im Verlauf mehrerer Jahre von der Plattform abzuziehen und die User aufzufordern, zum Monatsabo von CompuServe für 9,95 Dollar zu wechseln.[23] Dies ist eine Chance, eine große, vielfältige und kulturell reichhaltige Onlinecommunity für Frauen aufzubauen, schrieb sie in einer systemweiten E-Mail-Ankündigung. (»CompuServe kaufte unsere Abonnentinnen«, sagt sie heute.)[24] Während diese Veränderungen in den letzten Resten der ursprünglichen Women's-WIRE-Community Wellen schlug, verließ Nancy das Unternehmen und nahm einen guten Teil der Nutzerinnen mit. »Sie behaupten, es sei eine Partnerschaft zwischen CompuServe und Women's WIRE,« sagte eine Forumsmoderatorin über die Zwangsumsiedelung. »Aber ganz offensichtlich existiert das

Women's WIRE, bei dem ich mich angemeldet habe, schon seit mehreren Monaten nicht mehr. Das entspricht einem Wechsel von einem Gemeinschaftsmodel zum Informationsdienstleister.«[25] An Halloween 1995 wurden die alten Modemleitungen von Women's WIRE abgeschaltet.

Nancy schwieg damals, aber begeistert war sie sicher nicht. Sie gehörte zu einer Generation von Early Adopters, für die das Internet eine inhärent technologische Gemeinschaft war – für sie waren Abonnenten zuallererst Bürger und dann erst Konsumenten. Nancys klassisch egalitäre Sicht ergab für Marleen offenbar keinen Sinn: »Sie wollte das Unternehmen leiten«, sagt sie. »Sie wollte keinen CEO und keine Pyramidenstruktur … sondern so etwas wie eine Tafelrunde von Artusrittern.«[26]

Marleen schloss über das Jahr 1995 verteilt Vertriebspartnerschaften mit Unternehmen ab wie MSN, Bloomberg und Yahoo!, und sie und Ellen entließen Women's WIRE im August ins Web. Das Unternehmen bot vor allem Content an – es war mehr Zeitschrift als Nähkränzchen, ein Ort, wo Frauen *Dinge erledigen konnten,* ob sie nun die aktuellen Kurse ihrer Aktien wissen oder ihr Horoskop lesen wollten. Die Artikel, die von Angestellten oder freien Mitarbeitern bei Women's WIRE verfasst wurden, wurden neben Texte der Nachrichtenagentur Reuters gestellt und neben Foren über Themen »die von Barbie bis Bosnien reichten«, wie Ellen kurz nach dem Launch einer Journalistin sagte.[27] Im Grunde war Women's WIRE nun eine Zeitschrift. »Unser neues Geschäftsmodell basierte nun auf Seitenaufrufen und Werbung«, sagt Nancy. »Jetzt sollten die Menschen vor allem durchgeschleust werden. Wie lange sie da blieben und ob sie regelmäßig wiederkamen, war egal. Es ging nur darum, Leserzahlen zu verkaufen, wie bei einer Zeitschrift.«[28]

Auf dem Weg

Mit dem ersten Schwung Risikokapital zog Women's WIRE aus dem Süden von San Francisco in ein schickeres Büro in San Mateo. Ellen wurde zur Vizepräsidentin für Produktentwicklung ernannt und flog ständig zwischen San Francisco und New York hin und her, um sich mit Medienpartnern zu treffen und die Redakteure zu engagieren, die das neue, zeitschriftenartige Women's WIRE im Internet leiten sollten. Sie stellte Laurie Kretchmar, ehemalige Redakteurin bei der Zeitschrift *Working Woman,* als Chefredakteurin ein und warb die schlaue Vertriebsleiterin Gina Garrubbo vom *Discovery Channel* ab. Gina war vom ersten Artikel bei Women's WIRE, den sie im Web las, an überzeugt. »Ich dachte nur: ›Oh, mein Gott‹«, erinnert sie sich. »Die gehen davon aus, dass Frauen intelligent sind. Geld haben. Sich um ihre eigenen Finanzen kümmern. Ihre eigenen Modeentscheidungen treffen und nicht wollen, dass man ihnen sagt, was sie tragen sollen und was nicht. Da werden wir nicht herablassend behandelt. Mir schien, als hätte ich noch nie etwas Derartiges im Universum gesehen.«[29]

Doch nicht jeder erkannte das Potenzial einer Onlinemarke für Frauen so schnell wie sie. Gina erzählt mir von einem Investorentreffen im Jahr 1996: »Marleen, Ellen, ich und unsere Finanzchefin gingen in Boston in eine Bank, deren Namen ich nicht nennen will«, sagt sie. »Wir trugen schwarze Blazer zu schwarzen, langen Hosen. Wir hatten Laptops dabei. So betraten wir also diesen Achtzigerjahre-Konferenzraum.« Am Tisch saßen sieben Banker: Anzüge, weiße Hemden und Krawatten, die Macht ausstrahlen sollen. »Wir erzählen, dass Frauen derzeit nicht die Mehrheit der Internetnutzer ausmachen«, erinnert sich Gina, »dass sie aber die Mehrheit sein *werden,* dass Frauen im Internet einkaufen, im Internet Dinge recherchieren werden, und sie starren uns an, als hätten wir den Verstand verloren. Ein Typ meinte: ›Meine Frau mag Computer gar nicht.‹ Sie dachten wohl, wir seien verrückt. Und wir dachten: *›Diese Typen verstehen es einfach nicht.‹*« Nach dem Treffen verließen die vier Frauen das Gebäude und brachen in Lachen aus. Sie konnten nichts anderes machen.[30]

Die Banker lagen falsch und die Frauen wussten es. Im Laufe der 90er spiegelte das Web die Geschlechterdemografie der realen Welt zunehmend wider. Während die reinen Text-BBS-Clubhäuser, Multi-User-Domains und Newsgroups von Bastlern, Technikfreaks, Early Adopters und Teenagern dominiert wurden, öffnete das Web die Schleusen für Frauen. 1998 waren 39,6 Millionen Frauen online und im Jahr 2000 waren es erstmals mehr Frauen als Männer. Möglich wurde dies durch einen Ansturm von weiblichen Nutzern aller Altersgruppen, was ein bekanntes Marktforschungsunternehmen zu der

Aussage veranlasste: »Das World Wide Web gehört den Frauen.«[31] Women's WIRE schwamm auf der Welle mit und benannte sich in women.com um.

»Als wir von der Klippe sprangen, mussten wir ein neues Geschäftsmodell entwickeln«, erklärt Marleen.[32] Dieses Geschäftsmodell war Werbung. Women.com war das führende Unternehmen auf dem Markt, weil es das erste auf dem Markt war. Damals gab es kaum Websites für Frauen im Internet, und die offene, technisch versierte Art von women.com war eine erfrischende Alternative zu den Frauenzeitschriften im Supermarkt – damals wie heute vollgestopft mit Sextipps und Modediäten. Neben Websites wie Aliza Shermans Cybergrrl.com, einem schnoddrigen Leitfaden für die Generation X im Cyberspace, und dem Frauennetzwerk iVillage, das aus einer Eltern-Community entstanden war, stand women.com für eine neue Art von Medien für Frauen: ehrlich, vernetzt und intelligent. Und käuflich.

Da Frauen über mehr als 80 Prozent der Konsumenteneinkäufe bestimmten, beobachteten die Werbetreibenden das Wachstum des sogenannten World Wide Web der Frauen sehr aufmerksam, und women.com machte sich dies rasch zunutze.[33] Ginas Team verkaufte die erste Werbeanzeige im Web, einen von Levi's gesponserten Bereich der Website. Heute wird so etwas als gesponserter Inhalt bezeichnet: Der Levi's-Bereich »Getting There« (etwa: Auf dem Weg) stellte Frauen mit coolen Karrieren vor, Webmasterinnen und Privatdetektivinnen zum Beispiel, ähnlich wie die beliebte »Work«-Rubrik von *Word,* die Extreme amerikanischer Arbeitsplätze erforschte. In dieser Anfangszeit waren große Marken sehr an Onlinewerbung interessiert, aber es gab keine Standards für Preise, Größen und Bedingungen, und niemand wusste, welchen Effekt Seitenaufrufe auf die Werbewirkung hatten – aber der Traffic konnte gemessen werden, und er war gut. Während der ursprüngliche Women's-WIRE-Einwahldienst nur 1500 zahlende Abonnenten hatte,[34] verzeichnete women.com 1996 bereits 7,5 Millionen Zugriffe pro Monat.[35] »Man kannte uns«, erinnert sich Ellen. »Und niemand sonst hatte so viele weibliche Leser wie wir.«[36]

Wie word.com erhielt auch women.com einen frühen Schub an Traffic, weil es beim Netscape-Browser als »What's Cool«-Ziel angezeigt wurde, allerdings spielte auch eine Rolle, dass die URL leicht zu merken war. In den

Jahren vor Google musste man, wenn man im Internet surfen wollte, erst einmal eine URL direkt in die Adressleiste eintippen. Von dort aus folgte man dann Hyperlinks auf Verzeichnisseiten wie Yahoo! oder erkundete dann die »Link-Seiten«, die der Webmaster (oder die Webmasterin) einer Website persönlich zusammengestellt hatte. So wurde eine URL wie women.com besonders wertvoll: Die Chancen standen gut, dass Internetnutzer sie einfach mal in die Adressleiste eintippten, nur um herauszufinden, wohin sie führte.

Im Jahr 1997 wurde women.com zu einem Netzwerk aus mehreren miteinander verbundenen Schwesterseiten ausgebaut: Women's Wire, Money-Mode, StorkSite, Prevention's Healthy Ideas, Beatrice's Web Guide und Crayola FamilyPlay. Drei dieser Websites wurden von Sponsoren finanziert, die für eine Partnerschaft mit women.com und für einen Anteil am Traffic zahlten. Nach Levi's verkaufte women.com weitere Werbeflächen an Fidelity Investments, Honda, Toyota, AT&T, Coca-Cola, Procter & Gamble und American Express. Laut Marktforschungen in der Branche gehörte die Website zu den profitabelsten im Web.[37] Die Levi's-Anzeige hatte im Jahr 1996 noch 10 000 Dollar gekostet. Zwei Jahre später wurden Bannerwerbung und gesponserte Inhalte regelmäßig für mehrere 100 000 Dollar verkauft, und Ende 1998 kosteten sie mehr als eine Million Dollar pro Stück. »Wir haben die Einnahmen von Null auf mehrere zehn Millionen Dollar gesteigert«, sagt Gina Garrubbo.[38]

All dies hatte mit dem ursprünglichen Women's WIRE nicht mehr viel zu tun. Wenn diese Ur-Version spirituelle Großeltern gehabt hätte, hätten sie vielleicht bei Resource One gelebt: Women's WIRE hatte die organische Regionalität von Community Memory und das soziale Bewusstsein des Social Services Referral Directory. Women's WIRE hatte »aktuelle Nachrichten und Themen in den Vordergrund gestellt und zu politischem Aktivismus angeregt«, doch das war bei women.com völlig anders, und die Entwicklung vom einen zum anderen zeigt, wie schnell aus den frühen Bemühungen, einen Onlineraum für Frauen zu beanspruchen, ein Unternehmen wurde, das Produkte an Frauen verkaufte, und schließlich das Web der Frauen als Ganzes kommerzialisierte.[39] Es dauerte nicht lange, bis das durch Risikokapital finanzierte Unternehmen women.com, das offensiv nach Werbeeinnahmen strebte, um sich über Wasser zu halten, nicht mehr von den

Frauenzeitschriften aus dem Supermarkt zu unterscheiden war, zu denen es als Alternative gegründet worden war. Trotz des Sprungs vom Zellstoff zum Pixel war women.com nicht nahrhafter als *Cosmo.* Genau genommen war es *Cosmo.*

Zwei Autos auf einer Rennstrecke

Als Marleen und Ellen ihren Start ins World Wide Web wagten, waren sie die einzigen in diesem Bereich. Aber das Web der Frauen füllte sich rasch: Im Jahr 1998 kündigte die TV-Managerin Geraldine Laybourne den Sendestart des Kabelkanals Oxygen Media an, der eine eigene Website haben sollte, erstellt von smarten Gen-X-Mitarbeitern, die von Indie-Webzines abgeworben worden waren. ChickClick, das als kleines Netzwerk von »grrrlish zines« begann, war eines von 58 jugendorientierten Frauenseiten mit Namen wie Technodyke (etwa: Technolesbe) und Disgruntled Housewife (etwa: Verärgerte Hausfrau).[40] Aber nur ein Konkurrent sorgte bei women.com für schlaflose Nächte: iVillage.

Candice Carpenter, die CEO von iVillage, war eine toughe Frau im Power Suit. »Sie war skandalös interessant«, sagt Marleen mit einer Mischung aus Bewunderung und etwas anderem.[41] Carpenter hatte eine AOL-Community für chattende Eltern zu einer florierenden Ansammlung von 17 Websites für Frauen ausgebaut, die durch große Risikokapitalspritzen, Partnerfirmen, teure Werbeauftritte und erste Vorstöße in den E-Commerce finanziert wurden. iVillage basierte auf einem Community-Modell: Sein populärstes Produkt waren Foren, in denen Frauen sich über alles Mögliche austauschten, von Ängsten nach einer Geburt und Geschichten über Brustkrebs bis hin zu Ratschlägen für den Umgang mit Stress bei der Arbeit und renitenten Teenagern.

Carpenter wusste, dass die Community dafür sorgen würde, dass die Besucher immer wieder zu iVillage zurückkehrten und dass sie die Anzahl der Seitenaufrufe in die Höhe trieb, eine wichtige Kennzahl für ein Unternehmen ohne andere erkennbare Aktivposten. iVillage schlug professionell Kapital aus dem Repeat Traffic, den seine Foren förderten, also den Besuchern, die immer wieder auf die Seite kamen:[42] Wenn man sich einer Selbsthilfegruppe für Schwangere auf iVillage anschloss, landete man irgendwann bei Amazon und stöberte dort in Babybüchern oder auf einer der E-Commerce-Schwester-Websites von iVillage wie iBaby, wo eine Auswahl an Stramplern angeboten wurde. Carpenters Lebenslauf umfasste Zwischenstationen bei Time-Life Video, QVC und AOL. Sie sprach davon, die iVillage-Community zu »monetarisieren« und die soziale Dynamik des Netzwerks in ein Geschäft zu verwandeln, das die gewaltigen Mengen an Risikokapital, die es bekanntermaßen verschlang, wert war.

Im Jahr 1999 waren iVillage und women.com »wie zwei Autos auf einer Rennstrecke«, erklärt Marleen.[43] Sie konkurrierten um Werbeeinnahmen und um einen Platz in den Media Metrix Top 50, einer frühen Rangliste für Websites. »Wir konkurrierten um alles«, sagt Gina Garrubbo, und in ihrem Bestreben, einander auszustechen, näherten sich iVillage und women.com immer mehr an.[44] iVillage, das als Community-Website begonnen hatte, veröffentlichte nun Artikel, um die Neugierigen mit Content zu locken; women.com, das die Beliebtheit der iVillage-Foren erkannte, erstellte weitere eigene Foren. Laurie Kretchmar, die langjährige Chefredakteurin von women.com, drückt es noch einfacher aus: »Es gibt in vielen Kategorien zwei Hauptkonkurrenten, wie Burger King und McDonald's, Pepsi und Coke. Ich persönlich mag Coke.«[45]

Im Jahr 1998 verkaufte Marleen einen großen Anteil von women.com – eine Stimme weniger als die Mehrheitsbeteiligung – an Hearst Communications im Austausch für eine umfassende Markenpartnerschaft. Das Unternehmen Women.com Networks Inc. präsentierte nun die Frauenzeitschriftenmarken von Hearst: *Good Housekeeping, Town & Country, Marie Claire, Redbook* und ja, auch *Cosmopolitan.* Dies verlieh women.com eine Aura der Legitimität, führte aber auch dazu, dass die Inhalte sich kaum noch von den Massenmedien unterschieden, denen das Web eigentlich das Wasser abgraben sollte. Zum Ende der 90er war women.com durch die Fusion mit Hearst und der rasanten Entwicklung des Web zum kommerziellen Medium selbst Mainstream geworden und räumte seinen wenig anspruchsvollen Partnerzeitschriften immer mehr Raum ein. Die Marktschreierreklame hatte sich unwiderruflich eingeschlichen: »71

Abnehmtipps, die wirklich funktionieren!« »Treibt Ihre Schwiegermutter Sie in den Wahnsinn?«

Bei anderen Frauen-Websites im Internet passierte dasselbe. Überall, von iVillage bis Oxygen, wurde der Feminismus durch Belanglosigkeiten ersetzt, und politische Kommentare machten Platz für Modediäten, Horoskope und »Passt er zu Ihnen«-Fragebögen. Das Web war nicht mehr länger ein Refugium jenseits vom Einheitsbrei der Zeitschrift *People.* Sex und Horoskope zogen mehr Besucher an als alles andere, und »wer glaubte, das Web würde mehr *Ms.* als *Mademoiselle* sein – in der Annahme, dass alle Frauen sich nach mehr Intellektualität sehnten –, hat sich wahrscheinlich getäuscht«, schrieb eine Kritikerin in der Zeitschrift *Salon.*[46]

Frühe Bemühungen, das weibliche Web zu identifizieren und weiterzuentwickeln, hatten den gegenteiligen Effekt. Die kanadische Wissenschaftlerin und Theoretikerin Leslie Regan Shade weist darauf hin, dass Websites wie women.com und iVillage ihre Leserinnen umso stärker in eine Schublade steckten, je aggressiver sie sie ansprachen, bis ihre Communitys zu reinen Lieferanten von Verbraucherdemografie und Werbeklicks verkamen.[47] Dies ist auch heute noch ein Problem, wo Onlinemedien darum kämpfen, die widersprüchlichen Bedürfnisse von Anzeigenkunden, Abonnenten und Lesern in Einklang zu bringen. Im Rausch der frühen Tage des Web war die Entwicklung jedoch besonders düster: Frauen waren online gegangen, um sich zu entfalten und um eine Gemeinschaft zu finden, und wenige Jahre später wurden ihnen stattdessen Jeans, Babykleidung und Lotionen verkauft.

In einem aufsehenerregenden Leitartikel warnte die *New York Times* im Jahr 2000, der kommerzielle Erfolg von Onlinemedien für Frauen sei symptomatisch für einen »virulenten kulturellen Separatismus«, eine schleichende, kitschige »Weiblichkeitskultur«, die sich überall ausbreite, durch romantische Kinofilme ebenso wie über Reality-TV bis hin zu Modemagazinen, mit dem einzigen Ziel, Verbraucherinnen das Geld aus der Tasche zu ziehen. »Im Grund ist es ein einziges Täuschungsmanöver«, schrieb Francine Prose, »ein von der Marketingforschung gesteuerter Betrug. Hier wird eine miese Lockvogeltaktik auf Frauen angewendet, denen man eine Beziehung verspricht, eine Gemeinschaft verkauft, sie in Wahrheit aber immer tiefer in die Isolation und Abgeschiedenheit treibt.«[48]

Fucked Company

Eines der interessantesten Artefakte der Dot-Com-Blase ist eine Website namens FuckedCompany.com, die den Zusammenbruch der Silicon Alley in einem fantasievollen Wettspiel verarbeitete. Jeden Tag wurden neue »Fucks«, also Beweise für den Niedergang der Branche, veröffentlicht, nach Schweregrad bewertet: Entlassungen, beunruhigende Pressemitteilungen und leere Büros. Wenn ein Unternehmen 100 Punkte erreichte, wurde das Unternehmen in die »Fucked Company Hall of Fame« aufgenommen, eine Art Ruhmeshalle für kaputte Firmen, während es im echten Leben wahrscheinlich in Konkurs ging, aber man konnte auch danach noch Wetten auf weitere negative Entwicklungen abschließen. Nervöse Tech-Mitarbeiter nutzten die Website als Barometer, und einige schlossen sogar selbst Wetten ab. Nach der Jahrtausendwende bestand die einzige Möglichkeit, mit Dot-Coms Geld zu verdienen, darin, auf die genauen Einzelheiten ihres Untergangs zu wetten.

Im Dezember 2000 veröffentlichte Fucked Company eine neue Nachricht:

> Women.com, meine Lieblingsseite, wenn ich erfahren will, was Frauen mögen, hat 85 wunderschöne, mit Bikini bekleidete Frauen entlassen.
>
> Schweregrad: 45[49]

In den späten 90ern erlebte das World Wide Web der Frauen einen Höhenflug, verkaufte millionenschwere Anzeigen und verzeichnete nie dagewesene Zugriffszahlen. Während Beobachter den kulturellen Niedergang der Websites zum reinen Klickfang beklagten, war das Interesse von Finanzspekulanten so groß wie nie zuvor. Wie viele große Internetunternehmen jener Zeit sahen sich sowohl women.com als auch iVillage gedrängt, durch einen rechtzeitigen Börsengang aus diesem Interesse Kapital zu schlagen.

iVillage reichte 1999 als Erster den Antrag bei der US-Börsenaufsicht ein. Die Erwartungen waren hoch. Candice Carpenter war eine erstklassige Verkäuferin und hatte die beispiellose Fähigkeit, ein Unternehmen »mit hohen Verlusten, wenigen materiellen Vermögenswerten, wenig firmeneigener Technologie, extravaganten Ausgaben, einer hohen ›Fluktuation‹ bei den

Mitarbeitern und mächtigen aufstrebenden Konkurrenten« so darzustellen, dass es sich lohnte, in erheblichem Umfang zu investieren.[50] Kurz vor dem Börsengang von iVillage, der nach einem Rekordstand des Dow-Jones-Index stattfand, hatte sie das Unternehmen bereits durch zahlreiche Finanzierungsrunden geführt, die in einer aufsehenerregenden Mezzanine-Runde über 31,5 Millionen Dollar gipfelten.

iVillage setzte den Ausgabepreis auf 25 Dollar pro Aktie fest und bei Börsenstart begannen die Gebote bei 95,88 Dollar, was Carpenter, ihre Geschäftspartnerin Nancy Evans und deren Investoren innerhalb von Sekunden zu Multimillionären machte. Im iVillage-Büro waren unterdessen die Mitarbeiter so außer sich vor Freude, dass Carpenter einem Reporter erzählte, sie habe sie »von der Decke kratzen müssen«.[51] Ihre eigenen Unternehmensanteile waren zu diesem Zeitpunkt 80 Millionen Dollar wert. Es war einer der erfolgreichsten Börsengänge in der Geschichte von Silicon Alley.

Women.com verfolgte genau was geschah. »Ich ärgerte mich, weil iVillage zuerst an die Börse gegangen war«, sagt Marleen. Sie und Ellen hatten ihre Konkurrenten im Auge behalten und warteten gespannt, wie sich ein von Frauen geführtes Internetunternehmen im Fadenkreuz der Wall Street schlagen würde. Der stratosphärische Erfolg von iVillage war in gewisser Weise ein gutes Zeichen: Er zeigte, dass der Markt die Medien für Frauen ernst nahm und bereit war, viel Geld zu investieren. Aber Marleen zweifelte, ob der Blitz zweimal einschlagen würde: »Ich war betroffen und dachte mir: ›Oh, Mist, wir gehen besser auch raus.‹«, gibt sie zu.[52] Nur zwei Monate später stellte Women.com Networks Inc. selbst den Antrag auf Börsenzulassung. »Man weiß, dass der richtige Zeitpunkt gekommen ist, wenn die Investmentbanken plötzlich von sich aus vorbeischauen«, erklärt Marleen. »Für uns war es der richtige Zeitpunkt. Wahrscheinlich gab es überhaupt nur dieses kleine Zeitfenster, das wir hätten nutzen können.« In jenem Oktober sahen Marleen und Ellen ihr neues Tickersymbol über die Bildschirme am Times Square flimmern: WOMN.

Der Börsengang von women.com war nicht annähernd so aufsehenerregend wie der von iVillage, aber er war durchaus passabel: Der anfängliche Emissionspreis von 10 Dollar pro Aktie verdoppelte sich am ersten Handelstag fast und stieg bis zum Monatsende auf 23 Dollar.[53] Dank einer öffentlichkeitswirksamen Werbekampagne zog women.com sogar an iVillage vorbei, was die Reichweite laut Media Metrix anging. Daraufhin veröffentlichte iVillage eine ganzseitige Reaktion im *Wall Street Journal* und behauptete dort, women.com habe seinen Platz nur der Fusion mit Hearst zu verdanken.[54] ZWISCHEN DER ANHÄUFUNG VON WEBSITES UND DEM AUFBAU EINER FÜHRENDEN MARKE GIBT ES EINEN UNTERSCHIED, so die Schlagzeile. Doch trotz dieser Anfeindungen seitens des Hauptkonkurrenten prognostizierten Branchenanalysten, dass Women.com Networks Inc. auf Jahre hinaus ein wichtiger Akteur im Internet bleiben würde.

Kaum ein Jahr später brach alles zusammen.

Marleen atmet hörbar aus, als ich sie nach dem Schicksal von women.com frage. »Nicht gerade mein Lieblingsthema«, sagt sie. »Ich habe nie zuvor in einem Unternehmen gearbeitet, in dem der Umsatz in einem Quartal dahingeschwunden ist«, sagt sie. »Ich war nicht die Einzige, aber als öffentliches Unternehmen musste ich das melden. Unser Aktienkurs sank und mir war klar, dass es nicht gut um uns stand.« Sie sprach mit dem Vorstand: Um wieder auf die Beine zu kommen, brauchte women.com eine Fusion. »Sobald die Märkte Blut geleckt haben, gehört man zu den lebenden Toten«, sagt sie. »Da habe ich schnell gehandelt.«[55]

Am 5. Februar 2001 veröffentlichte women.com eine unerwartete Ankündigung: Ihr größter Konkurrent, iVillage, würde women.com durch ein kompliziertes Aktiengeschäft mit einem Umfang von 47 Millionen Dollar übernehmen. Noch während das Fusionsverfahren lief, teilte die NASDAQ iVillage mit, der Aktienkurs des Unternehmens sei auf einem sehr niedrigen Stand, und die Aktie stehe kurz vor dem Delisting. Fast unmittelbar nach der Fusion entließ das neue Unternehmen die Hälfte seiner Mitarbeiter. Das *Wall Street Journal* zog daraus eine deutliche Schlussfolgerung: »Das Internet kann nicht mehr als eine große, werbeabhängige Website auf dem Nischenmarkt der Fraueninteressen ernähren.«[56]

Ganz so düster war die Lage womöglich gar nicht. Schließlich gibt es heute zahlreiche werbefinanzierte Frauen-Websites und -Apps im Internet, die leichte Unterhaltung, scharfzüngige feministische Kommentare und alles dazwischen anbieten. Der Unterschied zwischen diesen und den

Frauen-Websites der Anfangszeit besteht darin, dass letztere sich als Portale verstanden, als zentrale Anlaufstellen, bei denen Frauen alles bekommen konnten, was sie im Internet brauchten. Das mag anfangs funktioniert haben, als Frauen online noch in der Minderheit waren, aber als das Web größer wurde, nahm auch die Anzahl der Nutzerinnen zu. Irgendwann wirkte ein Frauenportal wie eine Fehlanwendung des Mediums. Warum sollte eine Frau, die sich für Finanzen interessierte, auf den Geldseiten von women.com surfen, wenn sie auch direkt zu Bloomberg gehen konnte? Wer brauchte schon Modetipps von iVillage, wenn die *Vogue* eine eigene Website hatte? Entscheidend ist nicht, ob der Markt mehr als eine Website für Frauen vertragen könnte. Entscheidend ist, dass Frauen, sobald sie online sind, dort eigenständig handeln können.

KAPITEL DREIZEHN

MÄDCHENSPIELE

Computer haben selbstverständlich kein Geschlecht. Aber die kollektive gesellschaftliche Meinung darüber, für wen Computer gedacht sind – wer sie benutzt, baut oder kauft – ändert sich von Generation zu Generation. Im 19. Jahrhundert war ein Computer eine lebendige Frau, und in den 1950er-Jahren war er eine Jobbezeichnung für Frauen, bis die Programmierung professionalisiert und vermännlicht wurde. Das ARPANET, dessen technisches Rückgrat von militärischen und akademischen Zentren ausging, war männlich dominiert, weil die Leute, die diese Infrastruktur entwarfen, aus einem Umfeld kamen, das Männern den Vorzug gab. Der frühe Hypertext wurde von Frauen an der Peripherie der Informatik entwickelt, aber es bedurfte eines Mannes, um ihre Ideen populär zu machen – bis schließlich in den Anfangsjahren des Internets Personal Computer den Frauen wieder Zugang verschafften und sich eine Generation von Kulturschaffenden und Unternehmerinnen erneut bemerkbar machte. In all dieser Zeit hat die Technologie immer widergespiegelt, was und von wem in sie investiert wurde.

Die Wissenschaftlerin Jane Margolis stellt fest: »Schon sehr früh im Leben wird die Computertechnik als männliches Territorium markiert. Diese Behauptung ist größtenteils das Werk einer Kultur und Gesellschaft, die das Interesse an und den Erfolg durch Computer mit Jungen und Männern verbindet«, was dazu führt, dass Frauen zunehmend entmutigt werden. Margolis nennt das bildhaft die »bittere Frucht vieler externer Einflüsse«.[1] Diese

Entmutigung durchdringt die technische Kultur auf allen Ebenen: in den Computerräumen der Schulen; wenn im Zimmer eines Jungen ein Heimcomputer installiert wird, im Zimmer der Schwester aber nicht; in den Massenmedien, die männliche Computerfreaks umschwärmen; und sogar in der Sprache der Betriebssysteme selbst, die, wie die Soziologin Sherry Turkle feststellt, zumindest in der Universalsprache der IT-Branche, dem Englischen, sehr grobschlächtig ist: Ein Computer crasht, als hätte er einen Unfall; die Ausführung eines Programm heißt im Englischen execution (was auch Hinrichtung bedeutet), und wenn bei Programmen Schwierigkeiten auftreten, werden Nutzer gefragt, ob sie es abbrechen wollen wie eine Schwangerschaft, wobei im Englischen tatsächlich das entsprechende Wort »abort« verwendet wird.[2] Das wirkt sich schon in der frühen Kindheit aus, wenn die Geschlechtersozialisation eines Kindes einsetzt.

Mitte bis Ende der 90er, als die Frauen im World Wide Web sich ihren Platz in einem sich rasch entwickelnden Informations-Ökosystem mit großer Hartnäckigkeit eroberten, entstand ein weiteres Schlachtfeld um die Herzen und Köpfe der weiblichen Computernutzer. Dieser Kampf fand weder online noch in der akademischen Welt statt, obwohl er sich unwiderruflich auf beide auswirken sollte. Vielmehr ging es bei diesem Kampf darum, wie die allererste Begegnung von Mädchen mit Computern neu gestaltet und ihre Leidenschaft für den Bildschirm auf eine Aktivität gelenkt werden sollten, die gleichermaßen Zugang und Präsentation rechtfertigt: Computerspiele.

Kampf-Epistemologin

Brenda Laurel erzählt zwei verschiedene Geschichten über ihre erste Begegnung mit einem Computer.

In der ersten Geschichte ist sie zwölf Jahre alt. Es ist Halloween in Ohio, 1962. Sie beschreibt ihr Kostüm – ein Maiskolben – und sagt sarkastisch: »Es war die Zeit von Andy Warhol.«[3] Ihre Mutter hatte es aus einem Drahtgestell gebastelt und mit gelben Baumwollbällchen gefüllt. Brenda konnte kaum durch die Augenlöcher sehen, aber sie war überzeugt, dass sie den ersten Preis bei dem Kostümwettbewerb im örtlichen Supermarkt gewinnen würde. Doch als sie dorthin gewatschelt war, hatte bereits ein anderes Kind gewonnen. Brendas Mutter, eine »kleine, resolute Frau, die dachte, die Welt sei gegen sie gerichtet wie eine Pistole«,[4] beschwerte sich bei dem Verantwortlichen, dem Leiter einer Eisenwarenhandlung. Als Trostpreis überreichte er Brenda daraufhin etwas aus dem Regal: eine kleine Plastikschachtel mit der Aufschrift »ENIAC«. »Das ist ein Computer«, sagte er.

Dem Spielzeug-ENIAC lag ein Stapel Karten bei, die jeweils mit einer Frage bedruckt waren. Der Händler nahm die oberste vom Stapel – »Wie groß ist der Abstand zwischen Erde und Mond« –, legte sie in die Maschine und drehte eine Kurbel an der Seite. Der Apparat spuckte die Antwort am anderen Ende aus: Sie war auf die Rückseite der Karte gedruckt. Brenda durchschaute den Trick nicht, und sie konnte nicht wissen, dass der echte ENIAC mithilfe einer Gruppe von Programmiererinnen auf die Antwort gekommen wäre. Aber die Vorstellung, dass eine Maschine in Beziehung zum Kosmos stand, brachte sie zum Staunen. »Ich hatte eine Art Erweckungserlebnis«, erinnert sie sich. »Für einen kurzen Moment wurde ich aus meinem Drahtkäfig herausgeholt, aus dem Zeitalter der Schulbücher und Schreibmaschinen, und in eine glorreiche Zeit versetzt, in der Computer die wirklich schwierigen Fragen für uns beantworten würden.«[5]

In der zweiten Geschichte ist sie älter. Es ist Mitte der 70er und sie macht gerade ihren Doktor in Theaterwissenschaften an der Ohio State University, ein passendes Ziel für die Fast-Gewinnerin eines Kostümwettbewerbs. Einer ihrer engsten Freunde, Joe Miller, arbeitet in einem nahe gelegenen Forschungslabor, und eines Abends nimmt er sie dorthin mit, um ihr den zweiten Computer ihres Lebens zu zeigen. Er malte »Pixel vom Mars«, so beschrieb sie es.[6] Genau wie sie sich den Spielzeug-ENIAC ihrer Kindheit vorgestellt hatte, war dies eine Maschine, die mit den Sternen sprach. Sie fiel auf die Knie. »Was auch immer das ist«, sagte sie, »ich will was davon!«

Zum Glück für Brenda gründete Joe ein kleines Softwareunternehmen, wie es sie vor den Monopolen von Apple und Microsoft gab. Seine Firma schrieb Programme für CyberVision, ein primitives Heimcomputersystem, das ausschließlich über den Versandhändler Montgomery Ward verkauft wurde und inzwischen so gut wie vergessen ist. Es wurde an ein normales Fernsehgerät angeschlossen – die Fernbedienung des Fernsehers diente als

Maus –, und die zugehörigen Programme wurden auf Standard-Stereokassetten, den sogenannten »Cybersettes«, gespeichert, auf denen Audio und Daten auf getrennten Kanälen aufgezeichnet waren. Als Personal Computer war CyberVision seiner Zeit weit voraus. Es gab eine ganze Reihe von Programmen dafür: Finanzsoftware für den Haushalt, Spiele in Farbe, Lernprogramme und animierte Märchen für Kinder, die alle in blockigen Pixeln auf 2k RAM gerendert waren.

Diese letzte Begebenheit war Brendas erster Ausflug in die Kunst der Software. Sie hatte im Theater bereits Märchen aufgeführt und ihre Inszenierung der Geschichten von Robin Hood, die regelmäßig unter den Eichen des Ohio State Campus aufgeführt wurde, war bei Kindern und Erwachsenen gleichermaßen ein Hit. Obwohl Brenda nicht programmieren konnte, bat Joe sie, für ihn zu arbeiten und die Pixel-Märchen von CyberVision zu entwerfen. So lernte sie alles. »Ohne zu wissen, dass es schwer war«, tauchte sie in die Welt der Computer ein und machte »alles, vom Grafikdesign über die Programmierung bis zum Kaffeekochen«.[7] Damals wurde der Code zunächst mit Bleistift auf Papier skizziert und dann von Hand in die Assemblersprache umgesetzt, die der Mikroprozessor CDP1802 von CyberVision verstand, ein integrierter Chip, der in den 70ern in Mikrocomputer für Bastler und Verbraucher eingebaut wurde. Während sie *Goldlöckchen und die drei Bären* in vierfarbige Pixelanimationen quetschte, brachte Brenda sich selbst bei, wie alles funktioniert.

Im Frühjahrskatalog 1978 von Montgomery Ward prominent platziert, verkaufte sich der ursprüngliche CyberVision im ersten Jahr 10 000 Mal, was nicht schlecht war für ein Computerunternehmen aus Columbus, Ohio. Aber der Markt für Personal Computer war klein und die Konkurrenz groß: Sears hatte die Atari-Konsolen, Radio Shack brachte einen eigenen Computer namens Tandy auf den Markt, und das goldene Zeitalter der Arcade-Spiele war in vollem Gang. Als CyberVision 1979 die Produktion einstellte, hatte Brenda ihre Dissertation noch immer nicht abgeschlossen. Aber das machte nichts – sie war jetzt Spieleentwicklerin. Sie zog nach Kalifornien, um für Atari zu arbeiten, und sah dort zum ersten Mal den Ozean.

Wir sitzen in ihrem Garten und unterhalten uns bei Eistee nach Hausrezept: Ungesüßter Schwarztee mit Granatapfelsaft. Sie raucht dabei eine

Zigarette und sitzt unnatürlich gerade. Ihre zweite Rückenoperation ist noch nicht lange her und in ihrem lockigen, silbergrauen Haar blitzen magenta- und aquamarinfarbene Akzente auf. Während wir uns unterhalten, springen zwei muskulöse Katzen mit japanischen Namen durch den Garten, der in Wirklichkeit ein Wald ist: zwei Hektar unberührtes Land in der Nähe der Portola Redwoods, zwei sinnlos schöne Stunden Autofahrt von San Francisco entfernt. Die Strahlen der Sonne treffen hinter unserer Picknickbank auf einen Haufen Seeohrschalen, die im Sägemehl dahinter liegen. Brenda und ihr Mann lieben Seeohren; sie reißen die schillernden Muscheln bei Tauchgängen vor der kalifornischen Küste mit einem Stemmeisen aus den Felswänden. Sie dürfen nur nicht merken, dass man es auf sie abgesehen hat, sagt sie. Sogar Muscheln schließen sich, wenn sie Veränderungen in der Meeresströmung spüren. Bei Brenda dauerte es vier Jahre, bis sie ihr erstes Seeohr gefangen hatte. Eines Tages, mitten im Tauchgang, erinnerte sie sich daran, dass sie als Linkshänderin geboren worden war. Sie wechselte das Stemmeisen von der rechten in die linke Hand und riss das Seeohr mit einem kräftigen Ruck heraus. Nichts davon ist eine Metapher für Brendas Arbeitsweise, aber sie ergeben zusammen ein Bild von einer Frau, die listig und stark sein kann, wenn es notwendig ist, mit einem starken Arm, den man nicht gleich sieht, und einem Garten voller Regenbögen, von denen jeder einen Tod bedeutet.

In Kalifornien entwarf Brenda Software für die Computer Atari 400 und 800. Da Atari sich ursprünglich in der Spielhalle einen Namen gemacht hatte, wollte das Unternehmen, dass auch auf seinen neuen Personal Computern die bekanntesten Atari-Spiele liefen, und Brenda verwandte viel Zeit und Energie darauf, Atari-Titel für den Computer zu portieren. Das machte sie wahnsinnig: Ihrer Meinung nach liefen die Spiele bereits besser auf einer Konsole, die ein Zehntel so viel kostete, als auf den Personal Computern. Als ihr Team sich mit *Ms. Pac-Man* beschäftigen sollte, ging sie zum Leiter der Computerabteilung und sagte: »Wissen Sie was? Ich ertrage das nicht mehr. Ich zeige ihnen mal, was ich meine.« Sie holte das Whiteboard hervor und zählte all die Dinge auf, die Atari ihrer Meinung für Heimcomputer anbieten sollte: Software für persönliche Finanzen, Bildung, Textverarbeitung. »Und der Typ sagte: ›Wir verdoppeln ihr Gehalt, und Sie erstatten mir Bericht.‹«[8]

Derartige Sprünge sind typisch für Brenda, mit beiden Beinen. Als sie feststellte, dass die Abteilungsleiter ihren Job im Visier hatten, wechselte sie auf die andere Straßenseite in das Forschungslabor von Atari. Es wurde von Alan Kay geleitet, einem Informatiker, der in der objektorientierten Programmierung Pionierarbeit leistete und die sich überlappenden Anwendungsfenster für den Desktop einführte. Kay nahm Brenda unter seine Fittiche und ermöglichte ihr so einige weitere Jahre bei Atari. In Kays Labor entwickelte Brenda ein System für künstliche Intelligenz, das auf der *Poetik* von Aristoteles basierte, mit dem sich fesselnde neue Szenarien für Computerspiele entwickeln ließen. Von dort wechselte sie zunächst zu Activision, wo sie Spiele wie *Maniac Mansion* produzierte, und dann zu Apple, wo sie einige ihrer radikaleren Freunde – wie den LSD-Pionier Timothy Leary – mit der Arbeitsgruppe zur Mensch-Computer-Schnittstelle zusammenbrachte. Nebenbei schloss sie ihre Doktorarbeit ab, in der sie die These vertrat, Computerprogramme seien wie Theater: Bei beiden gebe es ein Drehbuch, und keines von beiden werde zweimal auf dieselbe Weise ausgeführt.

Brendas Haus liegt an einer einspurigen Straße, die durch einen dichten Wald führt. Auf der Einfahrt ist ein Labyrinth aufgemalt und im Wohnzimmer steht ein Regal mit Memorabilien des klassischen *Star Trek.* An ihrer Bürotür prangt ein Schild mit der Aufschrift *Brenda Laurel, Ph.D., Kampf-Epistemologin,* und in einem niedrigen Schrank unter der Treppe stehen Körbe mit Stoffen, Maibaumbändern und Plastikblumen mit grünen Drahtstielen. Man muss sie beiseiteschieben, um an die Plastikwanne im hinteren Bereich heranzukommen, die mit Erinnerungsstücken anderer Art gefüllt ist. Sie hatte mir zugesagt, wir könnten gemeinsam ihr Archiv durchstöbern.

Alles in dieser Kiste ist lila. Dort liegen Spielzeugfiguren, vakuumverpackt in Klappblistern aus Plastik; Sammelkartensets; schillernde Perlen in lila Samtbeuteln und CD-ROMs mit Namen wie *Rockett's Tricky Decision* und *Rockett's Adventure Maker* in lila Hüllen. Es ist eine Auswahl der Spiele, die sie mit ihrer eigenen Computerspielfirma Purple Moon produziert hat. Während sie lose Bänder und Tüll wieder in den Schrank stopft, lese ich auf der Rückseite einer Diskette das Leitbild der Firma: *Tiefe Freundschaften. Liebe zur Natur. Die Überzeugung, cool zu sein. Der Mut zum Träumen.*

Das macht ein Mädchen aus. Das teilen Mädchen miteinander bei den Abenteuern von Purple Moon. Aus diesem Grund ist Purple Moon genau das Richtige für Mädchen.

Purple Moon

Im Jahr 1992 trat Brenda eine Stelle bei Interval Research an, einer von Microsoft-Mitbegründer Paul Allen finanzierten Denkfabrik in Palo Alto. Bei Interval drehte sich alles um Forschung und sehr wenig um Entwicklung: Die Forscher wagten sich ins Labyrinth von Technologien, die noch weit davon entfernt waren, alltagstauglich zu sein, wie Telepräsenz und interaktive Videos. Brenda hatte gerade eine schwierige Zeit hinter sich. Sie hatte ein Virtual-Reality-Unternehmen namens Telepresence Research gegründet und nach einem Jahr wieder aufgeben müssen. Sie bezeichnet sich selbst oft als Mitglied im »Club der Crashtest-Dummys«, jener wagemutigen Träumer, die versuchen, etwas realisieren, bevor es wirtschaftlich tragfähig ist. Es sei eine »unbequeme, aber schöne, wilde Reise« gewesen, sagt sie.[9] Crashtest-Dummys sind ihrer Zeit immer voraus, auch wenn die Folgen oft schmerzhaft für sie sind.

Während sie an der virtuellen Realität arbeitete, fiel Brenda etwas auf: Männer und Frauen schienen VR unterschiedlich zu erleben. »Wenn ich mit Männern über VR sprach, beschrieben sie es meist als außerkörperliche Erfahrung«, erzählt sie. Frauen hingegen »sagten meist, ihre Sinneserfahrung sei in eine andere Umgebung versetzt worden«.[10] Es war nur eine Nuance, aber sie veranlasste Brenda, über Geschlecht und Technologie nachzudenken und darüber, welche Auswirkungen schon kleine Einseitigkeiten bei der Entwicklung von Technologien darauf haben, wer sie nutzt, wem sie nutzt und wer von ihnen profitiert. Bei Interval konzentrierte sie sich noch stärker auf die junge Generation, die gerade in einer computergesteuerten Welt aufwuchs – wie ihre eigenen Töchter –, und sie beschloss, diese zu untersuchen. Während ihrer ersten vier Jahre bei Interval warf Brenda eine kleine Frage mit großer Tragweite auf: Warum spielten kleine Mädchen keine Computerspiele?

Spiele sind für viele Kinder der erste Kontakt zum Computer. Aber zu der Zeit, als Brenda bei Interval Research anfing, nutzten bei den Viert- bis Sechstklässlern vor allem Jungen Computer.[11] Forscher fanden damals heraus, dass Mädchen Computer eher als Werkzeug betrachten, um eine Aufgabe zu erledigen, etwa in der Textverarbeitung, während Jungen eher »Spiele spielen, programmieren und den Computer als spielerische Freizeitbeschäftigung ansehen«, wodurch zunächst Vertrautheit mit und dann Beherrschung des Computers ermöglicht wurde.[12] Dieser Trend zur Sozialisierung von Computern als Beschäftigung für männliche Nerds ergab sich aus der langen, langsamen Maskulinisierung der Softwaretechnik und setzte sich in der Populärkultur fort, in Filmen wie *War Games: Kriegsspiele, Die Rache der Eierköpfe* und *L.I.S.A – Der helle Wahnsinn,* in denen neugierige Jungen ihre Traumfrau »programmieren«, sowie in der Werbung für Computer und Computerspiele in den 80ern und 90ern.

Brenda interviewte vier Jahre lang fast 1000 Kinder und 500 Erwachsene in den gesamten Vereinigten Staaten und kam schließlich zu dem Schluss, dass das Problem nicht der fehlende Zugang zu Computern oder gar die Darstellung von Computern in den Medien war. Es ergab keinen Sinn: Viele Mädchen hatten in der Schule oder zu Hause einen Computer und benutzten ihn trotzdem nicht, und es gab keine Forschungsergebnisse, die die Behauptung untermauert hätten, dass Mädchen von Natur aus weniger geschickt bei oder weniger interessiert an Computerspielen waren. Brenda schloss daraus, dass es an der Software liegen musste. Kleine Mädchen spielten keine Computerspiele, weil die Computerspiele *alle für Jungen waren.*

Die Mädchen, die Brenda und ihr Team zwischen 1992 und 1996 befragten, nahmen kein Blatt vor den Mund: Sie verabscheuten es, immer wieder zu sterben. Die viele Gewalt belastete sie. Und sie mochten es nicht, dass bei den Spielen viel Wert darauf gelegt wurde, etwas zu meistern, etwa indem man einen schwierigen Endgegner besiegte oder ein sich rasch veränderndes Gelände durchquerte, ohne selbst getötet zu werden. »Meisterschaft als Selbstzweck hat keinen hohen sozialen Wert für Mädchen», erklärt Brenda. »Sie wollen Erfahrungen machen.«[13] Anstatt immer wieder zu versuchen, einen Level zu schaffen, einen Bösewicht zu besiegen oder gegen die Uhr zu gewinnen, zogen es die von Brenda befragten Mädchen vor, umherzuwandern, eine virtuelle Welt zu erforschen und die Beziehungen zwischen den Charakteren und Orten kennenzulernen. In dem Buch *Leben im Netz,* das wenige Jahre, nachdem Brenda mit ihren Forschungen begonnen hatte, veröffentlicht wurde, vertritt die Soziologin Sherry Turkle die Ansicht, Männer betrachteten Computer allgemein als Herausforderung – als etwas, das es zu beherrschen und zu dominieren gilt –, während für Frauen Computer vor allem Werkzeuge sind, Objekte, mit denen sie zusammenarbeiten können. Diese »sanfte Beherrschung«, so erklärte sie, erfordere eine Nähe, eine Verbindung zu Computern, die eher der Beziehung eines Musikers zu seinem Instrument entspreche: intim, dialog- und beziehungsorientiert.[14]

Brenda stellte fest, dass ihre Probandinnen gemeinsam spielten, wie Musiker, unabhängig davon, ob die Spiele für mehrere Spieler konzipiert waren oder nicht. Sie schloss daraus, dass Mädchen von Natur aus kooperativ sind und dass ihnen die soziale Erfahrung beim Spielen oft genauso wichtig ist wie das Spielziel selbst. Ihre Probandinnen rätselten und erforschten gern, sie mochten das intensive Gespräch mit der Maschine, das stattfand, wenn die Geschichte stark genug war, um sie zu fesseln, und sie teilten ihre Erfahrungen gern mit anderen. Jedenfalls ging es mir in diesem Alter so: Ich erinnere mich, dass ich 1993, nachdem ich das CD-ROM-Spiel *Myst* geschafft hatte, vor Freude mit meinen besten Freundinnen auf dem Teppich herumhüpfte.

Diese Forschung konnte tatsächlich zu einer Neuentwicklung führen. Im Jahr 1996 lagerte Interval Brendas Forschungsteam in ein eigenes Unternehmen aus, Purple Moon, das ausschließlich Spiele für junge Mädchen produzieren sollte.[15] Es lag auf der Hand, dass Mädchen später am Arbeitsplatz und in einer Welt, in der Computerkenntnisse nicht nur von Vorteil, sondern auch notwendig waren, benachteiligt sein würden, wenn Jungen die Computer in der Schule in Beschlag nahmen, um Spiele zu spielen, die Mädchen nicht mochten. Die Entwicklung von Spielen, die *Mädchen* gefielen, schien die naheliegende Lösung zu sein. Eine Spieleentwicklerin sagte dazu: »Wir können nicht erwarten, dass Frauen sich morgen in der Computertechnik hervortun, wenn wir Mädchen heute nicht den Spaß daran vermitteln.«[16] Auch geschäftlich war es ein kluger Schachzug: Mädchen stellten einen riesigen, noch unerschlossenen Markt dar, und man ging allgemein davon aus, dass sich mit Computerspielen, die Mädchen wirklich ansprachen, der Spielemarkt verdoppeln ließ.

Dieses Denken wurde wahrscheinlich durch den unerwarteten Erfolg von *Barbie Fashion Designer* beeinflusst, einem CD-ROM-Spiel von Mattel, bei dem Spieler eine virtuelle Barbie einkleiden konnten. Als erstes meistverkauftes »Mädchenspiel« verkaufte es sich im Jahr 1996 600 000 Mal, übertraf damit Egoshooter-Spiele wie *Doom* und *Quake* bei Weitem und überraschte praktisch die gesamte Spielebranche.

Barbie Fashion Designer machte deutlich, wie groß der Markt für Mädchenspiele war, und überbrückte die Lücke zwischen der realen Welt der Mädchen und dem Computerspiel: Die Nutzerinnen konnten Barbies digitale Ensembles ausdrucken, zuschneiden und dann so zusammenkleben, dass sie einer echten Barbie passten. In puncto Spielmechanik war das Spiel allerdings wenig innovativ. Nicht einmal die Idee, eine Spielfigur einzukleiden, war neu: Auch »Jungenspiele« boten die Möglichkeit, einem Avatar neue Kleidung zu verpassen, normalerweise, bevor das eigentliche Abenteuer begann. Dies ist bezeichnend dafür, wie die Branche vor Purple Moon an Mädchenspielen heranging. Die Designer verpackten oft bekannte Spielmechaniken einfach neu. Beim Vorgänger von *Barbie Fashion Designer*, einem *Barbie*-Spiel für Super Nintendo aus dem Jahr 1991, hatten sie es genauso gemacht und einfach Münzen durch Parfümflaschen und Monster durch Strandbälle ersetzt. Es war ein Jungenspiel im neuen Kleid, das Brenda verächtlich als »das Computerspiel-Äquivalent von rosa Legosteinen« bezeichnete.[17]

Purple Moon ging anders vor. Brendas Unternehmen setzte den Schwerpunkt auf komplexe Charaktere und den Aufbau einer Geschichte, statt nur die Ecken und Kanten eines »Jungenspiels« zu glätten. »In den meisten Jungenspielen sind die Charaktere langweilig«, erklärt sie. »So langweilig, dass man sich nicht einmal eine interessante Geschichte mit ihnen ausdenken kann.«[18] Purple Moon produzierte zwei Serien von Story-Spielen um die Achtklässlerin Rockett Movado und ihre Freunde an der Whispering Pines Junior Highschool. Bei den Rockett-Spielen gibt es keine Level oder sich wiederholende Aufgaben, kein Zeitlimit und keine Bestenlisten. Man kann bei den Spielen noch nicht einmal gewinnen. Brenda vergleicht sie mit einem emotionalen Proberaum. An der neuen Schule wird Rockett mit Situationen konfrontiert, die jedem Mädchen im Teenageralter oder jünger vertraut sind: Sie muss Freunde finden, sich in schwierigen sozialen Situationen zurechtfinden und entscheiden, was für ein Mensch sie ist. Lädt sie die streberhafte Mavis zu ihrer Party ein? Liest sie das private Tagebuch eines anderen Mädchens? Will sie zu den beliebten Kids gehören – einer Clique namens »The Ones« – oder wird sie einschreiten, wenn sie sieht, dass jemand gemobbt wird?

Diese Fragen werden an Entscheidungspunkten beantwortet. Als Rockett am ersten Schultag in die erste Stunde kommt, muss sie sich entscheiden, wer sie sein will. Die Entscheidung wird in ihrem Kopf getroffen, wo drei verschiedene Versionen von Rockett Teile ihres inneren Dialogs wiedergeben. Jede steht für einen Handlungsstrang. Die ängstliche Rockett schlägt im Spiel einen anderen Weg ein als die tatkräftige, die sich dann mit einem Alphamädchen um einen begehrten Platz in der letzten Reihe streitet. Es ist eine Hypertext-Geschichte, bei der man selbst die Handlung bestimmen kann, und zwar über die soziale Entwicklung, ein erster Schultag, den man immer und immer wieder durchspielen kann. Eine begeisterte Purple-Moon-Spielerin, die Rockett während ihrer prägenden Jahre gespielt hat, erinnert sich, wie sehr die Spiele ihre eigene Entwicklung beeinflusst haben: »Ich kann mich definitiv an Vorfälle erinnern, bei denen ich mir die Zeit genommen und über meine Worte und über die Auswirkungen, die jede meiner Handlungen haben konnte, nachgedacht habe, anstatt spontan zu reagieren«, erzählt sie. »Durch die Spiele habe ich wirklich gelernt, wie man mit Menschen umgeht und mit ihnen zurechtkommt.«[19]

Diese Lektionen in Sozialverhalten wurden nicht nur in Whispering Pines gelernt. Die Website von Purple Moon, ein frühes soziales Netzwerk, erweiterte die Welt der Rockett-Spiele online. Dort konnten Spielerinnen mehr über ihre Lieblingscharaktere erfahren und Mitspielerinnen aus dem wirklichen Leben kennenlernen. Beim Anblick des ersten Prototyps fragte der Gründer von Interval nur: »Könnt ihr das auch für Jungs machen?«[20] Dennoch wurde die Purple-Moon-Website zu einem Mädchen-Universum, zu dem, was wir heute als *Fandom* bezeichnen würden. Mädchen reichten Artikel bei der Schülerzeitung von Whispering Pines ein, erfanden eigene

Geschichten rund um die Handlungsstränge, die sie gut kannten, trieben sich in den Rockett-Foren herum und tauschten virtuelle Schätze aus, die mit der Spielwelt zu tun hatten. Und im Gegensatz zum offenen World Wide Web war die Purple-Moon-Site sicher, denn die Mädchen registrierten ihre Konten über ihre Eltern, und auf der Website gab es einen speziellen Panik-Button. Brenda erklärt mit dem ihr eigenen Elan: »Es war ganz einfach. Wenn irgendetwas Übles passiert, drückt man den Panikbutton, wir bekommen einen Screenshot und sehen, wer ein Arschloch war, wir rufen die Eltern an und warnen sie.«[21] Die Purple-Moon-Website war wohl ebenso wirkungsvoll wie die zugehörigen Spiele: Im Jahr 1997 übertraf sie die Disney-Website sowohl bei den Zugriffszahlen als auch bei der Verweildauer, und sie legte den Grundstein für die Onlinewelt vieler junger Mädchen.

Parallel zu Rocketts Abenteuern an der Highschool veröffentlichte Purple Moon eine weitere Spielereihe namens *Secret Paths*. Während bei den Rockett-Spielen die sozialen Fähigkeiten im Vordergrund standen, waren die Spiele von *Secret Paths* »Abenteuer mit Freunden«, die im Vergleich zu der anspruchsvollen Umgebung der Highschool beruhigend und vertraulich wirkten. *Secret Paths in the Woods* zum Beispiel beginnt in einem Baumhaus. Je nach Nutzereinstellungen sieht man vor dem Fenster ein impressionistisches Bergpanorama, einen plätschernden, von Blumen gesäumten Bach oder eine ockerfarbene Landschaft mit wilden Pferden. Im Raum befindet sich eine »Freundschafts-Box« voller Mädchen, die Hilfe brauchen. Wenn man eine von ihnen ans Herz drückt, gibt sie ihre Geheimnisse preis. Miko zum Beispiel fürchtet, dass die anderen Mädchen sie nicht mögen, weil sie zu klug ist; Dana ist »richtig sauer«, weil ihre Mannschaft die Landesmeisterschaft im Fußball verloren hat; Whitney hat Probleme mit ihrer Stiefmutter. Das Ziel von *Secret Paths in the Forest* besteht darin, jedem Mädchen zu helfen, indem man ihren »Pfad« durch säuselndes Laub und leuchtende Sonnenuntergänge beschreitet. Unterwegs können Spielerinnen durch Rätsel Schmucksteine gewinnen, die für unterschiedliche Stärken stehen, die das jeweilige Mädchen braucht, um seine Probleme zu überwinden. Sie fügen sich zu einem Geschenk zusammen – einer Kette von Amuletten, die Selbstvertrauen versprechen.

Secret Paths in the Forest und später *Secret Paths to the Sea* befriedigten andere emotionale Bedürfnisse als *Rockett's New School.* Die Secret-Paths-Spiele waren ruhig, langsam, meditativ; sie lehrten die Mädchen, »emotionale Ressourcen in sich selbst zu erschließen und die nicht ausgesprochenen Bedürfnisse anderer zu erkennen und darauf zu reagieren«, wie es ein Kritiker ausdrückte.[22] Sie waren dafür gemacht, allein gespielt zu werden. Die emotionale Navigation der Rockett-Spiele gab den Mädchen die Möglichkeit, soziales Verhalten auszuprobieren, ohne sich zu blamieren. Die Begleitserien halfen ihnen, Grundwerte wie Einfühlungsvermögen, Freundlichkeit und Solidarität unter Mädchen zu verstehen, die ihnen bei den Veränderungen, die vor ihnen lagen, Stabilität geben sollten. Aus den schüchternen Kindern von *Secret Paths* werden die selbstbewussten Präpubertierenden von Rockett, und es gibt nicht den einen richtigen Weg vom einen zum anderen. Natürlich gibt es andere Möglichkeiten, aber die Spiele von Purple Moon spiegeln das echte Leben wider. In einer Variante war Rockett vielleicht ein super liebes Mädel, aber manchmal führt eine schlechte Entscheidung dennoch zu einem guten Ergebnis –, etwa, wenn sie sich mit Ruben, dem süßesten Jungen der Schule, im Musikraum versteckt und er ihr dort ein Ständchen auf dem Klavier vorspielt. Und genau das brachte Brenda Schwierigkeiten ein.

Insgesamt veröffentlichte Purple Moon sechs Rockett-Spiele. Die ersten beiden schafften es im Jahr ihrer Veröffentlichung in die Top 100 der meistverkauften Spiele und übertrafen damit Branchengrößen wie *John Madden Football.* Wie das Internet der Frauen standen sie für einen Umbruch bei der geschlechterspezifischen Computernutzung: Als Purple Moon gegründet wurde, waren sogenannte »Mädchenspiele« allgegenwärtig. Mattel veröffentlichte nach dem Erfolg von *Barbie Fashion Designer* mehrere weitere interaktive Barbie-Titel – ein Abenteuer auf dem Meer, ein Spiel, bei dem man Partyeinladungen entwerfen und drucken konnte, und *Barbie Magic Hair Styler,* bei dem es, wie der Name schon sagt, um Frisuren ging –, gleichzeitig konkurrierte Sega mit einem Programm für Makeup der *Cosmopolitan, Cosmo Virtual Makeover,* und der Hersteller von Lernsoftware, The Learning Company, produzierte eine Serie, die auf den beliebten *American-Girl*-Puppen basierte. Die Spieldesignerin Theresa Duncan hatte Erfolg mit den traumartigen Alt-Rock-Story-Spielen *Chop Suey, Zero Zero* und *Smarty.* Die

Videospielfirma Her Interactive, ein Ableger von American Laser Games, veröffentlichte ein weiteres Highschool-Abenteuer, *McKenzie & Co,* das wie ein Rockett-Spiel mit eingefügten Live-Action-Szenen aussah, sowie die beliebte *Nancy-Drew*-Spielserie. Diese kritische Masse hatte eine verstärkende Wirkung. Je mehr Studios in den Markt für Mädchenspiele einstiegen, umso mehr Regalplatz bekamen sie in den Geschäften. Dieser Raum stellte für Kinder und Jugendliche eine ganze Welt dar. Die Purple-Moon-Spielerin, mit der ich gesprochen habe und die zu jener Zeit die Grundschule besuchte, erzählte mir, sie sei als Kind einfach davon ausgegangen, dass die Regale in der Computerabteilung schon immer voller Spiele für Mädchen gewesen seien.

Die Mädchenspiele-Bewegung fiel in den 90ern mit einer leichten Zunahme der Anzahl von Unternehmen zusammen, die von Frauen geführt wurden. Wie Purple Moon befanden sich mehrere große Studios für Mädchenspiele in weiblicher Hand, und auch die Mitarbeiter waren größtenteils Frauen, was einem landesweiten Trend hin zum unternehmerischen Feminismus entsprach. Dadurch wurde das Thema zu einem heißen Eisen, das die populären Medien faszinierte: Das US-Nachrichtenformat *Nightline* brachte eine Sondersendung über Mädchenspiele und das *Time Magazine* scherzte in einem Porträt von Purple Moon, Mädchen bräuchten »einen Computer für sich allein«. Das führte dazu, dass in der Spielebranche und im akademischen Bereich noch mehr darüber gesprochen wurde; zu dem Thema wurden sogar mehrere wissenschaftliche Sammelbände veröffentlicht. Die Begeisterung gründete weitgehend auf der Annahme, dass Mädchenspiele eine »sich selbst verstärkende, positive Dynamik« auslösen würden: Wenn mehr Mädchen Computerspiele spielten, werde das dazu führen, dass mehr Frauen Spielesoftware schrieben, was wiederum mehr mädchenfreundliche Spielerfahrungen und noch mehr Spielerinnen zur Folge hätte.[23] Doch im Jahr 2000 war die Mädchenspiele-Bewegung praktisch vorbei und die bekanntesten Studios – wie Purple Moon – waren tot und begraben.

Nach *Barbie Fashion Designer* produzierte kein Mädchenspiele-Studio mehr einen Blockbuster. Branchenexperten schrieben das Spiel schließlich als Glücksfall ab und führten die hohen Verkaufszahlen auf den

Wiedererkennungswert der Marke Mattel zurück: Das typische US-amerikanische Mädchen besaß zu jener Zeit im Durchschnitt neun Barbies. Viele Kritiker argumentierten jedoch, schon der Grundgedanke hinter Mädchenspielen sei falsch und die Entwicklung von Spielen, die sich explizit an Mädchen richteten, zwängen sie stattdessen in rosa und lila Nischen. Warum könne man nicht Spiele entwickeln, die allen Kindern Spaß machen, statt sie nach Geschlechtern zu trennen? Die ersten wirklich erfolgreichen Computerspiele wie *Pong* und *Tetris* waren nicht explizit geschlechtsspezifisch, und erst als Atari 1980 *Pac-Man* mit einer rosa Schleife versah, um *Ms. Pac-Man* zu schaffen, kam das Thema überhaupt auf.

Brendas Forschungen ließen sie annehmen, dass nur Jungen Shooter- und Abenteuerspiele mögen, aber auch viele Mädchen, damals wie heute, haben Spaß daran, Aliens abzuschießen und Endgegner mit Maschinengewehrsalven niederzumähen. Ein selbsternanntes »Game Grrl« schrieb Ende der 90er: »Purple Moon und andere ›Mädchenspiele‹-Firmen müssen einsehen, dass es zwar einen Markt für Spiele wie *Barbie Fashion Designer* gibt, dass aber Mädchen, die gerne die gleichen Dinge tun wie Jungens auch, einen ebenso großen Markt bilden.«[24]

Purple Moon wurde in eine umfassende kulturelle Diskussion über den Einfluss von Spielen auf das Leben von Kindern und Jugendlichen verwickelt, und sein mädchenorientierter Ansatz wurde als Essenzialismus ausgelegt. In einem einflussreichen Leitartikel stellte die feministische Kritikerin Rebecca Eisenberg die Forschung infrage, aus der Purple Moon hervorgegangen war, und vertrat die Ansicht, die Rockett-Spiele mit ihrem Fokus auf »Popularität und Mode« würden nur »eben jene Stereotypen verstärken, die sie zu bekämpfen vorgeben«.[25] Brenda Laurel hatte die Whispering Pines Junior Highschool entworfen, um die soziale Realität der von ihr befragten Mädchen widerzuspiegeln, doch die Kritiker von Purple Moon warfen dem Unternehmen vor, es vermittle ein eingeschränktes Bild von Mädchen und betone eben jene Strukturen von Ausgrenzung und Zugehörigkeit, die Feministinnen dekonstruieren wollten. Hatten Mädchen nicht etwas Besseres verdient als die Cartoon-Version einer Welt, die sie bereits kennen? Brenda sieht das eher pragmatisch. Sie habe auf popkultureller Ebene eingreifen wollen, sagt sie, als ich sie darauf anspreche, und das erfordere eine gewisse Breitenwirkung. »Man erreicht nur eine Akzeptanz bei den Spielern, wenn sie sich in der Figur, die sie spielen, wiedererkennen.«[26]

Im Jahr 1999 zog Interval schließlich den Stecker bei Purple Moon. Es war kein würdevolles Ende. »Paul Allen wollte uns direkt liquidieren«, sagt Brenda. »Wir mussten ihm das ausreden, damit wir ein geregeltes Insolvenzverfahren bekamen und das verdammte Ding zu einem Spottpreis an Mattel verkaufen konnten. So bekam wenigstens jeder noch seinen Gehaltsscheck. Es war einfach scheußlich, wie alles endete.«[27] Brenda musste innerhalb eines Tages die Purple-Moon-Website, auf der Mädchen aus aller Welt enge Freundschaften geschlossen hatten, schließen und die meisten Mitarbeiter – von denen 80 Prozent Frauen waren, also das Gegenteil der meisten Arbeitsplätze im Silicon Valley – entlassen. Auf einer Spieleentwicklerkonferenz in San Jose in jenem Jahr machte sie für das Scheitern von Purple Moon einen Tech-Markt verantwortlich, dem kurzfristige Gewinne wichtiger waren als langfristiger Fortschritt, der körperlose Web-Unternehmen gegenüber Firmen, die echte, physisch greifbare Waren verkauften, bevorzugte. »Ich habe versprochen, mit Ihnen über einige Forschungs- und Designansätze zu sprechen, die uns helfen werden, sowohl unser Publikum als auch unser Denken zu erweitern«, sagte sie zu den Anwesenden laut *New York Times*. »Aber da Purple Moon es nicht zum großen Börsengang oder zu einer lukrativen Übernahme gebracht hat, durch die alle reich geworden wären, könnten Sie verständlicherweise darauf schließen, dass die Methoden, die ich hier vorschlage, nicht unbedingt funktionieren.«[28] Später veröffentlichte sie ein Buch mit dem Titel *Utopian Entrepreneur*.

Der Erwerb von Rockett war für Barbie nur Teil einer ganzen Shoppingtour: Im selben Jahr 1999, als Mattel Purple Moon aufkaufte, übernahm es auch The Learning Company, die die *Carmen-San-Diego*-Spiele produzierte, und Pleasant Company, die für ihre American-Girl-Puppen und -Spiele bekannt war, bevor das Unternehmen die Spieleproduktion vollständig einstellte und damit die Mädchenspielebewegung effektiv lahmlegte. »Mattel wollte sein Barbie-Franchise schützen«, meint Brenda. »Sie haben alle anderen aufgekauft und ihnen dann einen Pflock durchs Herz getrieben.«[29] Aber Ende der 90er war die bekannteste weibliche Figur in Videospielen nicht Rockett oder gar Barbie, sondern die vollbusige Lara Croft aus *Tomb Raider* mit ihrem hypersexualisierten Körper und der hautengen Kleidung, die ihr Horden von männlichen Fans einbrachte.

Nach dem Ende von Purple Moon veranstaltete Brenda eine Trauerfeier in ihrem Haus. Ehemalige Mitarbeiter und Freunde des Unternehmens versammelten sich um eine Spielzeugfigur von Rockett, die in einer kleinen Plastikkiste auf Brendas antikem Esszimmertisch ruhte, flankiert von »schwarzen Kerzen, Sträußen von lila Schwertlilien und einer schon ziemlich leeren Flasche irischen Whiskeys.« Brenda schenkte sich einen Schluck ein und hielt eine Grabrede für das kleine rothaarige Mädchen, auf das sie für die Zukunft der Spiele gesetzt hatte. »Wir versuchen immer etwas zu heilen«, sagte sie. »Eine schlimme Kindheit, ungerechte Behandlung, ein mieses Selbstwertgefühl. Das haben wir auch versucht, als wir sie erschaffen haben.«[30] Brenda hat drei Töchter, und es ist klar, dass sie persönliche Motive hatte. Die drei Mädchen waren Präpubertierende, als Purple Moon das erste Spiel herausbrachte, und nur wenige Jahre älter, als das Unternehmen dicht gemacht wurde. Das war nicht lange genug, wie es die letzte Phase der Kindheit nie ist. Um ihre Mutter zu trösten, hängten die Mädchen die Rockett-Figur an ein Stück rosa Garn und ließen sie wie einen Engel vom Treppenabsatz im zweiten Stock baumeln.

Bevor ich das Haus verlasse, läuft Brenda in ihr Büro und holt etwas von einem Altar in der Ecke: eine milchig-blaue Perle in Form eines Mondes. Es ist eine der ursprünglichen Perlen aus den *Geheimen Pfaden,* die von Purple Moon in Sechserpackungen in kleinen lila Samtbeuteln verkauft wurden, damit die Mädchen sie sammeln und tauschen konnten. Sie überreicht mir die Perle triumphierend. Auf der Rückseite ist ein einziges Wort eingraviert: Reife. Vermutlich ist das die Eigenschaft, die ich brauche, um die Kette der Stärken zu vervollständigen, die mir durch die nächste Phase meines Lebens helfen wird. Vielleicht ist es unpassend, dass ein Plastikspielzeug jemandem sagt, er solle erwachsen werden. Aber ich sehe Brenda an, sehe den Altar mit den heiligen Gegenständen neben ihr, und mir wird klar: Die Plastikperle sagt mir nicht, dass ich erwachsen werden soll. Sie versucht mir beizubringen, wie das geht.

Ich nehme das Schmuckstück mit nach Hause, den ganzen langen Weg durch den Wald.